Otfried Preußler
Heinrich Pleticha

Das große Balladenbuch

Otfried Preußler
Heinrich Pleticha

Das große Balladenbuch

Mit Bildern von

Friedrich Hechelmann

Thienemann

Inhaltsübersicht

Nicht nur »Theaterstücke im Kleinen«

Es ist schon spät, es wird schon kalt

Es ist schon lange her, dass es geschah ...

Doch mit des Geschickes Mächten …

Es wollt' ein Schneider wandern

Nicht nur »Theaterstücke im Kleinen«

Eine Einführung in die Balladen von Heinrich Pleticha

Es ist heute recht still geworden um die Balladen. Früher wurden sie einmal hoch geschätzt. Es gab kein Lesebuch, sei es für jüngere oder ältere Schüler, das nicht mehrere Balladen enthielt. In den Familien- und Jugendzeitschriften des 19. Jahrhunderts wurden sie an bevorzugter Stelle und schön illustriert abgedruckt. Unsere Urgroßeltern und Großeltern lernten sie auswendig und waren stolz darauf, sie noch im Alter zitieren zu können.

Und heute? Kommen sie uns etwas langweilig oder gar altmodisch vor? Interessiert sich denn niemand mehr für Erzählgedichte? Sie sind doch alles andere als langweilig, nicht die alten, nicht die modernen. Wer sich näher mit ihnen beschäftigt, wird ihre Vorzüge rasch erkennen. Sie erzählen unterhaltsam, oft sogar spannend von kühnen und edlen Taten, von blutigen Verbrechen, von listigen Streichen, von Liebe und Leid, von den Gewalten der Natur und den Schicksalen der Menschen, von Vergangenheit und Gegenwart. Sie lassen erschaudern, weinen oder lachen.

Das Wort »Ballade« stammt eigentlich aus dem Südfranzösischen, wo »balada« soviel wie Tanzlied bedeutete, ein Lied also, das zu Tänzen gesungen wurde. Wie so oft, hat sich der Begriff aber seit dem Mittelalter gewandelt, wurde übertragen auf erzählende Lieder, die im Volk aufkamen und mündlich überliefert wurden. Wie bei den Volksliedern kennen wir auch hier die Verfasser nicht; deshalb sprechen wir einfach von »Volksballaden«. Was wurde da nicht alles erzählt, von großen Ereignissen ebenso wie vom alltäglichen Geschehen. Das Lied wurde zur Zeitung im guten wie im schlechten Sinn. Es brachte Neuigkeiten aus Krieg und Frieden, aus dem eigenen Vaterland und »von hinten weit in der Türkei«. Es erzählte aber auch Schauergeschichten von Räubern, Mördern oder Geistern und malte dabei die Ereignisse bis in kleinste Einzelheiten aus. Die Sänger suchten ein möglichst breites Publikum, sie gingen jetzt vor allem auf die Jahrmärkte und traten im Freien auf. Als Podium oder Bühne diente ihnen meist ein wackliger Stuhl oder eine kleine Bank – ein Bänkel, wie man auch sagte. Solche »Bänkelsänger« pflegten die Volksballade auf ihre Art und suchten ebenso eifrig wie die Zeitungs- oder Illustriertenredakteure unserer Tage nach interessanten neuen Stoffen, die sie ihrem staunenden Publikum auftischen konnten.

Im Mittelpunkt der älteren wie der jüngeren Volksballaden stand also eine Erzählung. Moderne Fachleute haben gleich einen geeigneten Begriff dafür gefunden und sprechen deshalb von einem so genannten »Erzählgedicht«. Es ist ganz gut, sich diesen Ausdruck zu merken, denn er sagt schon viel über das Wesen der Ballade aus: Sie will erzählen, zuerst einmal ganz einfach berichten. Der Balladendichter übernimmt die gleiche oder zumindest eine ähnliche Erzählerrolle wie etwa der Dichter einer Novelle, einer Kurzgeschichte oder eines Romans, und deshalb darf die Ballade auch als kleine Verwandte der erzählenden Dichtung, der so genannten Epik oder auch Prosa, angesehen werden.

Aber damit nicht genug. Das müsste ein schlechter Balladendichter sein, dem es nur aufs Erzählen ankäme. Schon die Sänger der Ritterzeit und noch viel mehr die Bänkelsänger auf den Märkten hätten rasch ihr Publikum verloren, hätten sie bloß erzählt wie ein mittelmäßiger Geschichtenerzähler. Nein, da gehörte schon etwas mehr Schwung dazu, um die kritischen Zuhörer zu begeistern, damals wie heute. Deshalb erzählten die Balladensänger in ihren Liedern nicht nur, sondern führten gleichsam ein kleines Schauspiel vor. Kaiser und Könige standen da plötzlich auf einer unsichtbaren Bühne, Soldaten und schlaue Bauern, geistliche und weltliche Herren, arme Mütterchen und edle Räuber. In Rede und Gegenrede disputierten sie miteinander, liebten, litten und hassten, spielten wie im schönsten Theater. Sogar die Hexen, Vampire und grinsenden Totengerippe hatten ihre festen Rollen und handelten wie Menschen von Fleisch und Blut. So ist fast jede Ballade ein Theaterstück im Kleinen, mit Konflikten, Niederlagen, Siegen und Hoffnungen, mit Trauer und Freude, und wir sprechen deshalb nicht nur vom erzählenden oder epischen, sondern auch vom dramatischen Charakter einer Ballade.

Da aber aller guten Dinge drei sind, sollten wir nicht vergessen, dass eine Ballade ja in erster Linie ein Lied oder ein Gedicht ist und damit in den weiten Bereich der so genannten Lyrik gehört, wenn auch hier die seelischen Vorgänge, wie sie so kennzeichnend für die Gedichte sind, gegenüber dem erzählenden Charakter nur eine nachgeordnete Rolle spielen. Sicher sind solche Feststellungen keine Etiketten, die sich fein säuberlich auf einzelne Balladen kleben lassen. Bei den meisten Balladen herrscht der Erzählton vor, doch können sie ebenso stark auch dramatisieren, und gerade bei den Volksballaden gibt es auch manche mit einem deutlich lyrisch-gefühlsbetonten Charakter.

Im 18. Jahrhundert bekam dann die Volksballade ernsthafte Konkurrenz. Es begann gleich mit einem unüberhörbaren Paukenschlag. Am 21. August 1773 las der damals sechsundzwanzigjährige Gottfried August Bürger in Göttingen seinen Freunden erstmals die von ihm gedichtete Ballade *Lenore* vor. Die Wirkung war ungeheuer, nicht nur an diesem Tag auf die Freunde, sondern auch in den nächsten Wochen und Monaten in ganz Deutschland, wo die neuartige Ballade Begeisterung, gelegentlich aber auch Ablehnung auslöste. Wer ihre 256 Verse aufmerksam liest, wird leicht erkennen, dass Bürger einerseits ein gelehriger Schüler war und die Elemente der Volksballade geschickt verarbeitet hat, andererseits aber mit dieser ersten Kunstballade etwas völlig Neues schuf, indem er kühn neue Sprachmittel einsetzte.

Was noch heute, nach mehr als zweihundert Jahren, so selbstverständlich, so packend, so lebendig klingt, dass es jeden Leser oder Hörer mitreißt, ist eine Mischung aus natürlichem Talent, aber auch sorgfältiger Arbeit mit immer neuen Ausfeilungen und Verbesserungen. Trotzdem – oder vielleicht gerade deshalb – wurde diese Kunstballade schon bald zum Volksgut und wir begegnen ihr neben den echten Volksballaden und Moritaten im Liedbestand der Bänkelsänger des 19. Jahrhunderts.

Bürger hatte damit einen neuen, nachahmenswerten Weg gewiesen; denn von nun an versuchten sich viele Dichter an dieser literarischen Gattung, allen voran Goethe und Schiller. Die große Zeit der Kunstballade kam dann im 19. Jahrhundert, aber eine Aufzählung aller Dichter würde hier ebenso verwirren wie die Aufgliederung in verschiedene Balladenarten, z. B. die heldischen, historisierenden oder romantischen Balladen. Aber auch hier bestätigt sich bald das alte Wort, dass Quantität nicht unbedingt mit Qualität gleichzusetzen sei. Echte kleine Kunstwerke entstanden, daneben aber auch viele Eintagsfliegen, die vielleicht die Zeitgenossen begeisterten, sogar in Lesebücher aufgenommen und von Schülern eifrig auswendig gelernt wurden, die wir aber heute nicht mehr hören können.

Das ganze 19. Jahrhundert hindurch hielt dieser breite Strom an. Nach dem Ersten Weltkrieg wurde er dann zwar etwas schmaler, aber immer wieder versuchten sich Dichter und solche, die es sein wollten, an Balladen. Ältere, überholte Formen wie etwa die heldischen Balladen traten zurück oder verschwanden sogar weitgehend und neue wurden dafür geschaffen, in denen sich ein kritischer Geist spiegelte.

Und wenn es auch in einem modernen Gedicht heißt »Die Zeit der Ballade ist vorbei«, so zeigt sich doch, dass Balladen immer wieder neue Freunde finden, unter Dichtern ebenso wie unter Lesern.

Neue Leser und damit neue Freunde will auch diese Sammlung gewinnen. Sie bietet eine umfassende Auswahl, die bei den alten Volksballaden beginnt und bis zu den modernen Beispielen führt. Das Schwergewicht der Auswahl liegt dabei verständlicherweise auf den Kunstballaden des 19. Jahrhunderts. Auswahl und Anordnung beschränken sich auf vier Gruppen, die sich natürlich da und dort überschneiden, sodass eine ganze Anzahl von Balladen ausgetauscht werden könnte. Einige Naturballaden ließen sich auch bei den Gespensterballaden einordnen und in der Gruppe der Schmunzelballaden werden wir auch einige historische finden. Einleitungen zu den vier Kapiteln und kurze Erläuterungen zu fast jeder Ballade erleichtern dem Leser die Lektüre und die Beschäftigung mit den einzelnen Gedichten. Manchmal hilft es ja schon, wenn man nur ein wenig vom geschichtlichen oder aktuellen Hintergrund oder von der Entstehung einer Ballade weiß. Wer war beispielsweise dieser Doktor Eisenbart, der die Leute »auf seine eigene Art« kurierte? Hat er wirklich gelebt? Was geschah am 6. November 1632? Woher bezog Goethe den Stoff für sein *Hochzeitlied*?

Aber das Lesen von Balladen will auch gelernt und gekonnt sein. Da gibt es einmal die bequemste Art der Lektüre, indem man sie einfach als Erzählgedichte nimmt und sie liest wie etwa eine Anekdote oder eine Sage. Balladen haben ja den Vorzug, dass sie nur selten langweilig sind. Warum also sollte man sie nicht einmal »schmökern«? Schade wäre es nur, wenn es dabei bliebe; denn wer eine Ballade richtig kennen lernen will, muss sie auch richtig lesen. Und das wiederum ist gar nicht so bequem, wie manche im ersten Augenblick denken mögen. Denn die Lektüre erfordert geistige Disziplin, ein Mit- und Nachdenken, Zeile um Zeile, Strophe um Strophe, ein Verharren am Schluss und ein Rückblicken, dann die Frage an sich selbst, ob man die Gedanken des Dichters auch richtig erfasst hat. Gewiss wird diese richtige Lektüre nicht immer gelingen, aber man kann die Herausforderung annehmen, die in jeder Ballade steckt.

Nach all dem, was wir vom Wesen der Ballade gehört haben, verwundert es nicht, dass sie gern und häufig illustriert wurde, lässt sich doch die Dramatik der Geschichten wunderbar in Bilder umsetzen. Bedeutende Maler, Zeichner, Buchillustratoren schufen vor allem im 19. Jahrhundert zahlreiche Bilder zu fast allen bekannten Balladen. Der Maler Friedrich Hechelmann folgt mit seinen atmosphärisch bewegten Bildern einer großen Tradition und beweist damit, dass auch moderne Künstler die Balladen immer noch schätzen.

Es ist schon spät, es wird schon kalt

Durch die Balladen im Volkston führt Otfried Preußler

Nicht von ungefähr besteht zwischen Ballade und Volkssage eine starke Beziehung: Beide haben Wesentliches gemeinsam. Schon die Brüder Grimm haben im Vorwort zu ihrer Sammlung deutscher Sagen auf solche Beziehungen zwischen Sage und Volkslied hingewiesen, die sinngemäß auch die Volksballade mit einschließen.

Die Unterschiede liegen hauptsächlich in der Verschiedenartigkeit der beiden literarischen Formen, weniger in den Stoffen, die sie bevorzugen. Was die Sage oft nur mit wenigen dürren Worten überliefert, wird in Lied und Ballade reicher und bunter ausstaffiert. Und doch: Hier wie dort spielen die beispielhafte Einmaligkeit eines Vorfalls, die ihm häufig innewohnende Tragik für die Beteiligten, das sichtbare Walten geheimnisvoller Kräfte im Diesseits eine große Rolle; dort wie hier sind gerade sie dazu angetan, den Zuhörer oder Leser zu fesseln, im Innersten zu ergreifen, ja schaudern zu machen.

Kein Wunder, dass schon manche frühen Volksballaden im Mutterboden der Sage wurzeln, wenn sie – wie es an einer Stelle ausdrücklich heißt – von »fremder Mer«, also von seltsamen Ereignissen berichten: sei es von historischen Begebenheiten, sei es von Wald- und Wassergeistern, von ruhelosen Toten und verwunschenen Schätzen, von gespenstischen Orten, von Räubern, Hexen und Zauberspuk.

Nur allzu verständlich, dass auch die Dichter in ihren Kunstballaden gern und oft auf solch »fremde Mer«, auf Motive und Gestalten der Volkssage zurückgreifen und sie künstlerisch überhöhen.

Manche von ihnen, so Bürger mit seiner *Lenore,* so Goethe mit dem *Erlkönig* (der auch in diesem Abschnitt unseres Balladenbuches am Platz gewesen wäre), haben ganze Scharen von Nachahmern, auch von Parodisten auf den Plan gerufen; Mörike und Kopisch gehören mit ihren liebenswürdigen Elfen- und Heinzelmännchenballaden längst zum festen Bestand der Bilder- und Lesebuchliteratur; Heinrich Heine wäre nicht er selbst, wenn er es sich versagt hätte, auch diejenigen seiner Balladen, in denen er volkstümliche Motive und Gestalten verwendet, mit einem kräftigen Schuss Ironie zu würzen.

Es liegt in ihrer Natur, dass sich gerade »Balladen im Volkston« während der deutschen

Romantik großer Beliebtheit erfreuten und von den Poeten jener Zeit besonders gepflegt wurden. Das hängt mit der Hinwendung zu den echten oder vermeintlichen Quellen unserer nationalen und menschheitlichen Existenz zusammen, von der seinerzeit nicht nur die Künste, sondern auch weite Gebiete der Geisteswissenschaften geprägt waren.

Vieles, was wir jener schreib- und reimseligen Epoche an Balladen verdanken, ist heute längst verstaubt und zu Recht vergessen. Da und dort aber hat sich das eine oder andere Stück bis auf unsere Tage erstaunlich frisch gehalten und manch eine Volkssage von ursprünglich nur lokaler Bedeutung ist im Gewand der Ballade zu allgemeiner Bekanntheit, ja sogar – wie die Gestalt der Lorelei – zu nicht nur literarischem Weltruhm gelangt.

◇◇◇

Heines Ballade von der Lorelei liegt in zahlreichen Übersetzungen vor, sie ist weltbekannt. Es gibt mancherlei Vertonungen des Textes, immer wieder haben sich auch bildende Künstler davon anregen lassen. Und die Hersteller von Andenkenkitsch aller Art haben sich der Gestalt gleichfalls bemächtigt. Weniger bekannt ist, dass auch Brentano und Eichendorff die Lorelei in Balladen besungen haben: der eine in 25 Strophen, der andere in einem kurzen, als Zwiegespräch angelegten Text.

◇◇◇

Heinrich Heine

Lorelei

Ich weiß nicht, was soll es bedeuten,
Dass ich so traurig bin;
Ein Märchen aus alten Zeiten,
Das kommt mir nicht aus dem Sinn.

Die Luft ist kühl und es dunkelt,
Und ruhig fließt der Rhein;
Der Gipfel des Berges funkelt
Im Abendsonnenschein.

Die schönste Jungfrau sitzet
Dort oben wunderbar;
Ihr goldnes Geschmeide blitzet,
Sie kämmt ihr goldenes Haar.

Sie kämmt es mit goldenem Kamme
Und singt ein Lied dabei;
Das hat eine wundersame,
Gewaltige Melodei.

Den Schiffer im kleinen Schiffe
Ergreift es mit wildem Weh;
Er schaut nicht die Felsenriffe,
Er schaut nur hinauf in die Höh.

Ich glaube, die Wellen verschlingen
Am Ende Schiffer und Kahn;
Und das hat mit ihrem Singen
Die Lore-Ley getan.

Clemens Brentano

Lore Lay

Zu Bacharach am Rheine
Wohnt eine Zauberin,
Sie war so schön und feine
Und riss viel Herzen hin.

Und brachte viel zu Schanden
Der Männer rings umher,
Aus ihren Liebesbanden
War keine Rettung mehr.

Der Bischof ließ sie laden
Vor geistliche Gewalt –
Und musste sie begnaden,
So schön war ihr' Gestalt.

Er sprach zu ihr gerühret:
»Du arme Lore Lay!
Wer hat dich denn verführet
Zu böser Zauberei?«

»Herr Bischof lasst mich sterben,
Ich bin des Lebens müd,
Weil jeder muss verderben,
Der meine Augen sieht.

Die Augen sind zwei Flammen,
Mein Arm ein Zauberstab –
O legt mich in die Flammen!
O brechet mir den Stab!«

»Ich kann dich nicht verdammen,
Bis du mir erst bekennt,
Warum in diesen Flammen
Mein eigen Herz schon brennt.

Den Stab kann ich nicht brechen,
Du schöne Lore Lay!
Ich müsste dann zerbrechen
Mein eigen Herz entzwei.«

»Herr Bischof mit mir Armen
Treibt nicht so bösen Spott,
Und bittet um Erbarmen,
Für mich den lieben Gott.

Ich darf nicht länger leben,
Ich liebe keinen mehr –
Den Tod sollt Ihr mir geben,
Drum kam ich zu Euch her.

Mein Schatz hat mich betrogen,
Hat sich von mir gewandt,
Ist fort von hier gezogen,
Fort in ein fremdes Land.

Die Augen sanft und wilde,
Die Wangen rot und weiß,
Die Worte still und milde
Das ist mein Zauberkreis.

Ich selbst muss drin verderben,
Das Herz tut mir so weh,
Vor Schmerzen möcht' ich sterben,
Wenn ich mein Bildnis seh'.

Drum lasst mein Recht mich finden,
Mich sterben, wie ein Christ,
Denn alles muss verschwinden,
Weil er nicht bei mir ist.«

Drei Ritter lässt er holen:
»Bringt sie ins Kloster hin,
Geh Lore! – Gott befohlen
Sei dein berückter Sinn.

Du sollst ein Nönnchen werden,
Ein Nönnchen schwarz und weiß,
Bereite dich auf Erden
Zu deines Todes Reis'.«

Zum Kloster sie nun ritten,
Die Ritter alle drei,
Und traurig in der Mitten
Die schöne Lore Lay.

»O Ritter, lasst mich gehen,
Auf diesen Felsen groß,
Ich will noch einmal sehen
Nach meines Lieben Schloss.

Ich will noch einmal sehen
Wohl in den tiefen Rhein,
Und dann ins Kloster gehen
Und Gottes Jungfrau sein.«

Der Felsen ist so jähe,
So steil ist seine Wand,
Doch klimmt sie in die Höhe,
Bis dass sie oben stand.

Es binden die drei Ritter,
Die Rosse unten an,
Und klettern immer weiter,
Zum Felsen auch hinan.

Die Jungfrau sprach: »Da gehet
Ein Schifflein auf dem Rhein,
Der in dem Schifflein stehet,
Der soll mein Liebster sein.

Mein Herz wird mir so munter,
Er muss mein Liebster sein!–«
Da lehnt sie sich hinunter
Und stürzet in den Rhein.

Die Ritter mussten sterben,
Sie konnten nicht hinab,
Sie mussten all verderben,
Ohn' Priester und ohn' Grab.

Wer hat dies Lied gesungen?
Ein Schiffer auf dem Rhein,
Und immer hat's geklungen
Von dem drei Ritterstein.

Lore Lay
Lore Lay
Lore Lay
Als wären es meiner drei.

Joseph Freiherr von Eichendorff

Waldgespräch

Es ist schon spät, es wird schon kalt,
Was reitst du einsam durch den Wald?
Der Wald ist lang, du bist allein,
Du schöne Braut! Ich führ dich heim!

»Groß ist der Männer Trug und List,
Vor Schmerz mein Herz gebrochen ist,
Wohl irrt das Waldhorn her und hin,
O flieh! Du weißt nicht, wer ich bin.«

So reich geschmückt ist Ross und Weib,
So wunderschön der junge Leib,
Jetzt kenn ich dich – Gott steh mir bei!
Du bist die Hexe Lorelei.

»Du kennst mich wohl – von hohem Stein
Schaut still mein Schloss tief in den Rhein.
Es ist schon spät, es wird schon kalt,
Kommst nimmermehr aus diesem Wald!«

◇◇◇

Ist die Lorelei, auch wenn Eichendorff sie eher als eine Waldhexe schildert, eng mit dem Rhein verbunden, mit den Gefahren für die Schiffsleute, die den Strom in früheren Zeiten befahren haben, so erinnert Mörike daran, dass auch die Donau ihre Tücken hat. Frau Done, die ihm den Fluss verkörpert, kennt selbst mit verliebten jungen Leuten kein Mitleid.

Mörikes Ballade besteht aus einer Folge von zweizeiligen Strophen, die auf »männliche« Reime enden, bei denen sich jeweils nur die letzte Silbe reimt. Lediglich die erste und letzte Strophe sind um je eine dritte, auf zwei Silben sich reimende, also »weiblich« endende Zeile erweitert: Sie bilden den kunstvollen Rahmen, der die betont schlicht und volksliedhaft gehaltene Ballade so ungemein eindrucksvoll, ja ergreifend macht.

◇◇◇

Eduard Mörike

Zwei Liebchen

Ein Schifflein auf der Donau schwamm,
Drin saßen Braut und Bräutigam,
Er hüben und sie drüben.

Sie sprach: »Herzliebster, sage mir!
Zum Angebind, was geb ich dir?«

Sie streift zurück ihr Ärmelein;
Sie greift ins Wasser frisch hinein.

Der Knabe, der tät gleich also
Und scherzt mit ihr und lacht so froh.

»Ach, schöne Frau Done, geb Sie mir
Für meinen Schatz eine hübsche Zier!«

Sie langt hinein zum andernmal,
Fasst einen Helm von lichtem Stahl.

Der Knab vor Freud entsetzt sich schier,
Fischt ihr einen goldnen Kamm dafür.

Zum dritten sie ins Wasser griff:
Ach weh!, da fällt sie aus dem Schiff.

Er springt ihr nach, er fasst sie keck:
Frau Done reißt sie beide weg.

Frau Done hat ihr Schmuck gereut,
Das büßt der Jüngling und die Maid.

Das Schifflein leer hinunterwallt;
Die Sonne sinkt hinter die Berge bald.

Und als der Mond am Himmel stand,
Die Liebchen schwimmen tot ans Land,
Er hüben und sie drüben.

◇◇◇

Seit Urzeiten haben Wassergeister, Quellnymphen, Stromgötter die Vorstellungswelt der Menschen bevölkert. Eine der ältesten und schönsten deutschen Balladen aus diesem Bereich ist das Volkslied vom wilden Wassermann. Es ist in verschiedenen Fassungen überliefert. Einmal ist es die schöne Lilofee, um deren Hand der Wassermann freit; ein andermal ist es die schöne Dorothee, wie in dem Beispiel, das wir hier bringen. In jedem Fall aber geht es um das uralte Motiv der Liebe zwischen Mensch und Naturdämon, deren zwangsläufig tragisches Scheitern den Liebenden vom Schicksal vorbestimmt ist.

◇◇◇

Volksballade

Der Wassermann

Es freit' ein wilder Wassermann,
Von dem Berge bis über die See,
Er freit' um die Königin von Engelland,
Um die schöne Dorothee.

Er ließ eine Brück' von Golde bau'n,
Von dem Berge bis über die See,
Darauf sie sollte spazieren gehn,
Die schöne Dorothee.

Die ging die Brücke wohl auf und ab,
Von dem Berge bis über die See,
Bis dass er sie in das Wasser nahm,
Die schöne Dorothee.

Im Wasser lebte sie sieben Jahr,
Von dem Berge bis über die See,
Bis dass sie sieben junge Söhne gebar,
Die schöne Dorothee.

Und als sie an der Wiege stand,
Von dem Berge bis über die See,
Da hörte sie die Glocken von Engelland,
Die schöne Dorothee.

Sie frug den wilden Wassermann,
Von dem Berge bis über die See,
Ob sie könnt' nach Eng'land in die Kirche gehn,
Die schöne Dorothee.

»Willst du nach Eng'land in die Kirche gehn,
Von dem Berge bis über die See,
So musst du deine sieben jungen Söhne mitnehmen,
Du schöne Dorothee.«

Und als sie in die Kirche kam,
Von dem Berge bis über die See,
Da neigte sich alles, was in der Kirche war,
Vor der schönen Dorothee.

»Ach Leute, liebe Leute mein,
Warum neigt ihr euch alle vor mir?
Ich bin ja nur das wilde, wilde Wasserweib,
Ich arme Dorothee.«

Und als sie aus der Kirche kam,
Von dem Berge bis über die See,
Da stand der wilde, wilde Wassermann
Wohl in der Kirchentür.

»Willst du mit mir ins Wasser gehn,
Von dem Berge bis über die See,
Oder willst du hier lieber auf dem Kirchhof bleiben,
Du schöne Dorothee?«

»Eh ich mit dir ins Wasser geh',
Von dem Berge bis über die See,
Viel lieber will ich hier auf dem Kirchhof bleiben,
Ich arme Dorothee.«

Er zog ein Schwert aus seiner Scheid',
Von dem Berge bis über die See,
Und stach nach dem wilden, wilden Wasserweib,
Nach der schönen Dorothee.

Und wo ein Tropfen Blut hinsprang,
Von dem Berge bis über die See,
Da stand alle Morgen ein Engel und sang
Von der schönen Dorothee.

◇◇◇

Auch hier das Gegenstück, wenn man so will. Agnes Miegel hat das Motiv vom wilden Wassermann aufgegriffen, aber sie führt es zu einem anderen Ende: Wie schon die schöne Lilofee, so verzichtet auch die schöne Agnete um ihrer Kinder willen darauf, ins Reich der Menschen zurückzukehren.

◇◇◇

Agnes Miegel

Schöne Agnete

Als Herrn Ulrichs Wittib* in der Kirche gekniet,
Da klang vom Kirchhof herüber ein Lied.
Die Orgel droben, die hörte auf zu gehn,
Die Priester und die Knaben, alle blieben stehn,
Es horchte die Gemeinde, Greis, Kind und Braut,
Die Stimme draußen sang wie die Nachtigall so laut:

»Liebste Mutter in der Kirche, wo des Mesners Glöcklein klingt,
Liebe Mutter, hör wie draußen deine Tochter singt.
Denn ich kann ja nicht zu dir in die Kirche hinein,
Denn ich kann ja nicht mehr knieen vor Mariens Schrein,
Denn ich hab ja verloren die ewige Seligkeit,
Denn ich hab ja den schlammschwarzen Wassermann gefreit.

Meine Kinder spielen mit den Fischen im See,
Meine Kinder haben Flossen zwischen Finger und Zeh,
Keine Sonne trocknet ihrer Perlenkleidchen Saum,
Meiner Kinder Augen schließt nicht Tod noch Traum –

Wittib: Witwe.

Liebste Mutter, ach ich bitte dich,
Liebste Mutter, ach ich bitte dich flehentlich,
Wolle beten mit deinem Ingesind*
Für meine grünhaarigen Nixenkind,
Wolle beten zu den Heiligen und zu Unsrer Lieben Frau*
Vor jeder Kirche und vor jedem Kreuz in Feld und Au!
Liebste Mutter, ach ich bitte dich sehr,
Alle sieben Jahre einmal darf ich Arme nur hierher.
Sage du dem Priester nun
Er soll weit auf die Kirchentüre tun,
Dass ich sehen kann der Kerzen Glanz
Dass ich sehen kann die güldene Monstranz*
Dass ich sagen kann meinen Kinderlein
Wie so sonnengolden strahlt des Kelches Schein!«

Die Stimme schwieg. Da hub die Orgel an,
Da ward die Türe weit aufgetan, –
Und das ganze heilige Hochamt* lang
Ein weißes weißes Wasser vor der Kirchentüre sprang.

Ingesind: Gesinde, Dienerschaft.
Unsrer Lieben Frau: Ehrentitel Marias, der Mutter Jesu.
Monstranz: Gefäß für die Darbietung der geweihten Hostie.
Hochamt: feierliche Form der katholischen Messe.

◇◇◇

Franz Karl Ginzkey, Sohn eines aus Böhmen stammenden österreichischen Offiziers, knüpft an eine Volkssage aus dem Böhmerwald an, die sich auch schon bei Adalbert Stifter findet, dort freilich in einer Prosafassung. Der gastliche See bleibt namenlos, wenngleich es sich laut Adalbert Stifter nur um den Waldsee am Plöckenstein handeln kann. Bemerkenswert, wie Ginzkey seine Strophen baut. Auf die kürzeste Formel gebracht, folgen sie dem Schema: a-b-a-b-c-c-c-c. Zunächst wechseln je ein »weiblicher« und ein »männlicher« Reim miteinander ab, während den Beschluss jeweils vier gleich gestimmte weibliche Reime bilden – was zur Folge hat, dass nicht nur jede einzelne Strophe, sondern auch der Ausklang der ganzen Ballade auf eigentümliche Art in der Schwebe bleiben.

◇◇◇

Franz Karl Ginzkey

Ballade vom gastlichen See

Es schläft in den böhmischen Bergen
Ein stiller, verzauberter See.
Ihn meiden die Fischer und Fergen*,
Sie geh'n ihm nicht gern in die Näh'.
Stumm lugen vornüber die grauen
Felshäupter, im Spiegel zu schauen,
Wie Wolkengebirge sich bauen,
Die droben hinsegeln im Blauen.

Es wimmeln vergnügliche Fische
Zu silbernen Massen im See.
Noch brachte kein Koch sie zu Tische.
Kein Schlemmer verzehrte sie je.
Es wird sie auch keiner verzehren,
Sie mögen sich mehren und mehren,
Der See, er vermag es zu wehren,
Er hält seine Gäste in Ehren.

Einst lagen des Königs Soldaten
Zu Rast am verzauberten See.
Sie sagten: Was sollen wir braten?
Ei seht doch die Fischlein, juchhe!
Hei, riefen die vielen Soldaten,
Die Fischlein sind lecker geraten!
Die wollen wir fangen und braten,
Juchheissa, ja, fangen und braten!

Sie schöpften mit kupfernen Pfannen
Die Fischlein zuhauf aus dem See.
Ein Feuer aus knisternden Tannen,
Schon wartet es ihrer, o weh!
Doch tanzten – es schien nicht geheuer –
Die Fischlein vergnüglich im Feuer
Und schwangen das schuppige Steuer,
Als wöge ihr Leben nicht teuer.

* Ferge: Fährmann.

Da pfiff ein Geheul durch die Lüfte,
Und donnergewaltig und jäh
Erbebten die Felsen und Klüfte,
Und stürmisch erhob sich der See.
Es fuhr durch den Wald ein Gesause,
Es scholl aus dem See ein Gebrause:
Es sind noch nicht alle zu Hause!
Es sind noch nicht alle zu Hause!

Da gossen die Männer die Pfannen
Mit Schaudern zurück in den See.
Da schwammen die Fischlein von dannen,
So munter und hurtig wie je.
Es wird sie kein Schlemmer verzehren,
Sie werden sich mehren und mehren,
Der See, er vermag es zu wehren,
Er hält seine Gäste in Ehren.

◇◇◇

Das Motiv des ruhelosen Toten, des Wiedergängers, verwendet Gottfried August Bürger in seiner *Lenore*, die ihn bei seinen Zeitgenossen berühmt gemacht hat. Liegt es an der schauerlich-rührseligen Liebesgeschichte selbst? Liegt es am moritatenhaften Klang, den der Dichter gewiss nicht ohne künstlerische Absicht anschlägt? Liegt es an der – zumindest für heutige Begriffe – kaum zu überhörenden Ironie, die dem Pathos die Würze gibt? Jedenfalls handelt es sich hier von der ersten bis zur letzten Zeile um das Musterbeispiel dessen, was man als (heutzutage nicht mehr ganz ernst zu nehmende) Schauerballade bezeichnen darf. Mir persönlich gefällt das darauf folgende Stück aus *Des Knaben Wunderhorn*, das vermutlich auf Bürgers *Lenore* zurückgeht, in seiner knappen, einfältigen Schlichtheit bedeutend besser.

◇◇◇

Gottfried August Bürger

Lenore

Lenore fuhr ums Morgenrot
Empor aus schweren Träumen:
»Bist untreu, Wilhelm, oder tot?
Wie lange willst du säumen?«
Er war mit König Friedrichs* Macht
Gezogen in die Prager Schlacht*
Und hatte nicht geschrieben,
Ob er gesund geblieben.

König Friedrich: König Friedrich II., König von Preußen, Friedrich der Große genannt.
Prager Schlacht: 1757 siegten die Preußen bei Prag über die Österreicher.

Der König und die Kaiserin*,
Des langen Haders müde,
Erweichten ihren harten Sinn
Und machten endlich Friede;
Und jedes Heer, mit Sing und Sang,
Mit Paukenschlag und Kling und Klang,
Geschmückt mit grünen Reisern,
Zog heim zu seinen Häusern.

Und überall allüberall,
Auf Wegen und auf Stegen,
Zog Alt und Jung dem Jubelschall
Der Kommenden entgegen.
Gottlob!, rief Kind und Gattin laut,
Willkommen!, manche frohe Braut.
Ach!, aber für Lenoren
War Gruß und Kuss verloren.

Sie frug den Zug wohl auf und ab,
Und frug nach allen Namen;
Doch keiner war, der Kundschaft gab,
Von allen, so da kamen.
Als nun das Heer vorüber war,
Zerraufte sie ihr Rabenhaar
Und warf sich hin zur Erde
Mit wütiger Gebärde.

Die Mutter lief wohl hin zu ihr:
»Ach, dass sich Gott erbarme!
Du trautes Kind, was ist mir dir?«
Und schloss sie in die Arme. –
»O Mutter, Mutter! Hin ist hin!
Nun fahre Welt und alles hin!
Bei Gott ist kein Erbarmen.
O weh, o weh mir Armen!«

der König und die Kaiserin: Friedrich II. und Maria Theresia von Österreich, deutsche Kaiserin, bekämpften sich im Siebenjährigen Krieg (1756–63).

»Hilf, Gott, hilf! Sieh uns gnädig an!
Kind, bet ein Vaterunser!
Was Gott tut, das ist wohl getan.
Gott, Gott erbarmt sich unser!« –
»O Mutter, Mutter! Eitler Wahn!
Gott hat an mir nicht wohl getan!
Was half, was half mein Beten?
Nun ist's nicht mehr vonnöten.« –

»Hilf, Gott, hilf! Wer den Vater kennt,
Der weiß, er hilft den Kindern.
Das hoch gelobte Sakrament
Wird deinen Jammer lindern.« –
»O Mutter, Mutter! Was mich brennt,
Das lindert mir kein Sakrament!
Kein Sakrament mag Leben
Den Toten wiedergeben.« –

»Hör, Kind! Wie, wenn der falsche Mann
Im fernen Ungerlande,
Sich seines Glaubens abgetan
Zum neuen Ehebande?
Lass fahren, Kind, sein Herz dahin!
Er hat es nimmermehr Gewinn!
Wann Seel und Leib sich trennen,
Wird ihn sein Meineid brennen.« –

»O Mutter, Mutter! Hin ist hin!
Verloren ist verloren!
Der Tod, der Tod ist mein Gewinn!
O wär ich nie geboren!
Lisch aus, mein Licht, auf ewig aus!
Stirb hin, stirb hin in Nacht und Graus!
Bei Gott ist kein Erbarmen.
O weh, o weh mir Armen!« –

»Hilf, Gott, hilf! Geh nicht ins Gericht
Mit deinem armen Kinde!
Sie weiß nicht, was die Zunge spricht.
Behalt ihr nicht die Sünde!
Ach, Kind, vergiss dein irdisch Leid
Und denk an Gott und Seligkeit,
So wird doch deiner Seelen
Der Bräutigam nicht fehlen.« –

»O Mutter! Was ist Seligkeit?
O Mutter! Was ist Hölle?
Bei ihm, bei ihm ist Seligkeit,
Und ohne Wilhelm Hölle! –
Lisch aus, mein Licht, auf ewig aus!
Stirb hin, stirb hin in Nacht und Graus!
Ohn ihn mag ich auf Erden,
Mag dort nicht selig werden.« – – –

So wütete Verzweifelung
Ihr in Gehirn und Adern.
Sie fuhr mit Gottes Vorsehung
Vermessen fort zu hadern,
Zerschlug den Busen und zerrang
Die Hand bis Sonnenuntergang,
Bis auf am Himmelsbogen
Die goldnen Sterne zogen.

Und außen, horch!, ging's trapp trapp trapp,
Als wie von Rosseshufen,
Und klirrend stieg ein Reiter ab,
An des Geländers Stufen.
Und horch!, und horch!, den Pfortenring,
Ganz lose, leise, klinglingling!
Dann kamen durch die Pforte
Vernehmlich diese Worte:

»Holla, Holla! Tu auf, mein Kind!
Schläfst, Liebchen, oder wachst du?
Wie bist noch gegen mich gesinnt?
Und weinest oder lachst du?«
»Ach, Wilhelm du? – So spät bei Nacht? –
Geweinet hab ich und gewacht;
Ach, großes Leid erlitten!
Wo kommst du hergeritten?« –

»Wir satteln nur um Mitternacht.
Weit ritt ich her von Böhmen.
Ich habe spät mich aufgemacht
Und will dich mit mir nehmen.« –
»Ach, Wilhelm, erst herein geschwind!
Den Hagedorn durchsaust der Wind,
Herein, in meinen Armen,
Herzliebster, zu erwarmen!« –

»Lass sausen durch den Hagedorn,
Lass sausen, Kind, lass sausen!
Der Rappe scharrt; es klirrt der Sporn.
Ich darf allhier nicht hausen.
Komm, schürze, spring und schwinge dich
Auf meinen Rappen hinter mich!
Muss heut noch hundert Meilen
Mit dir ins Brautbett eilen.« –

»Ach, wolltest hundert Meilen noch
Mich heut ins Brautbett tragen?
Und horch! Es brummt die Glocke noch,
Die elf schon angeschlagen.« –
»Sieh hin, sieh her!, der Mond scheint hell.
Wir und die Toten reiten schnell.
Ich bringe dich, zur Wette,
Noch heut ins Hochzeitbette.« –

»Sag an, wo ist dein Kämmerlein?
Wo? Wie dein Hochzeitbettchen?« –
»Weit, weit von hier! – Still, kühl und klein! –
Sechs Bretter und zwei Brettchen!« –
»Hat's Raum für mich?« – »Für dich und mich!
Komm, schürze, spring und schwinge dich!
Die Hochzeitsgäste hoffen;
Die Kammer steht uns offen.« –

Schön Liebchen schürzte, sprang und schwang
Sich auf das Ross behände;
Wohl um den trauten Reiter schlang
Sie ihre Lilienhände;
Und hurre hurre, hopp hopp hopp!
Ging's fort in sausendem Galopp,
Dass Ross und Reiter schnoben
Und Kies und Funken stoben.

Zur rechten und zur linken Hand,
Vorbei vor ihren Blicken,
Wie flogen Anger, Heid und Land!
Wie donnerten die Brücken! –
»Graut Liebchen auch? – Der Mond scheint hell!
Hurra! Die Toten reiten schnell!
Graut Liebchen auch vor Toten?«
»Ach nein! – Doch lass die Toten!« –

Was klang dort für Gesang und Klang?
Was flatterten die Raben? –
Horch, Glockenklang! Horch, Totensang:
»Lasst uns den Leib begraben!«
Und näher zog ein Leichenzug,
Der Sarg und Totenbahre trug.
Das Lied war zu vergleichen
Dem Unkenruf in Teichen.

»Nach Mitternacht begrabt den Leib
Mit Klang und Sang und Klage!
Jetzt führ ich heim mein junges Weib.
Mit, mit zum Brautgelage!
Komm, Küster, hier! Komm mit dem Chor,
Und gurgle mir das Brautlied vor!
Komm, Pfaff, und sprich den Segen,
Eh wir zu Bett uns legen!« –

Still Klang und Sang. – Die Bahre schwand. –
Gehorsam seinem Rufen,
Kam's, hurre, hurre!, nachgerannt,
Hart hinters Rappen Hufen.
Und immer weiter, hopp hopp hopp!
Ging's fort in sausendem Galopp,
Dass Ross und Reiter schnoben
Und Kies und Funken stoben.

Wie flogen rechts, wie flogen links
Gebirge, Bäum und Hecken!
Wie flogen links und rechts und links
Die Dörfer, Städt und Flecken! –
»Graut Liebchen auch? – Der Mond scheint hell!
Hurra! Die Toten reiten schnell!
Graut Liebchen auch vor Toten?« –
»Ach! Lass sie ruhn, die Toten!« –

Sieh da! Sieh da! Am Hochgericht
Tanzt um des Rades Spindel,
Halb sichtbarlich bei Mondenlicht,
Ein luftiges Gesindel. –
»Sasa! Gesindel, hier! Komm hier!
Gesindel, komm und folge mir!
Tanz uns den Hochzeitreigen,
Wann wir zu Bette steigen!« –

Volksballade: *Der Wassermann*

Und das Gesindel, husch husch husch!
Kam hinten nachgeprasselt,
Wie Wirbelwind am Haselbusch
Durch dürre Blätter rasselt.
Und weiter, weiter, hopp hopp hopp!
Ging's fort in sausendem Galopp,
Dass Ross und Reiter schnoben
Und Kies und Funken stoben.

Wie flog, was rund der Mond beschien,
Wie flog es in die Ferne!
Wie flogen oben über hin
Der Himmel und die Sterne! –
»Graut Liebchen auch? – Der Mond scheint hell!
Hurra! Die Toten reiten schnell!
Graut Liebchen auch vor Toten?« –
»O weh! Lass ruhn die Toten!« –

»Rapp'! Rapp'! Mich dünkt, der Hahn schon ruft. –
Bald wird der Sand verrinnen –
Rapp'! Rapp'! Ich wittre Morgenluft –
Rapp'! Tummle dich von hinnen! –
Vollbracht, vollbracht ist unser Lauf!
Das Hochzeitbette tut sich auf!
Die Toten reiten schnelle!
Wir sind, wir sind zur Stelle.« – – –

Rasch auf ein eisern Gittertor
Ging's mit verhängtem Zügel.
Mit schwanker Gert ein Schlag davor
Zersprengte Schloss und Riegel.
Die Flügel flogen klirrend auf,
Und über Gräber ging der Lauf.
Es blinkten Leichensteine
Rundum im Mondenscheine.

Ha sieh! Ha sieh! Im Augenblick,
Huhu!, ein grässlich Wunder!
Des Reiters Koller, Stück für Stück,
Fiel ab wie mürber Zunder.
Zum Schädel ohne Zopf und Schopf,
Zum nackten Schädel ward sein Kopf,
Sein Körper zum Gerippe
Mit Stundenglas und Hippe.

Hoch bäumte sich, wild schnob der Rapp',
Und sprühte Feuerfunken;
Und hui!, war's unter ihr hinab
Verschwunden und versunken.
Geheul! Geheul aus hoher Luft,
Gewinsel kam aus tiefer Gruft.
Lenorens Herz mit Beben
Rang zwischen Tod und Leben.

Nun tanzten wohl bei Mondenglanz
Rundum herum im Kreise
Die Geister einen Kettentanz,
Und heulten diese Weise:
»Geduld! Geduld! Wenn's Herz auch bricht!
Mit Gott im Himmel hadre nicht!
Des Leibes bist du ledig;
Gott sei der Seele gnädig!«

Volksballade (aus *Des Knaben Wunderhorn*)

Lenore
Die Toten reiten schnell

Es stehn die Stern am Himmel,
Es scheint der Mond so hell,
Die Toten reiten schnell:

»Mach auf, mein Schatz, dein Fenster,
Lass mich zu dir hinein,
Kann nicht lang bei dir sein;

Der Hahn, der tät schon krähen,
Er singt uns an den Tag,
Nicht lang mehr bleiben mag.

Weit bin ich hergeritten,
Zweihundert Meilen weit
Muss ich noch reiten heut;

Herzallerliebste meine!
Komm, setz dich auf mein Pferd,
Der Weg ist Reitens wert.

Dort drin im Ungerlande
Hab ich ein kleines Haus,
Da geht mein Weg hinaus.

Auf einer grünen Heide,
Da ist mein Haus gebaut
Für mich und meine Braut.

Lass mich nicht lang mehr warten,
Komm, Schatz, zu mir herauf,
Weil fort geht unser Lauf.

Die Sternlein tun uns leuchten,
Es scheint der Mond so hell,
Die Toten reiten schnell.«

»Wo willst mich dann hinführen?
Ach Gott! Was hast gedacht
Wohl in der finstern Nacht?

Mit dir kann ich nicht reiten,
Dein Bettlein ist nicht breit,
Der Weg ist auch zu weit.

Allein leg du dich nieder,
Herzliebster, schlaf
Bis an den Jüngsten Tag!«

◇◇◇

Das Urbild aller gespenstischen Reiter, die zu mitternächtlicher Stunde über den Himmel fegen, ist der altgermanische Sturmgott Wotan, der unter mancherlei Namen durch die volkstümliche Überlieferung aller deutschen Stämme und Landschaften spukt: der Wode, auch Nachtjäger oder Wilder Jäger genannt. Ich selbst habe es in meinen Kindertagen noch erlebt, wie er auf weißem Ross über die verschneiten Schindeldächer der »Bauden« im Isergebirge hinweggestürmt ist. Und Hans Watzlik, ein Freund meines Vaters, erzählt die Geschichte eines Bauernknechtes im Böhmerwald, dem der Wode dazu verholfen hat, »der beste Tänzer weit im Land« zu werden.

◇◇◇

Hans Watzlik

Der Tänzer

Die Wildkatz kreischt, der Rüde* jault,
Es brüllt der Hirsch, das Dickicht kracht,
Der Wilde Jäger schwarzbegault
Sprengt durch die rotgezackte Nacht.

Im Dorfsturm bang die Glocke schrillt,
Den Pfaffen packt ein jäher Graus:
»Sankt Nothelf, sei mir Schirm und Schild,
Der Teufel Wode reitet aus!«

Der Sturm geigt toll im nächtgen Wald,
Er singt mit zauberischer Stimm',
Gell flötet er durch Fels und Spalt
Und harft im Sturzbach süß und grimm.

Der Bauernknecht Jörg Herzgesell
Stapft just der öden Straße nach,
Mit seinem Ringlein silberhell
Will er die Liebste klöpfeln wach.

Doch wie den Sturm er fiedeln hört
So hold und geisterstark im Tann,
Da packt ein Tanz ihn unbegehrt,
Da zwingt es ihn in blinden Bann.

Und zwischen Mond und Morgenrot
Auf feuchtem Moos bei Eulenschrei
Er tanzt und tanzt sich halb zu Tod'
Und tanzt sich fast das Herz entzwei.

Er tanzt, wie ihm der Waldsturm geigt,
Der Bach ihm harft, der Fels ihm gellt,
Er tanzt, bis sich der Mondschein neigt,
Bis schäumend er zu Boden fällt.

Als frühtags er im Moos erwacht,
Da ist die Welt im Tau erbrannt,
Da ist er worden über Nacht
Der beste Tänzer weit im Land.

Rüde: Männchen (vom Hund, Wolf, Fuchs oder Marder).

◇◇◇

Eine Gestalt, die der germanischen Heldensage entstammt, ist der getreue Ekkehart oder Eckart, ursprünglich Erzieher, Ratgeber und Beschirmer eines gotischen Brüderpaares aus dem Geschlecht der Harlungen. Eckart ist später in die Volkssage eingegangen, wo er dem Wilden oder Wütigen Heer des Nachtjägers als warnender Bote voranschreitet – wie in Goethes Ballade den unholden »Hulden«. Was mir an dieser Ballade besonders gefällt, sind der freundlich verschmitzte Tonfall, das augenzwinkernde Vergnügen, mit denen sich der Dichter an sein Publikum wendet.
Interessant auch hier die Form der Strophen, die aus je zwei männlichen Reimpaaren bestehen, auf deren jedes eine weiblich endende Zeile mit verlorenem Reim folgt.

◇◇◇

Johann Wolfgang von Goethe

Der getreue Eckart

»O wären wir weiter, o wär' ich zu Haus!
Sie kommen; da kommt schon der nächtliche Graus;
Sie sind's, die unholdigen Schwestern.
Sie streifen heran, und sie finden uns hier,
Sie trinken das mühsam geholte, das Bier,
Und lassen nur leer uns die Krüge.«

So sprechen die Kinder und drücken sich schnell;
Da zeigt sich vor ihnen ein alter Gesell:
»Nur stille, Kind! Kinderlein, stille!
Die Hulden, sie kommen von durstiger Jagd,
Und lasst ihr sie trinken, wie's jeder behagt,
Dann sind sie euch hold, die Unholden.«

Gesagt, so geschehn!, und da naht sich der Graus
Und siehet so grau und so schattenhaft aus,
Doch schlürft es und schlampft es aufs Beste.
Das Bier ist verschwunden, die Krüge sind leer;
Nun saust es und braust es, das wütige Heer,
Ins weite Getal und Gebirge.

Die Kinderlein ängstlich gen Hause so schnell,
Gesellt sich zu ihnen der fromme Gesell:
»Ihr Püppchen, nur seid mir nicht traurig.« –
»Wir kriegen nun Schelten und Streich' bis aufs Blut.« –
»Nein, keineswegs, alles geht herrlich und gut,
Nur schweiget und horchet wie Mäuslein.

Und der es euch anrät und der es befiehlt,
Er ist es, der gern mit den Kindelein spielt,
Der alte Getreue, der Eckart.
Vom Wundermann hat man euch immer erzählt,
Nur hat die Bestätigung jedem gefehlt;
Die habt ihr nun köstlich in Händen.«

Sie kommen nach Hause, sie setzen den Krug
Ein jedes den Eltern bescheiden genug
Und harren der Schläg' und der Schelten.
Doch siehe, man kostet: ein herrliches Bier!
Man trinkt in die Runde schon dreimal und vier,
Und noch nimmt der Krug nicht ein Ende.

Das Wunder, es dauert zum morgenden Tag.
Doch fraget, wer immer zu fragen vermag:
»Wie ist's mit den Krügen ergangen?«
Die Mäuslein, sie lächeln, im Stillen ergetzt;
Sie stammeln und stottern und schwatzen zuletzt,
Und gleich sind vertrocknet die Krüge.

Und wenn euch, ihr Kinder, mit treuem Gesicht
Ein Vater, ein Lehrer, ein Aldermann* spricht,
So horchet und folget ihm pünktlich!
Und liegt auch das Zünglein in peinlicher Hut,
Verplaudern ist schädlich, verschweigen ist gut;
Dann füllt sich das Bier in den Krügen.

Aldermann: Gemeindeältester.

◇◇◇

Ein weit verbreiteter Sagentyp: Das einfache Volk erzählt sich, wie seine mächtigen Herren zur Strafe für Unterdrückung und Übermut zu Stein verwandelt werden. Ob es sich um einen bösen Amtmann aus dem Friedländischen handelt, ob um den König Watzmann in den Berchtesgadener Alpen oder – wie hier – um die reiche, schöne und herzlose Frau Hitt aus dem Inntal: Immer nimmt es in der Volkssage mit solchen Bösewichtern ein schlimmes Ende.

◇◇◇

Karl Egon Ritter von Ebert

Frau Hitt

Wo schroff die Straße und schwindlig jäh
Herniederleitet zum Inn*,
Dort saß auf der mächtigen Bergeshöh
Am Weg eine Bettlerin.

Ein nacktes Kindlein lag ihr im Arm,
Und schlummert' in süßer Ruh;
Die zärtliche Mutter hüllt' es warm
Und wiegt' es und seufzte dazu:

»Du freundlicher Knabe, du liebliches Kind,
Dich zieh ich gewiss nicht groß,
Bist ja der Sonne, dem Schnee und dem Wind
Und allem Elend bloß.

Zur Speise hast du ein hartes Brot,
Das ein anderer nimmer mag,
Und wenn dir jemand ein Äpflein bot,
So war es dein bester Tag.

Und blickt doch, du Armer, dein Auge hold,
Wie des Junkers Auge so klar,
Und ist doch dein Haar so reines Gold,
Wie des reichsten Knaben Haar.«

Inn: Nebenfluss der Donau.

So klagte sie bitter und weinte sehr,
Als Lärmen ans Ohr ihr schlug,
Mit Jauchzen trabte die Straße einher
Ein glänzender Reiterzug.

Voran auf falbem, schnaubendem Ross
Die herrlichste aller Fraun,
Im Mantel, der strahlend vom Nacken ihr floss,
Wie ein schimmernder Stern zu schaun.

Die strahlende Herrin Frau Hitt,
Die Reichste im ganzen Land,
Doch auch die Ärmste an Tugend und Sitt,
Die rings im Lande man fand.

Ihr Goldross hielt die Stolze an
Und hob sich mit leuchtendem Blick
Und spähte hinunter und spähte hinan
Und wandte sich dann zurück.

»Blickt rechts, blickt links in die Fern,
Blickt vor- und rückwärts herum,
So weit ihr überall schaut, ihr Herrn,
Ist all mein Eigentum.

Viel tapfre Vasallen gehorchen mir,
Beim ersten Winke bereit,
Fürwahr, ich bin eine Fürstin hier
Und fehlt nur das Purpurkleid.«

Die Bettlerin hörts und rafft sich auf
Und steht vor der Schimmernden schon
Und hält den weinenden Knaben hinauf
Und fleht in kläglichem Ton:

»O seht dies Kind, des Jammers Bild!
Erbarmet, erbarmet Euch sein,
Und hüllet das zitternde Würmlein mild
In ein Stückchen Linnen ein!«

»Weib, bist du rasend?«, zürnt die Frau.
»Wo nähm ich Linnen her?
Nur Seid ist all, was an mir ich schau,
Von funkelndem Golde schwer.«

»Gott hüte, dass ich begehren sollt,
Was fremde mein Mund nur nennt,
O so gebt mir, gebet, was Ihr wollt,
Und was Ihr entbehren könnt!«

Da zieht Frau Hitt ein hämisch Gesicht
Und neigt sich zur Seite hin
Und bricht einen Stein aus der Felsenschicht
Und reicht ihn der Bettlerin.

Da ergreift die Verachtete wütender Schmerz,
Sie schreit, dass die Felswand dröhnt:
»O würdest du selber zu hartem Erz,
Die den Jammer des Armen höhnt!«

Den stutzenden Falben* spornt Frau Hitt –
»Ei, Wilder, was bist du so faul?«
Sie treibt ihn durch Hiebe und Stöße zum Ritt,
Doch fühllos steht der Gaul.

Und plötzlich fühlt sie sich selbst so erschlafft
Und gebrochen den kecken Mut;
In jeglicher Sehne stirbt die Kraft,
In den Adern stockt das Blut.

Herunter will sie sich schwingen vom Ross,
Doch versagen ihr Fuß und Hand,
Entsetzt will sie rufen den Rittertross,
Doch die Zunge ist festgebannt.

Falbe: gelblich braunes Pferd.

Ihr Antlitz wird so finster und bleich,
Ihr herrisches Aug erstarrt;
Ihr Leib, so glatt und zart und weich,
Wird rau und grau und hart.

Und unter ihr strecken sich Felsen hervor
Und heben vom Boden sie auf,
Und wachsen und steigen riesig empor
In die schaurige Nacht hinauf.

Und droben sitzt, ein Bild von Stein,
Frau Hitt im Donnergeroll,
Und schaut, umzuckt von der Blitze Schein,
Ins Land so grauenvoll.

◇◇◇

Auch Volkssagen, die sich an bestimmte Orte heften, so genannte »Lokalsagen«, haben als Grundstoffe für Balladen gedient. Mit besonderer Vorliebe werden sie verwendet, wenn sie dem Dichter Gelegenheit bieten, eine »allgemeine Moral« daraus abzuleiten, wie dies Chamisso in der Ballade vom Riesenspielzeug getan hat.
Diese Ballade gehörte zum festen Bestandteil der Lesebücher früherer Zeiten, Generationen von Schulkindern sind mit ihr aufgewachsen und haben sie auswendig gelernt. Ob Kinder von heute das auch noch schaffen? Es käme auf den Versuch an …

◇◇◇

Adelbert von Chamisso

Das Riesenspielzeug

Burg Niedeck* ist im Elsass der Sage wohl bekannt,
Die Höhe, wo vor Zeiten die Burg der Riesen stand;
Sie selbst ist nun verfallen, die Stätte wüst und leer;
Du fragest nach den Riesen, du findest sie nicht mehr.

Burg Niedeck: Burgruine in den Vogesen.

Einst kam das Riesenfräulein aus jener Burg hervor,
Erging sich sonder Wartung und spielend vor dem Tor
Und stieg hinab den Abhang bis in das Tal hinein,
Neugierig zu erkunden, wie's unten möchte sein.

Mit wen'gen raschen Schritten durchkreuzte sie den Wald,
Erreichte gegen Haslach das Land der Menschen bald,
Und Städte dort und Dörfer und das bestellte Feld
Erschienen ihren Augen gar eine fremde Welt.

Wie jetzt zu ihren Füßen sie spähend niederschaut,
Bemerkt sie einen Bauer, der seinen Acker baut;
Es kriecht das kleine Wesen einher so sonderbar,
Es glitzert in der Sonne der Pflug so blank und klar.

»Ei!, artig Spielding!«, ruft sie, »das nehm ich mit nach Haus.«
Sie knieet nieder, spreitet behänd ihr Tüchlein aus
Und feget mit den Händen, was da sich alles regt,
Zu Haufen in ein Tüchlein, das sie zusammenschlägt;

Und eilt mit freud'gen Sprüngen – man weiß, wie Kinder sind –
Zur Burg hinan und suchet den Vater auf geschwind:
»Ei Vater, lieber Vater, ein Spielding wunderschön!
So allerliebstes sah ich noch nie auf unsern Höhn.«

Der Alte saß am Tische und trank den kühlen Wein,
Er schaut sie an behaglich, er fragt das Töchterlein:
»Was Zappeliges bringst du in deinem Tuch herbei?
Du hüpfest ja vor Freuden; lass sehen, was es sei!«

Sie spreitet aus das Tüchlein und fängt behutsam an,
Den Bauer aufzustellen, den Pflug und das Gespann;
Wie alles auf dem Tische sie zierlich aufgebaut,
So klatscht sie in die Hände und springt und jubelt laut.

Der Alte wird gar ernsthaft und wiegt sein Haupt und spricht:
»Was hast du angerichtet? Das ist kein Spielzeug nicht!
Wo du es hergenommen, da trag es wieder hin!
Der Bauer ist kein Spielzeug, was kommt dir in den Sinn!

Sollst gleich und ohne Murren erfüllen mein Gebot;
Denn wäre nicht der Bauer, so hättest du kein Brot;
Es sprießt der Stamm der Riesen aus Bauernmark hervor;
Der Bauer ist kein Spielzeug, da sei uns Gott davor!«

Burg Niedeck ist im Elsass der Sage wohl bekannt
Die Höhe, wo vor Zeiten die Burg der Riesen stand;
Sie selbst ist nun verfallen, die Stätte wüst und leer;
Und fragst du nach den Riesen, du findest sie nicht mehr.

◇◇◇

Wer Hameln sagt, denkt an den Rattenfänger. Die Geschichte, wie wir sie heute kennen, hat einen historischen Kern. Im 13. Jahrhundert scheint ein Werber des Bischofs von Olmütz eine größere Anzahl von jungen Hamelner Bürgern dafür gewonnen zu haben, die Stadt zu verlassen, um sich auf den mährischen Ländereien des Bischofs anzusiedeln. Später ist ein diesbezüglicher Vermerk in einer Lüneburger Handschrift missverstanden und ins Sagenhafte gewendet worden.
Auch der Rattenfänger von Hameln ist eine Gestalt, die zahlreiche Künstler und Dichter beschäftigt hat, unter anderen Goethe und, in neuerer Zeit, Carl Zuckmayer. Ob die folgende Balladenfassung tatsächlich als Volkslied gelten darf, erscheint mir zweifelhaft; ich halte sie eher für einen Bänkelsang.

◇◇◇

Volksballade

Der Rattenfänger von Hameln

Wer ist der bunte Mann im Bilde?
Er führet Böses wohl im Schilde,
Er pfeift so wild und so bedacht;
Ich hätt mein Kind ihm nicht gebracht!

In Hameln fochten Mäus und Ratzen
Bei hellem Tage mit den Katzen,
Es war viel Not, der Rat bedacht,
Wie andre Kunst zu Weg gebracht.

Da fand sich ein der Wundermann,
Mit bunten Kleidern angetan,
Pfiff Ratz und Mäus zusamm' ohn Zahl,
Ersäuft sie in der Weser all.

Der Rat will ihm dafür nicht geben,
Was ihm ward zugesagt so eben,
Sie meinten, das ging gar zu leicht
Und wär wohl gar ein Teufelsstreich.

Wie hart er auch den Rat besprochen,
Sie dräuten* seinem bösen Pochen,
Er konnt zuletzt vor der Gemein'
Nur auf dem Dorfe sicher sein.

Die Stadt von solcher Not befreiet
Im großen Dankfest sich erfreuet,
Im Betstuhl saßen alle Leut,
Es läuten alle Glocken weit.

Die Kinder spielten in den Gassen,
Der Wundermann durchzog die Straßen,
Er kam und pfiff zusamm' geschwind
Wohl auf einhundert schöne Kind.

Der Hirt sie sah zur Weser gehen,
Und keiner hat sie je gesehen,
Verloren sind sie an dem Tag
Zu ihrer Eltern Weh und Klag.

Im Strome schweben Irrlicht nieder,
Die Kindlein frischen drin die Glieder,
Dann pfeifet er sie wieder ein,
Für seine Kunst bezahlt zu sein.

Ihr Leute, wenn ihr Gift wollt legen,
So hütet doch die Kinder gegen,
Das Gift ist selbst der Teufel wohl,
Der uns die lieben Kinder stohl.

◇◇◇

Von jeher hat Prag eine der bedeutendsten jüdischen Gemeinden des Abendlandes in ihren Mauern beherbergt. Auf dem alten jüdischen Friedhof zu Prag ist noch heute der Sarkophag des Hohen Rabbi Löw zu sehen, der als Wundertäter und Magier zum Mittelpunkt zahlreicher Sagen und Legenden geworden ist. Unter anderem erzählt man sich, dass er aus Lehm einen künstlichen Menschen geschaffen habe, den »Golem«, eine Art frühen Roboter. Eines Sabbats habe er dann – heute würden wir sagen: wegen eines Bedienungsfehlers – die Kontrolle über sein Geschöpf verloren; nur mit äußerster Mühe sei es ihm gelungen, das wild gewordene Ungeheuer wieder zu bändigen. Nach dieser schlimmen Erfahrung habe er, wie es heißt, den Golem in tausend Stücke zerschlagen. Bis auf den heutigen Tag sollen die irdenen Scherben auf dem Dachboden der Alt-Neu-Synagoge zu Prag herumliegen.

◇◇◇

Detlev von Liliencron

Der Golem

Prag, das alte sagenreiche,
Barg schon viele Menschenweisheit,
Barg schon viele Menschentorheit,
Auch den hohen Rabbi* Löw.

Rabbi Löw war sehr zu Hause
In den Künsten, Wissenschaften,
Und besonders in der schwarzen,
In der schweren Kabbala*.

dräuen: drohen.
Rabbi: Ehrentitel für jüdischen Schriftgelehrten.
Kabbala: jüdische Geheimlehre und ihre Schriften.

So erschuf er einen Golem,
Einen holzgeschnitzten Menschen,
Tat belebend in den Mund ihm
Einen Zauberspruch: den Schem.

Unverdrossen, als sein Diener,
Muss der Golem fegen, kochen,
Kinder wiegen, Fenster putzen,
Stiefel wichsen und so fort.

Nur am Sabbath* darf er rasten;
Nahm ihm dann der hohe Rabbi
Aus dem Mund den Zauberzettel,
Stand er stockstill augenblicks.

Einmal hat er es vergessen,
Einmal, was ist da geschehen:
Rasend wurde, dwatsch der Golem,
Ein Berserker ward der Kerl.

Bäume reißt er aus der Erde,
Häuser wuppt er in die Wolken,
Schleudert Menschen in die Lüfte,
Stülpt den Hradschin* auf den Kopf.

Schon im Anzug war der Sabbath,
Alle Arbeit muss nun ruhen;
Alles flüchtet, schreit und zetert
Nach dem hohen Rabbi Löw.

Der erscheint; packt eben, eben
Noch den Tollhans am Schlafittchen,
Ist mit ihm bald oben, unten,
Bald auf Bergen, bald im Tal,

Wie ein Bändiger, der dem Pferde,
Das sich bäumt und wirft und schüttelt,
Einen Kappzaum* legen möchte
Und nun mit ihm tanzen muss.

Hopsa, hopsa, was für Sprünge!
Aber endlich glückts, er würgt ihn,
Zerrt den Schem ihm aus den Zähnen –
Und zerschmettert liegt der Kerl.

Nicht noch einmal hat der Rabbi
Einen Golem sich geschnitzelt,
Jede Lust war ihm vergangen:
Allzu klug ist leicht zu dumm.

Sabbath: Sabbat, der jüdische Feiertag (Freitag- bis Samstagabend).
Hradschin: Burg und Stadtteil von Prag.
Kappzaum: Halfter mit Ösen für Pferde, z. B. für die Longierleine.

◇◇◇

Fahrenden Leuten wie dem Rattenfänger von Hameln, aber auch Zigeunern hat man vormals allerlei schlimme Praktiken nachzusagen beliebt: vom einfachen Diebstahl über Zauberei und Kindesraub bis zur Brandstiftung. An den verschiedensten Orten taucht in der Volkssage die Gestalt des unschuldig zum Tode verurteilten (ver-vorurteilten) Zigeuners auf – und in vielen dieser Fälle vermag er sich nur dadurch vom Galgen zu retten, dass er in letzter Minute den »Roten Hahn« beschwört. Vom Galgenberg aus sehen Richter, Schöffen und die schaulustige Menge, wie die Stadt zu ihren Füßen in Flammen aufgeht. Und nur er, der unschuldig Verurteilte, kann dem Feuer, das er herbeigezaubert hat, wieder Einhalt gebieten – falls ihm dafür das Leben geschenkt wird.

◇◇◇

Volksballade (aus *Des Knaben Wunderhorn*)

Das Feuerbesprechen

Zigeuner sieben von Reitern gebracht,
Gerichtet verurteilt in einer Nacht,
Sie klagen um ihre Unschuld laut,
Ein Jud hätt ihnen den Kelch vertraut.

Die Ratsherrn sprechen das Leben leicht ab,
Sie brachen dem Sechsten schon den Stab,
Der Siebent', ihr König, sprach da mit Ruh:
»Ich hör wohl in Lüften den Vögeln zu!

Ihr sollt mir nicht sengen ein Härlein vom Kleid,
Bald krähet der rote Hahn so weit!«
Da bricht die Flamme wohl über, wohl aus,
Aus allen vier Ecken der Stadt so kraus.

Der rote Hahn auf die Spitze gesteckt,
Er krähet, wie jener, der Petrum erweckt,
Die Herren erwachen aus Sünden Schlaf,
Gedenke der Unschuld, der harten Straf.

Die Herren sie sprechen zum Manne mit Flehn,
Er möge besprechen das feurige Wehn,
Er möge halten den feurigen Wind,
Sein Leben sie wollten ihm schenken geschwind.

Den Todesstab da entreißt er gleich,
Den Herren damit gibt Backenstreich,
Er ruft: »Was gießet ihr schuldlos Blut?
Wie wollet ihr löschen die höllische Glut?

Das Kindlein vom Stahle die Funken gern zieht,
Der Fromme im Steine das Feuer wohl sieht,
Was spielt ihr mit Dingen, die schneidig und spitz,
Der rote Hahn wohl unter euch sitzt.«

Jetzt spricht er: »Willkommen du feuriger Gast,
Nichts greife weiter, als was du hast,
Das sag ich dir, Feuer, zu deiner Buß,
Im Namen Christi, des Blut hier auch floss.

Ich sage dir, Feuer, bei Gottes Kraft,
Die alles tut und alles schafft,
Du wollest also stille stehn,
Wie Christus wollt im Jordan stehn.

Ich sag' dir, Feuer, behalt dein Flamm',
Wie einst Maria, die heilige Dam',
Hielt Jungfrauschaft so keusch und rein,
So stelle Flamm' deine Reinigung ein.«

Da flog der rote Hahn hinweg,
Da nahm der Wind den andern Weg,
Das Feuer sank in sich zusamm',
Der Wundermann ging fort durch die Flamm'.

Franz Karl Ginzkey: *Ballade vom gastlichen See*

◇◇◇

Auch das Feuerbeschwören hat die Phantasie der einfachen Leute zu allen Zeiten beschäftigt. Wohl in jedem Landstrich Deutschlands gab es Männer und Frauen, die sich auf die Kunst verstanden haben sollen, mit Hilfe von Gebeten, Zauberformeln oder geweihten Gegenständen das Feuer zu bannen, ein schon von den Flammen ergriffenes Haus vor der endgültigen Zerstörung zu retten. Wie alle diese geheimen Künste, birgt die Kunst des Feuerbeschwörens für den, der sie ausübt, große Gefahren in sich. Auch Mörikes *Feuerreiter*, der so oft schon freventlich »mit des heilgen Kreuzes Span« das Feuer »besprochen« hat, muss eines Tages mit Leib und Seele dafür bezahlen.
Ich finde es großartig, wie der Dichter es versteht, die letzten drei Zeilen jeder Strophe als Kehrreim zu verwenden, der gelegentlich leicht abgewandelt wird – bis hin zu der Stelle, wo er am Ende der vorletzten Strophe, durch Verkürzung der Abschlusszeile auf eine einzige Silbe, das Glöcklein hörbar ausklingen lässt.

◇◇◇

Eduard Mörike

Der Feuerreiter

Sehet ihr am Fensterlein
Dort die rote Mütze wieder?
Nicht geheuer muss es sein,
Denn er geht schon auf und nieder.
Und auf einmal welch Gewühle
Bei der Brücke, nach dem Feld!
Horch! Das Feuerglöcklein gellt:
  Hinterm Berg,
  Hinterm Berg
Brennt es in der Mühle!

Schaut! Da sprengt er wütend schier
Durch das Tor, der Feuerreiter,
Auf dem rippendürren Tier,
Als auf einer Feuerleiter!

Querfeldein! Durch Qualm und Schwüle
Rennt er schon und ist am Ort!
Drüben schallt es fort und fort:
  Hinterm Berg,
  Hinterm Berg
Brennt es in der Mühle!

Der so oft den roten Hahn
Meilenweit von fern gerochen,
Mit des heilgen Kreuzes Span
Freventlich die Glut besprochen –
Weh! Dir grinst vom Dachgestühle
Dort der Feind im Höllenschein.
Gnade Gott der Seele dein!
  Hinterm Berg,
  Hinterm Berg
Rast er in der Mühle!

Keine Stunde hielt es an,
Bis die Mühle borst in Trümmer;
Doch den kecken Reitersmann
Sah man von der Stunde nimmer.
Volk und Wagen im Gewühle
Kehren heim von all dem Graus;
Auch das Glöcklein klinget aus:
  Hinterm Berg,
  Hinterm Berg
Brennt's! –

Nach der Zeit ein Müller fand
Ein Gerippe samt der Mützen
Aufrecht an der Kellerwand
Auf der beinern Mähre sitzen:
Feuerreiter, wie so kühle
Reitest du in deinem Grab!
Husch!, da fällt's in Asche ab.
  Ruhe wohl,
  Ruhe wohl
Drunten in der Mühle!

◇◇◇

Raubschützen, Wilderer, kühne Draufgänger, Jäger auf eigene Faust: Im Zweifelsfall stand das einfache Volk im Kampf gegen Förster und Gendarmen immer auf ihrer Seite. Im Volkslied, in der Sage, aber auch in der romantischen Räuber- und Schauerballade haben die Freibeuter des Waldes ihren festen Platz.

Nikolaus Lenau hat die Räuber- und Schauerballaden des beginnenden 19. Jahrhunderts aufs Korn genommen und parodiert sie in der Ballade *Der Raubschütz*, indem er sich ihrer ureigensten Stilmittel übertrieben heftig bedient, um solcherart die ganze, mit so viel Aufwand an schaudervollen Einzelheiten dargebotene Geschichte zu einem enttäuschend banalen Abschluss zu bringen.

◇◇◇

Nikolaus Lenau

Der Raubschütz

Der alte Müller Jakob sitzt
Allein beim Glase Wein.
Schwarzmitternacht, nur manchmal blitzt
Ein Wetterstrahl herein.
Das Mühlrad saust, es braust der Wind:
Doch schlafen ruhig Weib und Kind.

Der Alte tut manch raschen Zug:
Er denkt an Zeit und Tod.
Wie draußen jagt des Sturmes Flug,
So jagen Lust und Not,
Die längst begrabnen, neu erwacht,
Ihm durch die Brust in dieser Nacht.

Die Tür geht auf, er fährt empor:
Wer kommt zu solcher Stund?
Ein Waidmann mit dem Feuerrohr,
Mit seinem Stöberhund,
Hahnfeder, Gemsbart auf dem Hut,
Das grüne Wams befleckt mit Blut.

Der Müller starrt, zurückgebeugt,
Dem Jäger ins Gesicht,
Sein Haar entsetzt zu Berge fleugt,
Sein Blut zum Herzen kriecht:
Der Raubschütz ists, der wilde Kurd,
Der jüngst im Wald erschossen wurd.

Der finstre Jäger an die Wand
Auf Jakobs Büchse winkt:
Der presst sein Glas in zager Hand,
Dass es zu Scherben springt;
Gehorchend nimmt er sein Gewehr
Und schleicht dem Grausen hinterher.

Sie streifen in den Wald hinaus,
Nach süßem Wildesraub;
Stets lauter wird der Winde Braus,
Der Pfade dürres Laub.
Der Jäger ruft voll heißer Gier:
»Komm, Bruder, jagen, jagen wir!«

Sie ziehen fort im finstern Wald
Durch Strupp und Strom gar frisch:
Das Wild schrickt auf, die Büchse knallt,
Der Stöbrer im Gebüsch
Rauscht mit arbeitendem Geruch,
Der Jäger ruft: »Such, Hundel, such.«

Doch an des Walds geheimstem Ort
Auf seinem liebsten Stand,
Wo jüngst die Kugel ihn durchbohrt
Aus meuchlerischer Hand,
Da bleibt er stehn und donnert: »Schau!
Hier schoss er mich wie eine Sau!«

Es ächzt der Wald im Sturm verzagt,
Vom Monde jetzt erhellt;
Der kühn gewordne Müller fragt:
»Was ist's in jener Welt?«
Da murmelt trüben Angesichts
Der Jägersmann: »Es ist halt nichts!«

◇◇◇

Es gibt nicht nur Örtlichkeiten, es gibt auch gewisse Zeiten, gewisse Tage und Nächte, die im Volksglauben eine bevorzugte Rolle spielen. Dazu gehören die Lostage und Losnächte, denen besondere magische Wirkungen zugeschrieben werden. Wie etwa die Raunächte zwischen dem Weihnachts- und dem Dreikönigsfest erfreut sich auch die Andreasnacht vom 29. auf den 30. November, zumal in den östlichen Landschaften Deutschlands, großer Bedeutung. Vermögen doch unverheiratete Mädchen in der Andreasnacht, nach Anwendung des jeweils vorgeschriebenen Zaubers, mit Hilfe eines Spiegels den künftigen Mann oder Geliebten herbeizusehen.
Hans Watzliks Ballade von der Andreasnacht verwendet sagenhafte Motive aus dem Böhmerwald; der Schlesier Friedrich Bischoff deutet in seiner Ballade an, dass der ersehnte Bräutigam zur Zeit der Beschwörung nicht mehr am Leben ist. Er, der als Floßknecht, wohl auf der Oder, den Tod gefunden hat, gibt seiner Liebsten zu verstehen, sie möge ihm nachfolgen, um drunten »an dem kühlen Ort« mit ihm Hochzeit zu machen.

◇◇◇

Hans Watzlik

Andreasnacht

Das Forsthaus glimmt im kalten Mondenschein,
die kahlen Eschen frösteln tief in sich hinein.

Der Förster draußen auf der Hirschenflur,
Den Wildrern ist er fluchend auf der Spur.
Die taube Muhme* schläft im Kämmerlein.
Da weiß des Jägers Tochter sich allein.

Muhme: Tante.

Die Stube birgt manch ästiges Geweih
Und Werwolfsgurt im Spind und Zauberblei,
Glaskugel, unfehlbar und hoch geweiht,
Die nach dem Schweiß des fernen Hochwilds schreit.
Ein fremder welscher Silberspiegel strahlt,
Drin Feuer des Kamins sich ruhlos malt.

Die Jungfer ist gar hochgemut und stolz.
Heut schürt ins Feuer sie neun Arten Holz:
Ahornes, buchnes, haselnussnes Scheit
Und harte Knüppel von der Eiche breit
Und dornig Holz vom dürren Schlehenstrauch,
Vom Scheuerdach die Tannenschindel auch,
Und Esche, Erle legt sie schweigend drauf,
Der Kienspan knistert, knallt und knattert auf.

Sie ist heut dunkeln Dörferbrauchs beflissen,
Vorzeitig will sie Ungewisses wissen,
Will durch die Schleier blauer Zukunft brechen:
Ein seltsam Wunder soll jetzt zu ihr sprechen.

Sie löscht das trübe Lampenlicht,
Der Mond schief durch das Fenster sticht.
Sie sagt: »Andreasnacht ist heut,
Da schlafen weit und breit die Leut,
Da schlafen alle Menschenkind,
Die zwischen Erd und Himmel sind,
Schläft alles, bis auf einen Mann,
Der mich zur Braut einst machen kann.«

Rasch löst ihr Kleid das junge Weib,
Im Spiegel blinkt der weiße Leib.
Sie reißt das Fenster auf geschwind
Und wirft ihr Hemd hinaus dem Wind.
»Mein Herz zu Höll und Himmel schreit.
Da steh ich mutternackt und bloß.
O komm doch, der mich einmal freit,
Und wirf das Hemd mir in den Schoß!«

Horch! Knirscht am Waldsteig nicht ein Schuh?
Sie schlägt das Fenster schaudernd zu.

Schon aber springt die Tür auf. Jesus mein!
Ein schlohweiß Jungfernhemdlein fliegt herein.
Und drin im Spiegel, struppig, störrisch, wild,
Schaut sie des schwarzen Jägerknechtes Bild,
Der meilenfern urwaldumsaust
In einem öden Jagdturm haust.

Sie fragt ihn fremd, sie fragt ihn schwer:
»Bist du es, Knecht? Wie kommst du her?«

Der Bursche zittert, dampft und keucht,
Die Stirn wie blasses Schneegeleucht.

Im Spiegel drin sein elend Bild:
Er zielt mit dem Hirschfänger wild,
Bis er ihn stöhnend nach ihr schmeißt.
Das Kreuz sie von der Mauer reißt
Und drückt es jämmerlich an sich:
»O Jesus mein, beschütze mich!«

Da bricht der Zauber an des Kreuzes Hochgewalt,
Da tritt in Nacht zurück die drohende Gestalt.
Es schließt von selber sich die Eichentür,
Es schiebt von selber sich der Riegel für.
Nur in der Holzwand, warnend, mondenfahl,
Steckt des Gespenstes hingeworfner Stahl.

Was sich gemeldet hat so sonderbar
In jener Losnacht, das ist worden wahr.

Der schwarze Waldknecht hat nach kurzer Zeit
Im Wald das feine Försterkind gefreit.

Und als sie in der Brautnacht sind allein,
Da kramt sie spielerisch im alten Schrein
Und tändelt mit ererbtem Ahnenplunder,
Zeigt Spangen, Ringe, hübsche Goldschmiedswunder,
Tut um den Hals sich eine Kette fein:
»Ich will im Wald die Allerschönste sein!«

Und wie sie weist die halb verschollnen Dinge,
Da glänzt darunter eine Jägerklinge.

Sie scherzt: »Kennst du sie noch, mein schwarzer Schatz?«
Sie legt sie wieder an den alten Platz.

Er aber tastet hastig nach dem Stahl,
Erkennt daran des Donauschmiedes Mal.
»O Weib, wie kommt das Messer dir zur Hand?!«
»Weißt du nicht, Mann, dass ich dich hergebannt?«

Da flüstert er: »Du also, der ich mich vermählt,
Du hast mich damals also fürchterlich gequält,
Dass ich durch Tod und Hölle habe rennen müssen,
Dass meine Seele blutig sich vom Leib gerissen?!!
O du, die ich zur Ehe heute mir erlesen,
Just du, verfluchte Hexe, du bist es gewesen!
So lohn ich Fürwitz dir und Frevelmut!«

Er haut das Messer tief ihr in das Blut.

Friedrich Bischoff

Andreasnacht

Mutter, häng den Spiegel zu,
Gib mir Ring und Spange,
Riegle Tor und Türe zu,
Stand schon wer im Gange
Draußen in dem Wind!
Deus meus, ach Andreus,
Sei mir wohl gesinnt!

Sparren knarrt und Spinne webt
Fädelnd hin und her.
Draußen pocht es dumpf und schwer,
Und das Mädchen bebt.

Schaut verschämt mit roten Wangen:
Deus meus, ach Andreus,
Kam doch wer gegangen?

Doch der in die Stube tritt,
Kann es nimmer sein,
Kommt mit schwerem Flößerschritt
Nebelgrau herein.
Deus meus, ach Andreus,
Lass mich dich erkennen!
Doch die dunklen Augen brennen
Fremd und ohne Schein.

Deus meus, ach Andreus,
Wie soll ich dich nennen?
Sagt der Fremde ohne Gruß:
Wirst mich schon erkennen,
Riefst im Schilf den Fluss hinab,
Als ich kam geschwommen,
Brachst vom Stoß dies Hölzlein ab,
Das ich mir genommen.

Lieber Gott, o Mutter hilf!
Schütz mich, heilig Wort!
Sagt der Mann aus Schlamm und Schilf:
Tu die Spange fort,
Brauchst sie nicht, die Jungfernsachen,
An dem kühlen Ort,
Wo wir Hochzeit machen!

Deus meus, ach Andreus,
Angelweit steht auf das Tor,
Mutter kniet am tauben Herde,
Drin die Glut vergor:
Ein Geruch von Fluss und Erde
Haucht verwest hervor!

◇◇◇

Nicht nur grausige, nicht nur schaudervolle Begebenheiten überliefert die Volkssage. Denken wir nur an die »kleinen Leute«, an die Zwerge, die Heinzelmännchen, die Kobolde! Friedrich Bischoff besingt in der Ballade *Tschinka Milla*, die ich für eines seiner schönsten Gedichte halte, einen kleinen weiblichen schlesischen Wald- und Hausgeist.

◇◇◇

Friedrich Bischoff

Tschinka Milla

Wenn ihr jetzt schön leise seid,
Wie der Schnee, der draußen schneit,
Wird, wenn sie sich's vorgenommen,
Wird die Tschinka Milla kommen.
Klein wie eine Hagebutte
Und in buttenroter Kutte,
Wie vom Wald ein Reisigbuschen,
Wird sie durch die Stube huschen.

»Tschinka Milla! – Schenk mir Milch!
Für die Kinder Zwirn und Zwilch*!
Milla! Milla!«, wird es flüstern,
Nach dem großen Milchtopf lüstern,
Und zwei Augen werden glühn,
Nadelspitz und grasegrün.
Schlecken wird es, schmatzend schmecken,
Keiner darf mir dann erschrecken.

Manchem schon hat über Nacht
Tschinka Glück ins Haus gebracht.
Ist gekommen, ist gegangen,
Andern Tags hat's angefangen.
Nicht mit einem goldnen Wagen
Und vier Schimmeln, blitzbeschlagen –
Nein, behutsam in der Stille
Blüht das Glück der Tschinka Mille.

Ist ein kleines Trippelding,
Waldgelichter, moosgering.
Uralt – eines von den Letzten,
Die der Zeit sich widersetzten
Und bei denen sich nun laben,
Die noch Frieden um sich haben,
Um an ihrem Gotterbarmen
Heimchenheimlich zu erwarmen.

Zwilch: Zwillich, ein grober Leinenstoff.

◇◇◇

In zwölf kunstvoll gebauten, spinnwebhaft dahingeisternden Strophen berichtet der Friese Theodor Storm von Bulemanns Haus. In der Schwebe bleibt, wer »die zierliche Kleine« ist, was sie dort zu mitternächtlicher Stunde erlebt. Ist es ein Traum, von dem da berichtet wird? Der Mond und der Spiegel: Beiden kommt in der schwarzen und weißen Magie eine große Rolle zu. Kein Wunder, dass hier, wo sie mit im Spiel sind, die Grenzen zwischen Traum und Wirklichkeit auf wundersame Weise aufgehoben erscheinen.

◇◇◇

Theodor Storm

In Bulemanns Haus

Es klippt auf den Gassen im Mondenschein;
Das ist die zierliche Kleine,
Die geht auf ihren Pantöffelein
Behänd und mutterseelenallein
Durch die Gassen im Mondenscheine.

Sie geht in ein alt, verfallenes Haus;
Im Flur ist die Tafel gedecket,
Da tanzt vor dem Monde die Maus mit der Maus,
Da setzt sich das Kind mit den Mäusen zu Schmaus,
Die Tellerlein werden gelecket.

Und leer sind die Schüsseln; die Mäuslein im Nu
Verrascheln in Mauer und Holze;
Nun lässt es dem Mägdlein auch länger nicht Ruh,
Sie schüttelt ihr Kleidchen, sie schnürt sich die Schuh,
Dann tritt sie einher mit Stolze.

Es leuchtet ein Spiegel aus goldnem Gestell,
Da schaut sie hinein mit Lachen;
Gleich schaut auch heraus ein Mägdelein hell,
Das ist ihr einziger Spielgesell;
Nun woll'n sie sich lustig machen.

Sie nickt voll Huld, ihr gehört ja das Reich;
Da neigt sich das Spiegelkindlein,

Da neigt sich das Kind vor dem Spiegel zugleich,
Da neigen sich beide gar anmutreich,
Da lächeln die rosigen Mündlein.

Und wie sie lächeln, so hebt sich der Fuß,
Es rauschen die seidenen Röcklein,
Die Händchen werfen sich Kuss um Kuss,
Das Kind mit dem Kinde nun tanzen muss,
Es tanzen im Nacken die Löcklein.

Der Mond scheint voller und voller herein,
Auf dem Estrich gaukeln die Flimmer:
Im Takte schweben die Mägdelein,
Bald tauchen sie tief in die Schatten hinein,
Bald stehn sie in bläulichem Schimmer.

Nun sinken die Glieder, nun halten sie an
Und atmen aus Herzens Grunde;
Sie nahen sich schüchtern und beugen sich dann
Und knien voreinander und rühren sich an
Mit dem zarten, unschuldigen Munde.

Doch müde werden die beiden allein
Von all der heimlichen Wonne;
Sehnsüchtig flüstert das Mägdelein:
»Ich mag nicht mehr tanzen im Mondenschein,
Ach, käme doch endlich die Sonne!«

Sie klettert hinunter ein Trepplein schief
Und schleicht hinab in den Garten.
Die Sonne schlief, und die Grille schlief:
»Hier will ich sitzen im Grase tief,
Und der Sonne will ich warten.«

Doch als nun morgens um Busch und Gestein
Verhuschet das Dämmergemunkel,
Da werden dem Kinde die Äugelein klein;
Sie tanzte zu lange beim Mondenschein,
Nun schläft sie bei Sonnengefunkel.

Nun liegt sie bei den Blumen dicht
Auf grünem, blitzendem Rasen:
Und es schauen ihr in das süße Gesicht
Die Nachtigall und das Sonnenlicht
Und die kleinen, neugierigen Hasen.

◇◇◇

Wer da meinen sollte, Gespenstern sei ausschließlich die Mitternachtsstunde vorbehalten, den belehrt Johann Friedrich Kind eines Besseren, der in Anlehnung an alte Sagenmotive den Text zu Karl Maria von Webers romantischer Oper *Der Freischütz* verfasst hat. Er weiß um die ostdeutsch-westslawische Überlieferung von den Mittagsgeistern, die bei helllichtem Tage umgehen – sei es als Roggenmuhme, die unbeaufsichtigte Bauernkinder dazu verlockt, sich in den Weiten der Getreidefelder zu verlaufen, sei es, wie hier, als freundliche Helfer und Glücksbringer auf den Höfen armer, aber rechtschaffener Bauersleute.

◇◇◇

Johann Friedrich Kind

Gespenster in der Scheuer

»Ehrt Ihr so die Sabbatsfeier,
Heiligt so den Ostertag?
Schallend klappt in Eurer Scheuer
Muntrer Drescher Wechselschlag.
Horcht, die Glocke läutet,
Ruft ins Gotteshaus;
Weib und Dirne schreitet
Mit dem Buch und Strauß.«

»Vater!«, sprach verschämt Frau Änne,
»Glaubt so Arges nicht von mir!
Niemand drischt auf meiner Tenne;
Schaut es hängt der Schlüssel hier.
Sünd'gen ich – bewahre!
Wider Gottes Gebot?
War nicht schon drei Jahre
Groß des Armen Not?«

»Was mein eignes Ohr vernommen,
Halt ich Alter auch für wahr.
Wie? Euch zählt ich zu den Frommen,
Und Ihr täuscht dies graue Haar?« –
»Euer Wort ist teuer,
Aber – seht mich an!
Kommt in meine Scheuer,
Ob ich lügen kann!«

Hand in Hand gehn sie zur Tenne,
Horchend unterm Lindenbaum.
Wacker dreschen hört Frau Änne,
Traut den eignen Sinnen kaum;
Hört mit bängerm Lauschen
An der Scheune Tor
Reifer Garben Rauschen
Und Gesang im Chor.

»Wir verkünden gute Märe«,
Tönt es hell wie Silberklang.
»Hundertfältig trägt die Ähre
Sieben frohe Jahre lang.
Ihres Gottes wegen
Gab Frau Änne gern;
Drum gibt Gott ihr Segen –
Alles kommt vom Herrn!«

Und als sie das Tor zur Banze
Bangen Mutes seitwärts drehn,
Sehn sie, schlank im Ährenkranze
Drei der schönsten Mägde stehn;
Die Gewänder blinken
Blau wie Himmelsduft,
Und sie lächeln, winken
Und zergehn in Luft.

◇◇◇

Beim Dorftanz unter der Linde begegnen sich, mitten unter fröhlichen Menschenkindern, zwei alte Bekannte: Nixe und Wassermann. Sie haben sich beide unter die jungen Leute gemischt, weil sie Verlangen nach einem menschlichen Partner haben – der Zufall jedoch (und der Spötter Heinrich Heine) wollen wieder einmal, dass sich Gleich zu Gleich gesellt …

◇◇◇

Heinrich Heine

Begegnung

Wohl unter der Linde erklingt die Musik,
Da tanzen die Burschen und Mädel,
Da tanzen zwei, die niemand kennt,
Sie schaun so schlank und edel.

Sie schweben auf, sie schweben ab,
In seltsam fremder Weise,
Sie lachen sich an, sie schütteln das Haupt,
Das Fräulein flüstert leise:

»Mein schöner Junker, auf Eurem Hut
Schwankt eine Neckenlilje,
Die wächst nur tief im Meeresgrund –
Ihr stammt nicht aus Adams Familie.

Ihr seid der Wassermann, Ihr wollt
Verlocken des Dorfes Schönen.
Ich hab Euch erkannt, beim ersten Blick,
An Euren fischgrätigen Zähnen.«

Sie schweben auf, sie schweben ab,
In seltsam fremder Weise,
Sie lachen sich an, sie schütteln das Haupt,
Der Junker flüstert leise:

»Mein schönes Fräulein, sagt mir, warum
So eiskalt Eure Hand ist?
Sagt mir, warum so nass der Saum
An Eurem weißen Gewand ist?

Ich hab Euch erkannt, beim ersten Blick,
An Eurem spöttischen Knickse –
Du bist kein irdisches Menschenkind,
Du bist mein Mühmchen, die Nixe.«

Die Geigen verstummen, der Tanz ist aus,
Es trennen sich höflich die beiden.
Sie kennen sich leider viel zu gut,
Suchen sich jetzt zu vermeiden.

◇◇◇

Hier grüßt von ferne ein altes Motiv, das Motiv des Volto santo. Vormals war es das Gnadenbild der heiligen Kümmernis, dem der Geiger aufgespielt hat, wofür sie ihn mit ihrem Schuh beschenkte. Ansonsten jedoch nimmt auch in dieser Ballade alles seinen gewohnten Lauf mit dem glücklichen Ende.

◇◇◇

Justinus Kerner

Der Geiger zu Gmünd

Einst ein Kirchlein sondergleichen,
Noch ein Stein von ihm steht da,
Baute Gmünd der sangesreichen
Heiligen Cäcilia.

Lilien von Silber glänzten
Ob der Heilgen mondenklar,
Hell wie Morgenrot bekränzten
Goldne Rosen den Altar.

Schuh, aus reinem Gold geschlagen,
Und von Silber hell ein Kleid
Hat die Heilige getragen:
Denn da wars noch gute Zeit,

Zeit, wo überm fernen Meere,
Nicht nur in der Heimat Land,
Man der Gmündschen Künstler Ehre
Hell in Gold und Silber fand.

Und der fremden Pilger wallten
Zu Cäcilias Kirchlein viel;
Ungesehn woher, erschallten
Drin Gesang und Orgelspiel.

Einst ein Geiger kam gegangen,
Ach, den drückte große Not,
Matte Beine, bleiche Wangen,
Und im Sack kein Geld, kein Brot.

Vor dem Bild hat er gesungen
Und gespielet all sein Leid,
Hat der Heilgen Herz durchdrungen:
Horch!, melodisch rauscht ihr Kleid!

Lächelnd bückt das Bild sich nieder
Aus der lebenlosen Ruh,
Wirft dem armen Sohn der Lieder
Hin den rechten goldnen Schuh.

Nach des nächsten Goldschmieds Hause
Eilt er, ganz vom Glück berauscht,
Singt und träumt vom besten Schmause,
Wenn der Schuh um Geld vertauscht.

Aber kaum den Schuh ersehen,
Führt der Goldschmied rauen Ton,
Und zum Richter wird mit Schmähen
Wild geschleppt des Liedes Sohn.

Bald ist der Prozess geschlichtet,
Allen ist es offenbar,
Dass das Wunder nur erdichtet,
Er der frechste Räuber war.

Weh!, du armer Sohn der Lieder
Sangest wohl den letzten Sang!
An dem Galgen auf und nieder
Sollst, ein Vogel, fliegen bang.

Hell ein Glöcklein hört man schallen,
Und man sieht den schwarzen Zug
Mit dir zu der Stätte wallen,
Wo beginnen soll dein Flug.

Bußgesänge hört man singen
Nonnen und der Mönche Chor,
Aber hell auch hört man dringen
Geigentöne draus hervor.

Seine Geige mitzuführen,
War des Geigers letzte Bitt.
»Wo so viele musizieren,
Musizier ich Geiger mit!«

An Cäcilias Kapelle
Jetzt der Zug vorüberkam,
Nach des offnen Kirchleins Schwelle
Geigt er recht in tiefem Gram.

Und wer kurz ihn noch gehasset,
Seufzt: »Das arme Geigerlein!«
»Eins noch bitt ich«, singt er, »lasset
Mich zur Heilgen noch hinein!«

Man gewährt ihm; vor dem Bilde
Geigt er abermals sein Leid,
Und er rührt die Himmlischmilde:
Horch!, melodisch rauscht ihr Kleid!

Lächelnd bückt das Bild sich nieder
Aus der lebenlosen Ruh,
Wirft dem armen Sohn der Lieder
Hin den zweiten goldnen Schuh.

Voll Erstaunen steht die Menge,
Und es sieht nun jeder Christ,
Wie der Mann der Volksgesänge
Selbst der Heilgen teuer ist.

Schön geschmückt mit Bändern, Kränzen,
Wohl gestärkt mit Geld und Wein,
Führen sie zu Sang und Tänzen
In das Rathaus ihn hinein.

Alle Unbill wird vergessen,
Schön zum Fest erhellt das Haus,
Und der Geiger ist gesessen
Obenan beim lustgen Schmaus.

Aber als sie voll vom Weine,
Nimmt er seine Schuh zur Hand,
Wandert so im Mondenscheine
Lustig in ein andres Land.

Seitdem wird in Gmünd empfangen
Liebreich jedes Geigerlein,
Kommt es noch so arm gegangen –
Und es muss getanzet sein.

Volksballade: *Der Rattenfänger von Hameln*

◇◇◇

Eine Glocke zu gießen, war stets (und das ist es noch heute) ein Unterfangen besonderer Art, von besonderem Risiko. Friedrich Schiller hat in seinem *Lied von der Glocke* darauf hingewiesen. Und Wilhelm Müller erzählt dazu eine tragische Geschichte aus dem alten Breslau, wie sie ähnlich auch im alten Russland erzählt wurde.

◇◇◇

Wilhelm Müller

Der Glockenguss zu Breslau

War einst ein Glockengießer
Zu Breslau in der Stadt,
Ein ehrenwerter Meister,
Gewandt in Rat und Tat.

Er hatte schon gegossen
Viel Glocken, gelb und weiß,
Für Kirchen und Kapellen
Zu Gottes Lob und Preis.

Und seine Glocken klangen
So voll, so hell, so rein:
Er goss auch Lieb' und Glauben
Mit in die Form hinein.

Doch aller Glocken Krone,
Die er gegossen hat,
Das ist die Sünderglocke
Zu Breslau in der Stadt.

Im Magdalenenturme
Da hängt das Meisterstück,
Rief schon manch starres Herze
Zu seinem Gott zurück.

Wie hat der gute Meister
So treu das Werk bedacht!
Wie hat er seine Hände
Gerührt bei Tag und Nacht!

Und als die Stunde kommen,
Dass alles fertig war,
Die Form ist eingemauert,
Die Speise gut und gar:

Da ruft er seinen Buben
Zur Feuerwacht herein:
Ich lass' auf kurze Weile
Beim Kessel dich allein.

Will mich mit einem Trunke
Noch stärken zu dem Guss;
Das gibt der zähen Speise
Erst einen vollen Fluss.

Doch hüte dich, und rühre
Den Hahn mir nimmer an:
Sonst wär' es um dein Leben,
Fürwitziger, getan!

Der Bube steht am Kessel,
Schaut in die Glut hinein:
Das wogt und wallt und wirbelt,
Und will entfesselt sein.

Und zischt ihm in die Ohren,
Und zuckt ihm durch den Sinn,
Und zieht an allen Fingern
Ihn nach dem Hahne hin.

Er fühlt ihn in den Händen,
Er hat ihn umgedreht:
Da wird ihm angst und bange,
Er weiß nicht, was er tät.

Und läuft hinaus zum Meister,
Die Schuld ihm zu gestehn,
Will seine Knie' umfassen
Und ihn um Gnade flehn.

Doch wie der nur vernommen
Des Knaben erstes Wort,
Da reißt die kluge Rechte
Der jähe Zorn ihm fort.

Er stößt sein scharfes Messer
Dem Buben in die Brust,
Dann stürzt er nach dem Kessel,
Sein selber nicht bewusst.

Vielleicht, dass er noch retten,
Den Strom noch hemmen kann: –
Doch sieh, der Guss ist fertig,
Es fehlt kein Tropfen dran.

Da eilt er, abzuräumen,
Und sieht, und will's nicht sehn,
Ganz ohne Fleck und Makel
Die Glocke vor sich stehn.

Der Knabe liegt am Boden,
Er schaut sein Werk nicht mehr.
Ach, Meister, wilder Meister,
Du stießest gar zu sehr!

Er stellt sich dem Gerichte,
Er klagt sich selber an:
Es tut den Richtern wehe
Wohl um den wackern Mann.

Doch kann ihn keiner retten,
Und Blut will wieder Blut:
Er hört sein Todesurteil
Mit ungebeugtem Mut.

Und als der Tag gekommen,
Dass man ihn führt hinaus,
Da wird ihm angeboten
Der letzte Gnadenschmaus.

Ich dank' euch, spricht der Meister,
Ihr Herren lieb und wert,
Doch eine andre Gnade,
Mein Herz von euch begehrt.

Lasst mich nur einmal hören
Der neuen Glocke Klang!
Ich hab' sie ja bereitet:
Möcht' wissen, ob's gelang.

Die Bitte ward gewähret,
Sie schien den Herrn gering,
Die Glocke ward geläutet,
Als er zum Tode ging.

Der Meister hört' sie klingen,
So voll, so hell, so rein:
Die Augen gehn ihm über,
Es muss vor Freude sein.

Und seine Blicke leuchten,
Als wären sie verklärt:
Er hatt' in ihrem Klange
Wohl mehr als Klang gehört.

Hat auch geneigt den Nacken
Zum Streich voll Zuversicht;
Und was der Tod versprochen,
Das bricht das Leben nicht.

Das ist der Glocken Krone,
Die er gegossen hat,
Die Magdalenenglocke
Zu Breslau in der Stadt.

Die ward zur Sünderglocke
Seit jenem Tag geweiht:
Weiß nicht, ob's anders worden
In dieser neuen Zeit.

◇◇◇

Der Blanke Hans – das ist die Nordsee, die Mordsee. Im Volksglauben lebt er als drohendes Ungeheuer von riesigen Ausmaßen auf dem Meeresgrund. Niemand ist sicher vor ihm. Das haben auch die Bürger von Rungholt erfahren müssen, jener einst blühenden Stadt, die in den Fluten versunken ist.

◇◇◇

Detlev von Liliencron

Trutz, Blanke Hans

Heut bin ich über Rungholt* gefahren,
Die Stadt ging unter vor sechshundert Jahren.
Noch schlagen die Wellen da wild und empört,
Wie damals, als sie die Marschen zerstört.
Die Maschine des Dampfers schütterte, stöhnte,
Aus den Wassern rief es unheimlich und höhnte:
Trutz*, Blanke Hans.

Von der Nordsee, der Mordsee, vom Festland geschieden,
Liegen die friesischen Inseln im Frieden.
Und Zeugen Welten vernichtender Wut,
Taucht Hallig auf Hallig aus fliehender Flut,
Die Möwe zankt schon auf wachsenden Watten,
Der Seehund sonnt sich auf sandigen Platten.
Trutz, Blanke Hans.

Rungholt: Hafenort von Nordstrand (Insel in Nordfriesland), der in der Sturmflut 1362 vermutlich untergegangen ist.
trutzen: trotzen, Widerstand bieten.

Mitten im Ozean schläft bis zur Stunde
Ein Ungeheuer, tief auf dem Grunde.
Sein Haupt ruht dicht vor Englands Strand,
Die Schwanzflosse spielt bei Brasiliens Sand.
Es zieht, sechs Stunden, den Atem nach innen
Und treibt ihn, sechs Stunden, wieder von hinnen.
Trutz, Blanke Hans.

Doch einmal in jedem Jahrhundert entlassen
Die Kiemen gewaltige Wassermassen.
Dann holt das Untier tiefer Atem ein,
Und peitscht die Wellen und schläft wieder ein.
Viel tausend Menschen im Nordland ertrinken,
Viel reiche Länder und Städte versinken.
Trutz, Blanke Hans.

Rungholt ist reich und wird immer reicher,
Kein Korn mehr fasst selbst der größeste Speicher.
Wie zur Blütezeit im alten Rom,
Staut hier täglich der Menschenstrom.
Die Sänften tragen Syrer und Mohren,
Mit Goldblech und Flitter in Nasen und Ohren.
Trutz, Blanke Hans.

Auf allen Märkten, auf allen Gassen
Lärmende Leute, betrunkene Massen.
Sie ziehn am Abend hinaus auf den Deich:
Wir trotzen dir, Blanker Hans, Nordseeteich!
Und wie sie drohend die Fäuste ballen,
Zieht leis aus dem Schlamm der Krake die Krallen.
Trutz, Blanke Hans.

Die Wasser ebben, die Vögel ruhen,
Der liebe Gott geht auf leisesten Schuhen.
Der Mond zieht am Himmel gelassen die Bahn,
Belächelt der protzigen Rungholter Wahn.
Von Brasilien glänzt bis zu Norwegs Riffen
Das Meer wie schlafender Stahl, der geschliffen.
Trutz, Blanke Hans.

Und überall Friede, im Meer, in den Landen.
Plötzlich wie Ruf eines Raubtiers in Banden:
Das Scheusal wälzte sich, atmete tief,
Und schloss die Augen wieder und schlief.
Und rauschende, schwarze, langmähnige Wogen
Kommen wie rasende Rosse geflogen.
  Trutz, Blanke Hans.

Ein einziger Schrei – die Stadt ist versunken,
Und Hunderttausende sind ertrunken.
Wo gestern noch Lärm und lustiger Tisch,
Schwamm andern Tags der stumme Fisch.
Heut bin ich über Rungholt gefahren,
Die Stadt ging unter vor sechshundert Jahren.
  Trutz, Blanke Hans?

◇◇◇

Der Fluch des Goldes. Avenarius handelt ein uraltes Thema ab, wie es schon dem antiken Mythos des Königs Midas zu Grunde liegt, der elend verhungern musste, weil ihm alles und jedes, was er berührte, zu purem Golde wurde.

◇◇◇

Ferdinand Avenarius

Der goldene Tod

Kein Wind im Segel, die See liegt still –
Kein Fisch doch, der sich fangen will!
So ziehen die Netze sie wieder herein
Und murren, schelten und fluchen drein.
Da neben dem Kutter wird's heller und licht
Wie weißliches Haar, wie ein Greisengesicht,
Und ein triefendes Haupt taucht auf aus der Flut:
»Ei, drollige Menschlein, ich mein's mit euch gut –

Ich gönn euch von meiner Herde ja viel,
Doch heut ist mein Jüngster als Fisch beim Spiel,
Den musst' ich doch hüten, ich alter Neck,
Drum jagt' ich sie all miteinander weg –
Doch schickt ihr den Jungen mir wieder nach Haus,
So werft nur noch einmal das Fangzeug aus:
Der Schönste ist mein Söhnchen klein,
Das Übrige mag euer eigen sein!«

Hei, flogen die Netze jetzt wieder in See!
Ho, kaum, dass ihr Lasten sie brachten zur Höh!
Wie lebende Wellen, so fort und fort
Von köstlichen Fischen, so quoll's über Bord.
Und patscht und schnappt und zappelt und springt –
Und bei den Fischern, da tollt's und singt.
Nun plötzlich blitzt es – seht: Es rollt
Ein Fisch an Bord von lauterm Gold!

Eine jede Schuppe ein Goldesstück!
Wie edelsteinen, so funkelt's im Blick!
Die Kiemen sind aus rotem Rubin,
Perlen die Flossen überziehn,
Mit eitel Demanten besetzt, so ruht
Auf seinem Häuptlein ein Krönchen gut,
Und fürnehm wispert's vom Schnäuzlein her:
»Ich bin Prinz Neck, lasst mich ins Meer!«

Den Fang ins Meer? Sie rühren ihn an,
Die Fischer, und tasten und stieren ihn an.
»Lasst mich ins Meer!« Sie hören nicht drauf.
»Lasst mich ins Meer!« Sie lachen nur auf.
Sie wägen das goldene Prinzlein ab,
Sie schwärzen's und klauben ihm Münzlein ab –
Wie wiegt das voll, wie gleißt das hold!
Sie denken nichts weiter – sie denken nur Gold.

Und seht: Ein Goldschein überfliegt
Jetzt alles, was von Fisch da liegt,
Und wandelt's, dass es klirrt und rollt:
Seht: All die Fische werden Gold!
Sinkt das Schiff von blitzender Last?
»Schaufelt, was die Schaufel fasst!« …
Wie lustiges Feuerwerk sprüht das umher –
Dann rauscht über alles zusammen das Meer.

◇◇◇

Der Mummelsee liegt im nördlichen Schwarzwald. Er ist ein verrufener Ort, schon Grimmelshausen erwähnt ihn in seinem Roman *Simplicius Simplicissimus.* Und an eben diesem See erlebt ein vermutlich junger Mensch nächtens den gespenstischen Zug der Geister, die ihren König in der Tiefe der unergründlichen Wasser zu Grabe tragen. Nur die Flucht kann ihn retten. Doch ob er den Geistern entrinnen wird?

◇◇◇

Eduard Mörike

Die Geister am Mummelsee

Vom Berge was kommt dort um Mitternacht spät
Mit Fackeln so prächtig herunter?
Ob das wohl zum Tanze, zum Feste noch geht?
Mir klingen die Lieder so munter.
O nein!
So sage, was mag es wohl sein?

Das, was du da siehest, ist Totengeleit,
Und was du da hörest, sind Klagen.
Dem König, dem Zauberer, gilt es zuleid.
Sie bringen ihn wieder getragen.
O weh!
So sind es die Geister vom See!

Sie schweben herunter ins Mummelseetal –
Sie haben den See schon betreten –
Sie rühren und netzen den Fuß nicht einmal –
Sie schwirren in leisen Gebeten –
O schau,
Am Sarge die glänzende Frau!

Jetzt öffnet der See das grün spiegelnde Tor;
Gib Acht, nun tauchen sie nieder!
Es schwankt eine lebende Treppe hervor,
Und – drunten schon summen die Lieder.
Hörst du?
Sie singen ihn unten zur Ruh.

Die Wasser, wie lieblich sie brennen und glühn!
Sie spielen in grünendem Feuer;
Es geisten die Nebel am Ufer dahin,
Zum Meere verzieht sich der Weiher –
Nur still!
Ob dort sich nichts rühren will?

Es zuckt in der Mitten – o Himmel!, ach hilf!
Nun kommen sie wieder, sie kommen!
Es orgelt im Rohr und es klirret im Schilf;
Nur hurtig, die Flucht nur genommen!
Davon!
Sie wittern, sie haschen mich schon!

◇◇◇

Der *Tannkönig* lässt an Goethens *Erlkönig* denken. Schön Jungfräulein ist in seinen Bann geraten. So lange sie das Güldkettlein (er-)trägt, gibt es keine Rückkehr für sie.

◇◇◇

Theodor Storm

Tannkönig

I

Am Felsenbruch im wilden Tann
Liegt tot und öd ein niedrig Haus;
Der Efeu steigt das Dach hinan,
Waldvöglein fliegen ein und aus.

Und drin am blanken Eichentisch
Verzaubert schläft ein Mägdelein;
Die Wangen blühen ihr rosenfrisch,
Auf den Locken wallt ihr der Sonnenschein.

Die Bäume rauschen im Waldesdicht,
Eintönig fällt der Quelle Schaum;
Es lullt sie ein, es lässt sie nicht,
Sie sinket tief von Traum zu Traum.

Nur wenn im Arm die Zither klingt,
Da hell der Wind vorüberzieht,
Wenn gar zu laut die Drossel singt,
Zuckt manches Mal ihr Augenlid.

Dann wirft sie das blonde Köpfchen herum,
Dass am Hals das güldene Kettlein klingt:
Auf fliegen die Vögel, der Wald ist stumm,
Und zurück in den Schlummer das Mägdlein sinkt.

2

Hell reißt der Mond die Wolken auf,
Dass durch die Tannen bricht der Strahl;
Im Grunde wachen die Elfen auf,
Die Silberhörnlein rufen durchs Tal.

»Zu Tanz, zu Tanz am Felsenhang,
Am hellen Bach, im schwarzen Tann!
Schön Jungfräulein, was wird dir bang?
Wach auf und schlag die Saiten an!«

Schön Jungfräulein, die sitzt im Traum;
Tannkönig tritt zu ihr herein,
Und küsst ihr leis des Mundes Saum
Und nimmt vom Hals das Güldkettlein.

Da schlägt sie hell die Augen auf –
Was hilft ihr Weinen all und Flehn!
»Tannkönig, lass mich ziehn nach Haus,
Lass mich zu meinen Schwestern gehn.«

»In meinem Walde fing ich dich«,
Tannkönig spricht, »so bist du mein!
Was hattest du die Mess' versäumt?
Komm mit, komm mit zum Elfenreihn!« –

»Elf! Elf! Das klingt so wunderlich,
Elf! Elf! Mir graut vor dem Elfenreihn;
Die haben gewiss kein Christentum,
O, lass mich zu Vater und Mutter mein!«

»Und denkst du an Vater und Mutter noch,
Sitz aber hundert Jahr allein!«
Die Elfen ziehn zu Tanz, zu Tanz;
Er hängt ihr um das Güldkettlein.

◇◇◇

Um Tod und Geburt rankt sich mancherlei Aberglauben. Einfältig, aber fromm ist der Bauer, dessen Gebet bei der nächtlichen Wallfahrt erhört wird. Die Gräfin bringt im Schloss einen Sohn zur Welt, doch die Kraft des Schlosselfs ist gebrochen. Drei Zeilen ihrer Ballade lässt die Dichterin mit »Da, hui!« beginnen. Damit bringt sie auf unnachahmliche Art das ganze unheimliche Geschehen zum Ausdruck.

◇◇◇

Annette von Droste-Hülshoff

Der Schlosself

Im monderhellten Weihers Glanz
Liegt brütend wie ein Wasserdrach
Das Schloss mit seinem Zackenkranz,
Mit Zinnenmoos und Schuppendach.
Die alten Eichen stehn von fern,
Respektvoll flüsternd mit den Wellen,
Wie eine graue Garde gern
Sich mag um graue Herrscher stellen.

Am Tore schwenkt, ein Steinkoloss,
Der Bannerherr die Kreuzesfahn,
Und kurbettierend* schnaubt sein Ross
Jahrhunderte schon himmelan;
Und neben ihm, ein Tantalus*,
Lechzt seit Jahrhunderten sein Dogge
Gesenkten Halses nach dem Fluss,
Im dürren Schlunde Mooses Flocke.

Ob längst die Mitternacht verklang,
Im Schlosse bleibt es immer wach;
Streiflichter gleiten rasch entlang
Den Korridor und das Gemach.
Zuweilen durch des Hofes Raum
Ein hüpfendes Laternchen ziehet;
Dann horcht der Wandrer, der am Saum
Des Weihers in den Binsen knieet.

»Ave Maria! Stärke sie!
Und hilf ihr über diese Nacht!«
Ein frommer Bauer ists, der früh
Sich auf die Wallfahrt hat gemacht.
Wohl weiß er, was der Lichterglanz
Mag seiner gnäd'gen Frau bedeuten;
Und eifrig lässt den Rosenkranz
Er durch die schwiel'gen Finger gleiten.

kurbettieren: Galoppsprünge machen.
Tantalus: griechische Sagengestalt, muss als Strafe der Götter ewige Qualen erleiden, indem er nie erreichen kann, was er direkt vor sich sieht.

Doch durch sein christliches Gebet
Manch Heidennebel schwankt und raucht;
Ob wirklich, wie die Sage geht,
Der Elf sich in den Weiher taucht,
Sooft dem gräflichen Geschlecht
Der erste Sprosse wird geboren?
Der Bauer glaubt es nimmer recht,
Noch minder hätt er es verschworen.

Scheu blickt er auf – die Nacht ist klar
Und gänzlich nicht gespensterhaft,
Gleich drüben an dem Pappelpaar
Zählt man die Zweige längs dem Schaft;
Doch stille! In dem Eichenrund –
Sind das nicht Tritte? – Kindestritte?
Er hört, wie an dem harten Grund
Sich wiegen, kurz und stramm, die Schritte.

Still! Still! Es raschelt übern Rain
Wie eine Hinde*, die im Tau,
Beherzt gemacht vom Mondenschein,
Vorsichtig äset* längs der Au.
Der Bauer stutzt – die Nacht ist licht,
Die Blätter glänzen an dem Hagen,
Und dennoch – dennoch sieht er nicht,
Wen auf ihn zu die Schritte tragen.

Da, langsam knarrend, tut sich auf
Das schwere Heck zur rechten Hand,
Und, wieder langsam knarrend, drauf
Versinkt es in die grüne Wand.
Der Bauer ist ein frommer Christ;
Er schlägt behänd des Kreuzes Zeichen:
»Und wenn du auch der Teufel bist,
Du musst mir auf der Wallfahrt weichen!«

Da, hui!, streifts ihn, federweich,
Da, hui!, raschelts in dem Grün,
Da, hui!, zischt es in den Teich,
Dass bläulich Schilf und Binsen glühn;
Und wie ein knisterndes Geschoss
Fährt an den Grund ein bläulich Feuer
Im Augenblicke, wo vom Schloss
Ein Schrei verzittert überm Weiher.

Der Alte hat sich vorgebeugt,
Ihm ist, als schimmre, wie durch Glas,
Ein Kindesleib, phosphorisch, feucht
Und dämmernd, wie verlöschend Gas;
Ein Arm zerrinnt, ein Aug verglimmt -
Lag denn ein Glühwurm in den Binsen?
Ein langes Fadenhaar verschwimmt,
Am Ende scheinens Wasserlinsen!

Der Bauer starrt, hinab, hinauf,
Bald in den Teich, bald in die Nacht;
Da klirrt ein Fenster drüben auf,
Und eine Stimme ruft mit Macht:
»Nur schnell gesattelt! Schnell zur Stadt!
Gebt dem Polacken Gert und Sporen!
Viktoria!, soeben hat
Die Gräfin einen Sohn geboren!«

Hinde: Hindin, Hirschkuh.
äsen: fressen.

◇◇◇

Hier klingen zwei bekannte Motive an. Zum einen das Märchen von Dornröschen, zum andern die rheinische Sage von der Lorelei. Armer junger Ritter, der du dich dem Zauberhain und seinen Verlockungen nicht entreißen kannst!

◇◇◇

Friedrich Hebbel

Der Zauberhain

»Schnell vorüber, junger Ritter,
Wie der Morgenwind auch säuselt
Und wie schön zu grünen Wellen
Er das frische Laub auch kräuselt!«

Doch, er ist, noch eh' er hörte,
Schon vom Ross herabgesprungen
Und, die Zügel von sich schleudernd,
In den Zauberhain gedrungen.

»Pflücke nicht die schwarzen Rosen,
Die um jeden Stamm sich ranken,
Wenn sie auch noch heißre Düfte
Als die roten in sich tranken!«

Doch, er hat sich gleich die erste,
Die er schwanken sah, gebrochen,
Und er taumelt selig weiter,
Denn sie hat ihn nicht gestochen.

»Horche nicht dem bunten Vogel,
Der zu dir herunterflötet,
Denn ihn schickt die böse Hexe,
Die durch ihre Küsse tötet!«

Doch, er bleibt wie trunken stehen,
Und der Vogel schwingt sich nieder,
Und er hüpft ihm auf die Achsel
Und beginnt noch süßre Lieder.

»Öffne nimmermehr die Augen,
Die sich dir von selbst geschlossen,
Weil, erwacht aus tiefem Schlafe,
Sie sich naht, von Glanz umflossen!«

Doch, er kann sich nicht bezwingen,
Und nun ist's um ihn geschehen,
Denn er wird das Höllenbildnis
Immer schöner werden sehen.

»Spei sie an, und dein Entzücken
Wandelt sich in Hass und Grauen,
Denn sie schrumpft vor dir zusammen,
Und du kannst sie niederhauen!«

Doch, zu spät! Die Blätter fallen
Schon mit Macht, um ihn zu decken,
Denn der Zweite kommt gezogen,
Und ein Toter könnt' ihn schrecken!

◇◇◇

Eine Zeit lang war es in Deutschland Mode geworden, englische Sagenstoffe zu besingen. Fontane verwendet ein altschottisches Motiv. Tom der Reimer verfällt einer blonden Frau auf weißem Ross. Sie ist nicht die Himmelskönigin, für die er sie hält. Gleichviel! Der Sänger verfällt ihr, der Elfenkönigin, »auf sieben Jahr«. Von Carl Loewe vertont, ist Fontanes Ballade alsbald zum Kabinettstück deutscher Sangeskünstler geworden.

◇◇◇

Theodor Fontane

Thomas der Reimer
(Altschottische Ballade)

Der Reimer Thomas lag am Bach,
Am Kieselbach bei Huntly*-Schloss,
Da sah er eine blonde Frau,
Die saß auf einem weißen Ross.

Sie saß auf einem weißen Ross,
Die Mähne war geflochten fein,
Und hell an jeder Flechte hing
Ein silberblankes Glöckelein.

Und Tom der Reimer zog den Hut
Und fiel ins Knie; – er grüßt und spricht:
»Du bist die Himmelskönigin
Und bist von dieser Erde nicht.«

Die blonde Frau, sie hält ihr Ross:
»Ich will dir sagen, wer ich bin,
Ich bin die Himmelsjungfrau nicht,
Ich bin die Elfenkönigin.

Nimm deine Harf und spiel und sing
Und lass dein bestes Lied erschalln,
Doch wenn du meine Lippe küsst,
Bist sieben Jahr du mir verfalln.«

Und Thomas drauf: »O Königin,
Zu dienen dir, es schreckt mich kaum.«
Er küsste sie, sie küsste ihn,
Ein Vogel sang im Eschenbaum.

»Nun bist du mein, nun zieh mit mir,
Nun bist du mein auf sieben Jahr.«
Sie ritten durch den grünen Wald,
Wie glücklich Tom der Reimer war.

Sie ritten durch den grünen Wald,
Bei Vogelsang, bei Sonnenschein,
Und wenn sie leis am Zügel zog,
So klangen all die Glöckelein.

Huntly: Ort in Schottland.

◇◇◇

Das entwendete Totenhemd, das entwendete Leichentuch – auch dies ein Motiv, das in der Volkssage häufig aufscheint. Goethe hat es zum Anlass für eine köstliche Gruselballade genommen, strotzend von Lautmalereien, von nachgerade übermütig gedrechselten Reimen. Desto lapidarer kommt er in den letzten zwei Zeilen zum Schluss, gleichsam mit einem Glockenschlag.

◇◇◇

Johann Wolfgang von Goethe

Der Totentanz

Der Türmer, der schaut zu Mitten der Nacht
Hinab auf die Gräber in Lage;
Der Mond, der hat alles ins Helle gebracht;
Der Kirchhof, er liegt wie am Tage.
Da regt sich ein Grab und ein anderes dann:
Sie kommen hervor, ein Weib da, ein Mann,
In weißen und schleppenden Hemden.

Das reckt nun, es will sich ergetzen sogleich,
Die Knöchel zur Runde, zum Kranze,
So arm und so jung, und so alt und so reich;
Doch hindern die Schleppen am Tanze.
Und weil hier die Scham nun nicht weiter gebeut,
Sie schütteln sich alle, da liegen zerstreut
Die Hemdelein über den Hügeln.

Nun hebt sich der Schenkel, nun wackelt das Bein,
Gebärden da gibt es vertrackte;
Dann klippert's und klappert's mitunter hinein,
Als schlüg' man die Hölzlein zum Takte.
Das kommt nun dem Türmer so lächerlich vor;
Da raunt ihm der Schalk, der Versucher, ins Ohr:
Geh!, hole dir einen der Laken.

Getan wie gedacht!, und er flüchtet sich schnell
Nun hinter geheiligte Türen.
Der Mond, und noch immer er scheinet so hell
Zum Tanz, den sie schauderlich führen.
Doch endlich verlieret sich dieser und der,
Schleicht eins nach dem andern gekleidet einher,
Und, husch, ist es unter dem Rasen.

Nur einer, der trippelt und stolpert zuletzt
Und tappet und grapst an den Grüften;
Doch hat kein Geselle so schwer ihn verletzt,
Er wittert das Tuch in den Lüften.
Er rüttelt die Turmtür, sie schlägt ihn zurück,
Geziert und gesegnet, dem Türmer zum Glück,
Sie blinkt von metallenen Kreuzen.

Das Hemd muss er haben, da rastet er nicht,
Da gilt auch kein langes Besinnen,
Den gotischen Zierrat ergreift nun der Wicht
Und klettert von Zinne zu Zinnen.
Nun ist's um den armen, den Türmer getan!
Es ruckt sich von Schnörkel zu Schnörkel hinan,
Langbeinigen Spinnen vergleichbar.

Der Türmer erbleichet, der Türmer erbebt,
Gern gäb er ihn wieder, den Laken.
Da häkelt – jetzt hat er am längsten gelebt –
Den Zipfel ein eiserner Zacken.
Schon trübet der Mond sich verschwindenden Scheins,
Die Glocke, sie donnert ein mächtiges Eins,
Und unten zerschellt das Gerippe.

Theodor Storm: *In Bulemanns Haus*

◇◇◇

Wohl eine der bekanntesten (und der am häufigsten parodierten) Balladen ist Goethes *Erlkönig*. Kein Wort, keine Strophe zu viel! Die Angst des fiebernden Knaben, die Schmeichelworte des Elfenkönigs, die Versuche des Vaters, das Kind zu beruhigen: Dieses Gedicht ist eine Herausforderung für den Rezitator. – Auch Herder bemüht in seiner Ballade eine von Erlkönigs Töchtern, der ein gewisser Herr Oluf verfällt. Bemerkenswert ist die fremdelnd-altertümliche Sprache, derer sich der Dichter bedient.

◇◇◇

Johann Wolfgang von Goethe

Erlkönig

Wer reitet so spät durch Nacht und Wind?
Es ist der Vater mit seinem Kind;
Er hat den Knaben wohl in dem Arm,
Er fasst ihn sicher, er hält ihn warm.

Mein Sohn, was birgst du so bang dein Gesicht?
Siehst, Vater, du den Erlkönig nicht?
Den Erlenkönig mit Kron und Schweif?
Mein Sohn, es ist ein Nebelstreif. –

»Du liebes Kind, komm, geh mit mir!
Gar schöne Spiele spiel' ich mit dir;
Manch bunte Blumen sind an dem Strand,
Meine Mutter hat manch gülden Gewand.«

Mein Vater, mein Vater, und hörest du nicht,
Was Erlenkönig mir leise verspricht? –
Sei ruhig, bleibe ruhig, mein Kind;
In dürren Blättern säuselt der Wind. –

»Willst, feiner Knabe, du mit mir gehn?
Meine Töchter sollen dich warten schön;
Meine Töchter führen den nächtlichen Reihn
Und wiegen und tanzen und singen dich ein.«

Mein Vater, mein Vater, und siehst du nicht dort
Erlkönigs Töchter am düstern Ort? –
Mein Sohn, mein Sohn, ich seh es genau:
Es scheinen die alten Weiden so grau. –

»Ich liebe dich, mich reizt deine schöne Gestalt;
Und bist du nicht willig, so brauch ich Gewalt.«
Mein Vater, mein Vater, jetzt fasst er mich an!
Erlkönig hat mir ein Leids getan! –

Dem Vater grauset's, er reitet geschwind,
Er hält in den Armen das ächzende Kind,
Erreicht den Hof mit Mühe und Not;
In seinen Armen das Kind war tot.

Johann Gottfried Herder

Erlkönigs Tochter

Herr Oluf reitet spät und weit,
Zu bieten auf seine Hochzeitleut';

Da tanzen die Elfen auf grünem Land,
Erlkönigs Tochter reicht ihm die Hand.

»Willkommen, Herr Oluf, was eilst von hier?
Tritt her in den Reihen und tanz mit mir.«

»Ich darf nicht tanzen, nicht tanzen ich mag,
Frühmorgen ist mein Hochzeittag.«

»Hör an, Herr Oluf, tritt tanzen mit mir,
Zwei güldne Sporne schenk ich dir.

Ein Hemd von Seide so weiß und fein,
Meine Mutter bleicht's mit Mondenschein.«

»Ich darf nicht tanzen, nicht tanzen ich mag,
Frühmorgen ist mein Hochzeittag.«

»Hör an, Herr Oluf, tritt tanzen mit mir,
Einen Haufen Goldes schenk ich dir.«

»Einen Haufen Goldes nähm ich wohl;
Doch tanzen ich nicht darf noch soll.«

»Und willt, Herr Oluf, nicht tanzen mit mir;
Soll Seuch und Krankheit folgen dir.«

Sie tät einen Schlag ihm auf sein Herz,
Noch nimmer fühlt' er solchen Schmerz.

Sie hob ihn bleichend auf sein Pferd,
»Reit heim nun zu dein'm Fräulein wert.«

Und als er kam vor Hauses Tür,
Seine Mutter zitternd stand dafür.

»Hör an, mein Sohn, sag an mir gleich,
Wie ist dein' Farbe blass und bleich?«

»Und sollt sie nicht sein blass und bleich,
Ich traf in Erlenkönigs Reich.«

»Hör an, mein Sohn, so lieb und traut,
Was soll ich nun sagen deiner Braut?«

»Sagt ihr, ich sei im Wald zur Stund,
Zu proben da mein Pferd und Hund.«

Frühmorgen und als es Tag kaum war,
Da kam die Braut mit der Hochzeitschar.

Sie schenkten Met, sie schenkten Wein;
»Wo ist Herr Oluf, der Bräutgam mein?«

»Herr Oluf, er ritt' in Wald zur Stund,
Er probt allda sein Pferd und Hund.«

Die Braut hob auf den Scharlach rot,
Da lag Herr Oluf und er war tot.

◇◇◇

Tausend Jahre sind wie ein Tag. Manch einer mag wohl schon über dieser biblischen Sentenz zum Grübler geworden sein. Es gibt zahlreiche Legenden im Abend- wie im Morgenland, die sich mit diesem Thema befassen. Besonders eindrucksvoll erscheint mir die Ballade vom Mönch zu Heisterbach, der sich zweifelnd im Wald verlor.

◇◇◇

Wolfgang Müller von Königswinter

Der Mönch von Heisterbach

Ein junger Mönch im Kloster Heisterbach*
Lustwandelt an des Gartens fernstem Ort;
Der Ewigkeit sinnt tief und still er nach
Und forscht dabei in Gottes heilgem Wort.

Er liest, was Petrus, der Apostel, sprach:
»Dem Herren ist ein Tag wie tausend Jahr,
Und tausend Jahre sind ihm wie ein Tag.«
Doch wie er sinnt, es wird ihm nimmer klar.

Und er verliert sich zweifelnd in den Wald;
Was um ihn vorgeht, hört und sieht er nicht –
Erst wie die fromme Vesperglocke schallt,
Gemahnt es ihn der strengen Klosterpflicht.

Kloster Heisterbach: bei Königswinter im Siebengebirge.

Im Lauf erreichet er den Garten schnell;
Ein Unbekannter öffnet ihm das Tor.
Er stutzt – jedoch die Kirche ist schon hell,
Und draus ertönt der Brüder heilger Chor.

Nach seinem Stuhle eilend tritt er ein,
Doch wunderbar!, ein andrer sitzet dort;
Er überblickt der Mönche lange Reihn;
Nur Unbekannte findet er am Ort.

Der Staunende wird angestaunt ringsum,
Man fragt nach Namen, fragt nach dem Begehr;
Er sagts, da murmelt man durchs Heiligtum:
»Dreihundert Jahre hieß so niemand mehr!«

»Der Letzte dieses Namens«, tönt es dann,
»Er war ein Zweifler und verschwand im Wald;
Man gab den Namen keinem mehr fortan.«
Er hört das Wort, es überläuft ihn kalt.

Er nennet nun den Abt und nennt das Jahr,
Man nimmt das alte Klosterbuch zur Hand;
Da wird ein großes Gotteswunder klar:
Er ists, der drei Jahrhunderte verschwand!

Der Schrecken lähmt ihn, plötzlich graut sein Haar,
Er sinkt dahin und ist dem Tod geweiht,
Und sterbend mahnt er seiner Brüder Schar:
»Gott ist erhaben über Ort und Zeit.

Was er verhüllt, macht mir ein Wunder klar;
Drum grübelt nicht, denkt meinem Schicksal nach;
Ich weiß: Ihm ist ein Tag wie tausend Jahr,
Und tausend Jahre sind ihm wie ein Tag.«

◇◇◇

Nein, das hat nichts mit einem geschlitzten Öhrchen zu tun – oder etwa doch? Schlitzörchen ist im Wörterbuch der Brüder Grimm unter dem Namen Schlitzöhrchen verzeichnet. Ob mit oder ohne Dehnungs-h: Jedenfalls handelt es sich um einen fränkischen Wassergeist aus der Nähe von Mellrichstadt, und seinesgleichen lässt sich nicht ungestraft necken. Der Knabe mit der Perücke kann von Glück sagen, dass er bloß ein unfreiwilliges Bad nehmen muss.

◇◇◇

August Kopisch

Schlitzörchen

»Schlitzörchen, grüne Unke*,
Wo steckst du in der Tunke?
Komm her, du alter Krötengeist,
Und sieh, wer dir die Zähne weist.

Schlitzörchen unten im Wasser,
Was bist du für ein Prasser!
Du trinkst aus keinem Deckelglas,
Du machst dich über und über nass.

Schlitzörchen unter der Blume,
Was kocht dir deine Muhme*?
Sollt es wohl Mückensuppe sein?
So nimm dir Salz und Pfeffer drein.« –

Der Knabe warf, doch leise
Kam, in besondrer Weise,
Schlitzörchen hinten an den Steg.
Und, husch!, hatt' es den Necker weg.

Bei Mellrichstadt* am Brückchen,
Und wusch ihm das Perückchen,
Dann schwamm es an den nächsten Rand
Und warf hinaus ihn auf den Sand.

Dann duckt es auf und nieder:
»Du kommst so bald nicht wieder!«
Der Knabe hatte das Necken satt,
Ging gar bescheiden nach Mellrichstadt. –

Unke: zur Gattung der Frösche und Kröten gehörend.
Muhme: Tante.
Mellrichstadt: Stadt in Bayern.

◇◇◇

Theodor Körner, der Freiheitsdichter, handelt in fröhlichen Knittelversen die in den Zeiten der Romantik beliebte Geschichte vom Mann ohne Schatten ab – und das uralte Thema vom betrogenen Teufel.

◇◇◇

Theodor Körner

Der Teufel in Salamanka

Es gibt eine alte wahre Lehre,
Und gute Christen glauben dran:
Der Teufel, wenn er noch so mächtig wäre,
Hat doch dem Klugen nie was an.
Wer mutig ist und fein dabei,
Bleibt aller Satanskünste frei.
Das hat wohl mancher schon erfahren.
Doch will ich zu Gunsten ungläubiger Seelen
Als Beispiel euch noch ein Märlein erzählen.

Als einst vor vielen langen Jahren
Zu Salamanka* im Kellergewölbe
Der Teufel auf dem Katheder saß,
Wie andre Doktoren, und derselbe
Schwarze Kunst nach eignen Heften las,
Da hatt' er viel Zulauf, das lässt sich denken;
Es wimmelte alles auf Tischen und Bänken.
Denn er verstand sich herrlich darauf;
Und ward die Magie ihm gar zu trocken,
So gab er weislich lustige Brocken
Und spaßhafte Schwänke die Menge in Kauf.
Das war so ganz für der Herren Magen;
Kein andres Kollegium mocht' ihnen behagen,
Und sie sahn das erste Mal mit Gram,
Dass auch das Halbjahr zu Ende kam.
Das freute den Argen, und er rief schließlich:
»Gewiss ist euch meine Weisheit ersprießlich;

Salamanka: Hauptstadt der spanischen Provinz Salamanka.

Das ist euch allen sicher schon klar.
Drum ersuch' ich ums billige Honorar
Und bitte mir, ich sag's grad' heraus,
Eine von euren Seelen aus.
Wer zuletzt wird aus der Kellertür gehn,
Dem will ich und soll ich den Hals umdrehn.
Wenn's euch gefällt, so mögt ihr losen.«
Da fingen die Herren an zu tosen,
Schimpften den Doktor einen argen Wicht,
Schwuren insgesamt unverhohlen,
Der Teufel solle den Teufel holen.
Aber all ihr Sträuben half da nicht.
Sie mussten sich endlich doch bequemen,
Die fatalen Würfel zur Hand zu nehmen.
Zur Hölle verdammt war ein junger Graf,
Da er die niedrigsten Zahlen traf;
Doch behielt er den Kopf auf der rechten Stelle
Und meinte: »Noch gehör ich nicht der Hölle,
Noch hat der Teufel mich nicht in den Klauen.
Drum will ich noch menschlicher List vertrauen.«
Drauf stellt' sich der Teufel zur Kellertüren
Und ließ einen nach dem andern passieren,
Und als nun der Graf als der Letzte kam,
Der Teufel ihn bei der Kehle nahm.
Der aber schrie: »Hast kein Teil an mir!
Das Los traf meinen Hintermann hier.«
Und wies auf den Schatten an der Wand;
Denn die Sonne dem Keller schief über stand.
Da hielt ihn der Teufel länger nicht –
Denn er war geblendet vom Sonnenlicht –
Und packte wütend im argen Wahn
Mit seinen Klauen den Schatten an.
Der Graf schlüpfte behänd hinaus
Und lachte den armen Teufel aus.
Doch noch was Wunderbares sich fand.
Denn als er in lichter Sonne stand,
Erschraken alle und staunten sehr:
Der Graf warf keinen Schatten mehr!

◇◇◇

Allein schon der Beiname des Dänenkönigs Swend lässt aufhorchen: Gabelbart! Im Übrigen ist er ein ziemlich rüder Geselle. Wie so mancher Gewalthaber vor und nach ihm legt er sich frevelnd mit einem Heiligen an – und der Lohn bleibt nicht aus.

◇◇◇

Theodor Fontane

Swend Gabelbart

Swend Gabelbart, über Sund und Belt
Er siegreich das Zepter von Dänemark hält,
Seine Schiffe von Insel zu Insel ziehn,
Unterworfen ist Wendland und Julin,
Und nun gen Westen, über das Meer
Jagt er, der Schrecken vor ihm her;
In die Themsemündung fährt er ein,
Ganz London ist ein Feuerschein.
Und nun zu Ross und nun zu Hauf
Essex und Norfolk zieht er hinauf,
Und mit Zechgenossen und Kumpanei
Reitet er ein in Sankt Edmunds-Abtei.

Da sitzen sie nun die Hall' entlang,
Aus der Kirche klingt frommer Mönche Gesang.
»Was soll das Geplärr uns?« Und in die Kapell'n
Swend Gabelbart lässt seinen Marstall er stell'n,
Er mag sie nicht hören, die Litanein,
(Lärm und Gewieher, so soll es sein),
In der Rosse Gestampf erlischt der Chor,
Swend aber lacht: »*Die* tun's euch zuvor!
Schüttet Hafer auf Sankt Edmunds Truh,
Er selber nickt euch den Segen dazu.«

Sankt Edmund, an schwarz-goldener Wand,
Hall' aufwärts in seiner Nische stand.

Einst war er König. Ein mattes Licht
Umspielt ihn flackernd; Swend aber spricht:
»Sankt Edmund, du schufst hier Kirch' und Abtei,
Dein Land, es ging verloren dabei;
Nun stehst du da, trägst mönchisch Gewand,
Hältst wie zum Spott ein Schwert in der Hand,
Ein zerbrochen Schwert, wenn recht ich seh'.
Und doch, o König, warst König du je,
Du tätest jetzt ab deine Todesruh
Und kämst als ein Rächer auf mich zu,
Und ob zerbrochen auch dein Schwert,
Es wäre dir doch des Kampfes wert,
Aus dieser Hall' hier, aus diesem Haus,
Auch mit stumpfem Schwerte triebst du mich aus.
Nie warst du König. Trotz Reif und Kron',
Ein Mönchsbild warst du bei Lebzeit schon.«

Swend Gabelbart schwieg. Im Kreise rundum
Ward es so still und ward es so stumm,
In der Nische das Licht immer düsterer brennt.
Da steigt es herab vom Postament,
Und tapp und tapp, in steinernem Schuh,
Auf Swend Gabelbart schreitet Sankt Edmund zu,
Vor streckt er sein zerbrochen Schwert:
»Nun, Swend, lass sehn, wer besser bewehrt.«
Aus des Königs Aug' ein Entsetzen spricht,
Er schlägt nach dem Schwert, sein Schwert zerbricht;
Das stumpfe Schwert, es traf ihn gut,
Swend Gabelbart liegt in seinem Blut.
Näher klingt der Mönche Gesang –
Sie tragen den Toten die Hall' entlang.

◇◇◇

Wer kennt ihn nicht, den Begriff des namenlosen Grauens? Nicht immer müssen es Kobolde oder Gespenster sein, die uns erschauern lassen. Meisterhaft versteht es Gustav Falke, den Leser solch namenloses Grauen erleben zu lassen …

◇◇◇

Gustav Falke

Was war es?

Um Mitternacht der Regen fiel
Und schlug ans Fenster, tropf und tropf,
Und ohne Schlaf und schwer und schwül
Lag ich auf meinem heißen Pfühl*
Und reckte mich
Und streckte mich
Und wälzte Welten um im Kopf.

Um Mitternacht, da kam es her.
Kling, sprang der Schlüssel, kling das Schloss.
Und übern Gang, durchs Zimmer nun,
Jetzt durch den Saal, auf plumpen Schuhn,
Da klappte es
Und tappte es,
Dass kalt mirs übern Rücken floss.

Um Mitternacht, da trat es ein,
Und ging ein Wehen vor mir her,
Und näher kam es, nah, ganz nah,
Und schweißgebadet lag ich da
Und zitterte
Und witterte,
Dass nun mein letztes Stündlein wär.

Um Mitternacht, da fiel ein Wort.
Das klang so bang, das klang so tot.
Und war kein Licht, ein Dunkel nur,
Und schlug im Saal die alte Uhr,
Schlug ruck und ruck
Und zuck und zuck
Und schnurrte ab. Schwer fiel das Lot.

Um Mitternacht, und wie es kam,
Jetzt Zimmer, Saal, jetzt Korridor,
So ging es wieder. Schritt vor Schritt.
Und in Gedanken ging ich mit,
Klapp, klapp, tapp, tapp,
Die Trepp' hinab,
Und unten knarrte leis das Tor.

Pfühl: Bett, weiches Lager.

Es ist schon lange her, dass es geschah …

Durch die historischen Balladen führt Heinrich Pleticha

In vielen Balladen spielt die Geschichte eine wichtige Rolle. Schon die ältesten Volksballaden berichteten mit Vorliebe über wichtige Ereignisse der Vergangenheit und hielten die Erinnerung daran über Generationen wach. Wenn später die Balladen- und Bänkelsänger mit ihren Zeitungsliedern auch gern aktuelle Ereignisse aufgriffen, so wurden diese doch innerhalb kurzer Zeit selbst wieder zur Geschichte.

Für die Kunstballaden bot dann die Weltgeschichte eine geradezu unerschöpfliche Fundgrube, wobei es sich gleich blieb, ob die Dichter von tatsächlichen Ereignissen berichteten oder ihre Stoffe aus dem weiten Bereich der historischen Sage wählten.

So vermischen sich auch gerade in den geschichtlichen Balladen häufig Wirklichkeit und Sage, und eine klare Trennungslinie lässt sich dabei nur schwer ziehen. Vielmehr gilt hier der alte italienische Ausspruch »Wenn es nicht wahr ist, so ist es doch gut erfunden« in besonderem Maß. Warum auch nicht? Schließlich ist der Balladendichter ja kein Geschichtsschreiber, der mit wissenschaftlicher Genauigkeit berichten muss, wie und wann etwas geschah, sondern er darf dramatisch ausgestalten, den Stoff raffen, seine Folgerungen ziehen und Lehren erteilen. Dabei kommt es ganz wesentlich auf das »gut erfunden« an; denn eine gelungene historische Ballade wird nicht eng an den Fakten kleben, aber sie wird in den wesentlichen Zügen den Geist der Zeit richtig erfassen, von der sie erzählt. Manchmal können die tatsächlichen Ereignisse nur mit wenigen Strichen angedeutet sein und gleichsam die Kulissen bilden, vor denen menschliche Schicksale in zeitloser Gültigkeit abrollen.

Freilich gibt es auch Balladen, bei denen sich dieses Verhältnis umkehrt. Dann sind die handelnden Personen auffallend in historische Kostüme gezwängt, führen großspurige Reden und zappeln herum wie hölzerne Marionetten, während das Menschliche völlig verloren gegangen ist. Hier haben wir von vornherein auf die Aufnahme eines besonders krassen Beispiels dieser Art verzichtet!

Die Literaturwissenschaft, die alles gern sorgfältig ordnet und etikettiert, spricht bei einer bestimmten Art von »heroisierenden« Geschichtsballaden. Die Helden, die in solchen Gedichten im Mittelpunkt stehen, müssen keineswegs immer Könige, Fürsten oder Feldherren sein, wenn auch deren oft tragische Schicksale häufig genug die Dichter beschäftigen. Solche »Helden« können auch einfache Leute sein, wie beispielsweise die Frauen von Weinsberg (Winsperg) bei Adelbert Chamisso oder die armen Landsknechte C. F. Meyers.

Die gute historische Ballade verherrlicht eigentlich selten und nur gelegentlich wird auf die so genannten Großen der Geschichte ein Loblied gesungen. Das Lied vom Prinzen Eugen ist beispielsweise als Volksballade eine solche Ausnahme und wiegt deshalb höher als viele Lobreden bedeutender Zeitgenossen oder Historiker. Schiller besingt in seiner Ballade *Der Graf von Habsburg* nicht den Kaiser, sondern den Grafen Rudolf, und auch nicht als Helden, sondern als demütigen Menschen.

Manchmal kann die Ballade sich sogar augenzwinkernd über die ernste Geschichte, über Helden, Heldenverehrung, hohe Politik und Krieg lustig machen. Scheffels *Teutoburger Schlacht* hat so gar keinen Respekt vor römischen und germanischen Kämpfern.

Häufiger als zum Loblied wird aber die Geschichtsballade zur Mahnung. Wenn die alten Volksballaden die Toten einer Schlacht beklagten, so klagten sie gleichzeitig auch die Not des einfachen Mannes an, der in Kampf und Krieg zum Spielball der Mächtigen wurde. Heines *Belsatzar* erzählt nicht nur eine Episode aus dem Alten Testament, sondern übt zugleich Kritik am Fürstenhochmut. Anklagen sind auch das *Schlesische Gebirge* Freiligraths oder Dehmels *Anno Domini 1812*. Vor allem in den modernen Balladen wird der Zug zur kritischen Auseinandersetzung mit der Geschichte besonders deutlich, wie etwa Brechts *Kinderkreuzzug* beweist.

So ist die historische Ballade wie kaum eine andere Dichtungsgattung in vielfältiger Art, lobend und tadelnd, Begleiterin durch die Weltgeschichte. Angefangen von der Welt des Alten Orients über die griechische und römische Antike und das Mittelalter bis hin zur jüngsten Zeitgeschichte gibt es keine Epoche, die ihr nicht Stoffe geliefert hätte. Aus der Fülle des vorhandenen Materials wurden auf den folgenden Seiten fünfundvierzig Balladen ausgewählt, ein paar weitere, in denen die Historie ebenfalls den Hintergrund bildet, finden sich noch in den anderen Gruppen. Sie alle wollen kein Geschichtsspektakel bieten, sondern in erster Linie Begegnungen vermitteln, Begegnungen mit Menschen und mit menschlichem Handeln. Und wenn wir uns dann mit den Aussagen dieser Balladen beschäftigen, gelangen wir ganz von selbst auch zu einer Auseinandersetzung mit jenen menschlichen Handlungen, aus denen die Geschichte erwächst.

Die folgenden Balladen sind nach ihrem Inhalt zeitlich geordnet. Sie beginnen also mit der Welt des Alten Orients und führen dann über die klassische Antike und das Mittelalter bis in die Gegenwart.

◇◇◇

Den Stoff für diese Ballade hat Heine dem *Buch Daniel* des Alten Testaments entnommen. Dort wird im 3. Buch von einem babylonischen König Belsatzar berichtet, der bei einem Gastmahl freventlich Gott beleidigte. Da schrieb eine Hand die Worte »Meneh tekel upharsin« an die Wand. Der herbeigerufene Prophet Daniel deutete sie als Zeichen, dass der König bald zu Grunde gehen werde. Und tatsächlich wurde er noch in der gleichen Nacht ermordet. Der wirkliche Belsa(t)zer führte nur von 551 bis 543 v. Chr. für seinen Vater Nabunaid die Regierung und wurde später im Auftrag des Perserkönigs Kyros ermordet.

◇◇◇

Heinrich Heine

Belsatzar

Die Mitternacht zog näher schon;
In stummer Ruh lag Babylon.

Nur oben in des Königs Schloss,
Da flackerts, da lärmt des Königs Tross.

Dort oben in dem Königssaal
Belsatzar hielt sein Königsmahl.

Die Knechte saßen in schimmernden Reihn,
Und leerten die Becher mit funkelndem Wein.

Es klirrten die Becher, es jauchzten die Knecht;
So klang es dem störrigen Könige recht.

Des Königs Wangen leuchten Glut;
Im Wein erwuchs ihm kecker Mut.

Und blindlings reißt der Mut ihn fort;
Und er lästert die Gottheit mit sündigem Wort.

Und er brüstet sich frech und lästert wild;
Die Knechtenschar ihm Beifall brüllt.

Der König rief mit stolzem Blick;
Der Diener eilt und kehrt zurück.

Er trug viel gülden Gerät auf dem Haupt;
Das war aus dem Tempel Jehovahs* geraubt.

Und der König ergriff mit frevler Hand
Einen heiligen Becher, gefüllt bis am Rand.

Und er leert ihn hastig bis auf den Grund,
Und rufet laut mit schäumendem Mund:

Jehovah! Dir künd ich auf ewig Hohn –
Ich bin der König von Babylon!

Doch kaum das grause Wort verklang,
Dem König wards heimlich im Busen bang.

Das gellende Lachen verstummte zumal;
Es wurde leichenstill im Saal.

Und sieh!, und sieh!, an weißer Wand
Da kams hervor wie Menschenhand;

Und schrieb, und schrieb an weißer Wand
Buchstaben von Feuer, und schrieb und schwand.

Der König stieren Blicks da saß,
Mit schlotternden Knien und totenblass.

Die Knechtenschar saß kalt durchgraut
Und saß gar still, gab keinen Laut.

Die Magier kamen, doch keiner verstand
Zu deuten die Flammenschrift an der Wand.

Belsatzar ward aber in selbiger Nacht
Von seinen Knechten umgebracht.

Jehovah: Jahwe, der alttestamentliche Name Gottes.

Theodor Storm: *Tannkönig*

◇◇◇

Schiller griff in seinen Balladen mehrfach Themen aus der antiken Sage bzw. Geschichte auf. *Die Kraniche des Ibykus* erzählen von der Ermordung des Dichters Ibykos, der aus einer griechischen Kolonialstadt Unteritaliens stammte und im 6. Jahrhundert v. Chr. ein unstetes Wanderleben führte. Er wurde ermordet, doch seine Mörder verrieten sich selbst. Schiller erzählt in dieser Ballade von der rächenden Macht des Schicksals.

Um das Schicksal des Einzelnen geht es auch in *Der Ring des Polykrates*. Hier behandelt der Dichter das in der Antike beliebte Motiv vom Neid der Götter auf glückliche Menschen. Den Stoff für die Ballade fand er bei dem griechischen Geschichtsschreiber Herodot, der vom Schicksal des Tyrannen Polykrates berichtet, der von 537–524 v. Chr. über Samos herrschte und dem alle seine Unternehmungen glückten, sodass ihm schon die Freunde den Neid der Götter voraussagten. Sein Ende fand er durch seinen eigenen Leichtsinn, denn er ließ sich durch die Aussicht auf Schätze von einem persischen Vizekönig nach Magnesia locken, wurde gefangen genommen und ans Kreuz geschlagen.

Als dritte große Ballade Schillers behandelt auch *Die Bürgschaft* (siehe S. 280) einen antiken Stoff.

◇◇◇

Friedrich Schiller

Die Kraniche des Ibykus

Zum Kampf der Wagen und Gesänge*,
Der auf Korinthus'* Landesenge
Der Griechen Stämme froh vereint,
Zog Ibykus, der Götterfreund.
Ihm schenkte des Gesanges Gabe,
Der Lieder süßen Mund Apoll*,
So wandert' er, an leichtem Stabe,
Aus Rhegium*, des Gottes voll.

Kampf der Wagen und Gesänge: An der Landenge von Korinth wurden alle zwei Jahre in einem dem Meergott Poseidon geweihten Fichtenhain Spiele mit sportlichen und musischen Wettkämpfen abgehalten.
Korinthus: Korinth, Stadt in Griechenland.
Apoll(on): Gott der Dichtkunst.
Rhegium: griechische Stadt an der Meerenge von Messina.

Schon winkt auf hohem Bergesrücken
Akrokorinth* des Wandrers Blicken,
Und in Poseidons* Fichtenhain
Tritt er mit frommem Schauder ein.
Nichts regt sich um ihn her, nur Schwärme
Von Kranichen begleiten ihn,
Die fernhin nach des Südens Wärme
In graulichtem Geschwader ziehn.

»Seid mir gegrüßt, befreundte Scharen!
Die mir zur See Begleiter waren,
Zum guten Zeichen nehm ich euch,
Mein Los, es ist dem euren gleich.
Von fernher kommen wir gezogen
Und flehen um ein wirtlich Dach.
Sei uns der Gastliche gewogen,
Der von dem Fremdling wehrt die Schmach!«

Und munter fördert er die Schritte
Und sieht sich in des Waldes Mitte,
Da sperren auf gedrangem Steg
Zwei Mörder plötzlich seinen Weg.
Zum Kampfe muss er sich bereiten,
Doch bald ermattet sinkt die Hand,
Sie hat der Leier* zarte Saiten,
Doch nie des Bogens Kraft gespannt.

Er ruft die Menschen an, die Götter,
Sein Flehen dringt zu keinem Retter;
Wie weit er auch die Stimme schickt,
Nichts Lebendes wird hier erblickt.
»So muss ich hier verlassen sterben,
Auf fremdem Boden, unbeweint,
Durch böser Buben Hand verderben,
Wo auch kein Rächer mir erscheint!«

Akrokorinth: Der Burgberg von Korinth.
Poseidon: griechischer Gott des Meeres.
Leier: altgriechisches harfenartiges Zupfinstrument.

Und schwer getroffen sinkt er nieder,
Da rauscht der Kraniche Gefieder,
Er hört, schon kann er nicht mehr sehn,
Die nahen Stimmen furchtbar krähn.
»Von euch, ihr Kraniche dort oben!
Wenn keine andre Stimme spricht,
Sei meines Mordes Klag erhoben!«
Er ruft es, und sein Auge bricht.

Der nackte Leichnam wird gefunden,
Und bald, obgleich entstellt von Wunden,
Erkennt der Gastfreund* in Korinth
Die Züge, die ihm teuer sind.
»Und muss ich so dich wieder finden,
Und hoffte mit der Fichte Kranz*
Des Sängers Schläfe zu umwinden,
Bestrahlt von seines Ruhmes Glanz!«

Und jammernd hören's alle Gäste,
Versammelt bei Poseidons Feste,
Ganz Griechenland ergreift der Schmerz,
Verloren hat ihn jedes Herz.
Und stürmend drängt sich zum Prytanen*
Das Volk, es fordert seine Wut,
Zu rächen des Erschlagnen Manen*,
Zu sühnen mit des Mörders Blut.

Doch wo die Spur, die aus der Menge,
Der Völker flutendem Gedränge,
Gelocket von der Spiele Pracht,
Den schwarzen Täter kenntlich macht?
Sind's Räuber, die ihn feig erschlagen?
Tat's neidisch ein verborgner Feind?
Nur Helios* vermag's zu sagen,
Der alles Irdische bescheint.

Gastfreund: hier eigentlich Gastgeber.
der Fichte Kranz: zur Zeit des Ibykus wurde eigentlich ein Efeukranz als Siegespreis verliehen, der Fichtenkranz kam erst später in Gebrauch.
Prytane: hoher griechischer Beamter einer Stadt.
Manen: gute Geister, Seelen der Verstorbenen.
Helios: Sonnengott.

Er geht vielleicht mit frechem Schritte
Jetzt eben durch der Griechen Mitte,
Und während ihn die Rache sucht,
Genießt er seines Frevels Frucht,
Auf ihres eignen Tempels Schwelle
Trotzt er vielleicht den Göttern, mengt
Sich dreist in jene Menschenwelle,
Die dort sich zum Theater drängt.

Denn Bank an Bank gedränget sitzen,
Es brechen fast der Bühne Stützen,
Herbeigeströmt von fern und nah,
Der Griechen Völker wartend da,
Dumpfbrausend wie des Meeres Wogen;
Von Menschen wimmelnd, wächst der Bau
In weiter stets geschweiftem Bogen
Hinauf bis in des Himmels Blau.

Wer zählt die Völker, nennt die Namen,
Die gastlich hier zusammenkamen?
Von Theseus' Stadt*, von Aulis'* Strand,
Von Phokis*, vom Spartanerland*,
Von Asiens entlegner Küste,
Von allen Inseln kamen sie
Und horchen von dem Schaugerüste
Des Chores grauser Melodie,

Der streng und ernst, nach alter Sitte,
Mit langsam abgemessnem Schritte
Hervortritt aus dem Hintergrund,
Umwandelnd des Theaters Rund*.
So schreiten keine irdschen Weiber,
Die zeugete kein sterblich Haus!
Es steigt das Riesenmaß der Leiber
Hoch über menschliches hinaus.

Theseus' Stadt: Athen.
Aulis: Ort in Griechenland.
Phokis: griechische Landschaft.
Sparta: Stadt in Griechenland, in der Antike eigenständiger Staat.
des Theaters Rund: Der Chorraum des griechischen Theaters war halbkreisförmig angelegt.

Ein schwarzer Mantel schlägt die Lenden,
Sie schwingen in entfleischten Händen
Der Fackel düsterrote Glut,
In ihren Wangen fließt kein Blut,
Und wo die Haare lieblich flattern,
Um Menschenstirnen freundlich wehn,
Da sieht man Schlangen hier und Nattern
Die giftgeschwollnen Bäuche blähn.

Und schauerlich gedreht im Kreise
Beginnen sie des Hymnus'* Weise,
Der durch das Herz zerreißend dringt,
Die Bande um den Frevler schlingt.
Besinnungraubend, herzbetörend
Schallt der Erinnyen* Gesang,
Er schallt, des Hörers Mark verzehrend,
Und duldet nicht der Leier Klang:

»Wohl dem, der frei von Schuld und Fehle
Bewahrt die kindlich reine Seele!
Ihm dürfen wir nicht rächend nahn,
Er wandelt frei des Lebens Bahn.
Doch wehe, wehe, wer verstohlen
Des Mordes schwere Tat vollbracht,
Wir heften uns an seine Sohlen,
Das furchtbare Geschlecht der Nacht.

Und glaubt er fliehend zu entspringen,
Geflügelt sind wir da, die Schlingen
Ihm werfend um den flüchtgen Fuß,
Dass er zu Boden fallen muss.
So jagen wir ihn, ohn Ermatten,
Versöhnen kann uns keine Reu,
Ihn fort und fort bis zu den Schatten
Und geben ihn auch dort nicht frei.«

Hymnus: Gesang zum Lobe Gottes oder der Götter.
Erinnyen: die gefürchteten Göttinnen der Rache.

So singend tanzen sie den Reigen,
Und Stille wie des Todes Schweigen
Liegt überm ganzen Hause schwer,
Als ob die Gottheit nahe wär.
Und feierlich, nach alter Sitte
Umwandelnd des Theaters Rund
Mit langsam abgemessnem Schritte,
Verschwinden sie im Hintergrund.

Und zwischen Trug und Wahrheit schwebet
Noch zweifelnd jede Brust und bebet
Und huldiget der furchtbarn Macht,
Die richtend im Verborgnen wacht,
Die unerforschlich, unergründet
Des Schicksals dunkeln Knäuel flicht,
Dem tiefen Herzen sich verkündet,
Doch fliehet vor dem Sonnenlicht.

Da hört man auf den höchsten Stufen
Auf einmal eine Stimme rufen:
»Sieh da! Sieh da, Timotheus,
Die Kraniche des Ibykus!« –
Und finster plötzlich wird der Himmel,
Und über dem Theater hin
Sieht man in schwärzlichtem Gewimmel
Ein Kranichheer vorüberziehn.

»Des Ibykus!« – Der teure Name
Rührt jede Brust mit neuem Grame,
Und wie im Meere Well auf Well,
So läuft's von Mund zu Munde schnell:
»Des Ibykus, den wir beweinen,
Den eine Mörderhand erschlug!
Was ist's mit dem? Was kann er meinen?
Was ist's mit diesem Kranichzug?«

Und lauter immer wird die Frage,
Und ahnend fliegt's mit Blitzesschlage
Durch alle Herzen: »Gebet Acht!
Das ist der Eumeniden* Macht!
Der fromme Dichter wird gerochen*,
Der Mörder bietet selbst sich dar!
Ergreift ihn, der das Wort gesprochen,
Und ihn, an den's gerichtet war.«

Doch dem war kaum das Wort entfahren,
Möcht er's im Busen gern bewahren;
Umsonst, der schreckenbleiche Mund
Macht schnell die Schuldbewussten kund.
Man reißt und schleppt sie vor den Richter,
Die Szene wird zum Tribunal,
Und es gestehn die Bösewichter,
Getroffen von der Rache Strahl.

Friedrich Schiller

Der Ring des Polykrates

Er stand auf seines Daches Zinnen,
Er schaute mit vergnügten Sinnen
Auf das beherrschte Samos* hin.
»Dies alles ist mir untertänig«,
Begann er zu Ägyptens König,
»Gestehe, dass ich glücklich bin.«

»Du hast der Götter Gunst erfahren!
Die vormals deinesgleichen waren,
Sie zwingt jetzt deines Zepters Macht.
Doch einer lebt noch, sie zu rächen,
Dich kann ein Mund nicht glücklich sprechen,
Solang des Feindes Auge wacht.«

Eumeniden: andere Bezeichnung für »Erinnyen«.
gerochen: gerächt.
Samos: Insel vor der Westküste Kleinasiens.

Und eh der König noch geendet,
Da stellt sich, von Milet* gesendet,
Ein Bote dem Tyrannen* dar:
»Lass, Herr, des Opfers Düfte steigen,
Und mit des Lorbeers muntern Zweigen
Bekränze dir dein festlich Haar.

Getroffen sank dein Feind vom Speere,
Mich sendet mit der frohen Märe
Dein treuer Feldherr Polydor –«
Und nimmt aus einem schwarzen Becken,
Noch blutig, zu der beiden Schrecken,
Ein wohl bekanntes Haupt hervor.

Der König tritt zurück mit Grauen.
»Doch warn ich dich, dem Glück zu trauen«,
Versetzt er mit besorgtem Blick.
»Bedenk', auf ungetreuen Wellen,
Wie leicht kann sie der Sturm zerschellen,
Schwimmt deiner Flotte zweifelnd Glück.«

Und eh er noch das Wort gesprochen,
Hat ihn der Jubel unterbrochen,
Der von der Reede* jauchzend schallt.
Mit fremden Schätzen reich beladen,
Kehrt zu den heimischen Gestaden
Der Schiffe mastenreicher Wald.

Der königliche Gast erstaunet:
»Dein Glück ist heute gut gelaunet,
Doch fürchte seinen Unbestand.
Der Kreter waffenkund'ge Scharen
Bedräuen* dich mit Kriegsgefahren;
Schon nahe sind sie diesem Strand.«

Und eh ihm noch das Wort entfallen,
Da sieht man's von den Schiffen wallen,
Und tausend Stimmen rufen: »Sieg!
Von Feindesnot sind wir befreiet,
Die Kreter hat der Sturm zerstreuet,
Vorbei, geendet ist der Krieg!«

Das hört der Gastfreund mit Entsetzen:
»Fürwahr, ich muss dich glücklich schätzen,
Doch«, spricht er, »zittr' ich für dein Heil.
Mir grauet vor der Götter Neide,
Des Lebens ungemischte Freude
Ward keinem Irdischen zuteil.

Auch mir ist alles wohl geraten,
Bei allen meinen Herrschertaten
Begleitet mich des Himmels Huld,
Doch hatt ich einen teuren Erben,
Den nahm mir Gott, ich sah ihn sterben,
Dem Glück bezahlt' ich meine Schuld.

Drum, willst du dich vor Leid bewahren,
So flehe zu den Unsichtbaren,
Dass sie zum Glück den Schmerz verleihn.
Noch keinen sah ich fröhlich enden,
Auf den mit immer vollen Händen
Die Götter ihre Gaben streun.

Und wenn's die Götter nicht gewähren,
So acht auf eines Freundes Lehren
Und rufe selbst das Unglück her,
Und was von allen deinen Schätzen
Dein Herz am höchsten mag ergötzen,
Das nimm und wirf's in dieses Meer!«

Milet: griechische Stadt an der kleinasiatischen Küste.
Tyrann: Gewaltherrscher.
Reede: Ankerplatz vor einem Hafen.
bedräuen: bedrohen.

Und jener spricht, von Furcht beweget:
»Von allem, was die Insel heget,
Ist dieser Ring mein höchstes Gut.
Ihn will ich den Erinnen weihen,
Ob sie mein Glück mir dann verzeihen.«
Und wirft das Kleinod in die Flut.

Und bei des nächsten Morgens Lichte,
Da tritt mit fröhlichem Gesichte
Ein Fischer vor den Fürsten hin:
»Herr, diesen Fisch hab ich gefangen,
Wie keiner noch ins Netz gegangen,
Dir zum Geschenke bring ich ihn.«

Und als der Koch den Fisch zerteilet,
Kommt er bestürzt herbeigeeilet
Und ruft mit hoch erstauntem Blick:
»Sieh, Herr, den Ring, den du getragen,
Ihn fand ich in des Fisches Magen,
O, ohne Grenzen ist dein Glück!«

Hier wendet sich der Gast mit Grausen:
»So kann ich hier nicht ferner hausen,
Mein Freund kannst du nicht weiter sein.
Die Götter wollen dein Verderben,
Fort eil ich, nicht mit dir zu sterben.«
Und sprach's und schiffte schnell sich ein.

◇◇◇

Im Mittelpunkt der folgenden Ballade steht der römische Feldherr Publius Cornelius Scipio Africanus der Ältere, der 201 v. Chr. den Zweiten Punischen Krieg siegreich für Rom beendet hatte. 189 kämpfte er zusammen mit seinem Bruder gegen König Antiochos von Syrien. Nach diesem Krieg erregten sich die Neider gegen den Feldherrn und klagten ihn an, während des Feldzuges Geld unterschlagen zu haben. Daraufhin zeriss dieser die Rechnungsbücher und erklärte, es sei unwürdig, ihn wegen 3000 Talenten zur Rechenschaft ziehen zu wollen, während er dem Staatsschatz 15 000 eingebracht und das Vaterland gerettet habe. Das Volk stellte sich daraufhin auf seine Seite, aber tief verletzt von den Machenschaften seiner Gegner zog sich der Feldherr auf sein Landgut zurück.

◇◇◇

Gottfried Kinkel

Scipio

Schau dort den Mann! Er kommt gegangen,
Die Toga lässig umgehangen:
Das ist der große Scipio,
Dem sich Karthago gab verloren,
Vor dem von Roms geborstnen Toren
Des Barkas grauser Enkel* floh.

Es ist der Weg zum Kapitole,
Den er mit ruhmbeschwingter Sohle
Als Triumphator* einst erstieg.
Er geht mit ernster Römersitte
Auch heut hinauf in festem Schritte,
Als führt' er eine Schar zum Sieg.

des Barkas grauser Enkel: dichterisch frei, gemeint ist Hannibal.
Triumphator: der siegreiche Feldherr, dem ein Triumphzug durch Rom bewilligt wurde.

Und dennoch dürft' er heute zagen!
Mag jedes Haupt er überragen,
Die Missgunst hasst sein großes Tun.
Er ist verklagt als Landverräter,
Und vor dem Hof der greisen Väter*
Erhebt die Klage der Tribun*:

Wir haben Gold dir reich gesendet:
Es ward auf diesen Krieg verschwendet
Des Volkes Schweiß und letzte Kraft.
Dir haben wir uns überlassen,
Du hast verstreut des Silbers Massen:
Wohlan, so gib uns Rechenschaft!

Stolz gibst du reiche Pracht zu schauen;
Rings an den Bergen, auf den Auen
Wird Öl und Korn und Wein dir reif.
Wer mag dem Zweifel da gebieten?
Und drum im Namen der Quiriten*
Verklag' ich dich auf Unterschleif!

Da hebt sich Scipio vom Sitze,
Es bleiben seines Auges Blitze
Mitleidig auf dem Kläger ruhn.
Aufschlägt er eine Bücherrolle,
Und mild, als wüsst' er nichts von Grolle,
Beginnt er seine Rede nun:

Leicht wär's, ihr Väter, mir zu rechten!
Ich schrieb im Feld in heißen Nächten
Dies Rechnungsbuch mit eigner Hand.
Von meinem Quästor* untersiegelt,
Des Lippe jetzt der Tod verriegelt,
Ist's meiner Ehre gültig Pfand.

Und weil mich die Erinn'rung freute,
So hielt ich's aufbewahrt bis heute:
Nun aber, dünkt mich, ist's genug.
Zu fragen nach Beweis und Pfande,
Es wäre mir und euch zur Schande –
Dies meine Antwort: Kommt zum Spruch!

Er schweigt und reißt das Buch in Fetzen
Und wirft es zu des Hofs Entsetzen
Aufs Kohlenbecken Stück für Stück.
Dann schürt bedachtsam er die Flammen,
Bis es zu Asche fiel zusammen,
Und geht zu seinem Sitz zurück.

Still wird's – dann jauchzt es in der Runde:
Frei, frei von Schuld!, aus jedem Munde;
Der Kläger bebt in banger Scham.
Doch in dem wilden Beifallrufen
Neigt sich der Held und geht die Stufen
Hinab so ruhig wie er kam.

Hof der greisen Väter: der römische Senat.
Tribun: Volkstribun, der als römischer Beamter die Interessen des Volkes zu vertreten hatte.
Quirit: römischer Bürger, auch als Anrede gebraucht.
Quästor: römischer Beamter in der Finanzverwaltung.

◇◇◇

Mit dieser Ballade parodiert der Dichter den naiven Ton mancher Volksballaden und Bänkellieder. Er erzählt vom Tod Cäsars, der im Jahre 44 v. Chr. während einer Senatssitzung ermordet wurde, weil ihn seine Gegner verdächtigten nach der Königskrone zu streben.

◇◇◇

Georg Kaiser

Ballade von Cäsars Ende

Rom hieß eine Stadt und alle Römer
Hatten in den Adern heißes Blut.
Als sie Cäsar einst tyrannisch reizte,
Kochte es sofort in Siedeglut.

Nicht die Warnung konnte Cäsarn hindern:
Hüte vor des Märzen Iden* dich.
Er verfolgte seine frechen Ziele
Und sah schon als Herrn der Römer sich.

Immer schlimmer schlug ihn die Verblendung,
Nur sein Wort galt noch im Capitol*.
Und den weisen Rat der Senatoren
Schmähte er gemein und höhnisch Kohl.

Da kam stolzes Römerblut ins Wallen.
Selbst der Freund bleibt keinem Cäsar treu,
Wenn ihn dieser nur für seine Zwecke
Kalt mißbraucht und sagt es ohne Scheu.

Heimlich trafen nachts sich die Verschwörer
Und beredeten mit Eifer sich.
Und genau am Tag der Märzesiden
Stach ihm Brutus den verdienten Stich.

Iden des März: 15. März.
Capitol: Stadtburg im alten Rom, Sitz des Senats.

Cäsar sank von seinem Sitz und stierte
Seinen Mörder an, als ob's nicht wahr.
Et tu, Brute* – rief er auf lateinisch,
Wie es dort die Landessprache war.

Lasse keiner sich vom Wahn verführen,
Daß er mehr als jeder andre gelt':
Cäsar wollte mit dem Schwert regieren
Und ein Messer hat ihn selbst gefällt.

◇◇◇

Geschichte einmal ganz anders. Hier dürfen wir das Geschehen nicht ernst nehmen, wenn die Ballade auch auf einem tatsächlichen Ereignis beruht. Im Herbst des Jahres 9 n. Chr. wurde der römische Statthalter Varus mit drei Legionen wahrscheinlich im Teutoburger Wald von Germanen unter der Führung des Cheruskers Arminius vernichtend geschlagen. Varus stürzte sich in sein Schwert; Kaiser Augustus soll in Rom beim Erhalten der Unglücksnachricht von der Niederlage ausgerufen haben: »Vare, legiones redde!« (Varus, gib die Legionen zurück!)

◇◇◇

Joseph Victor von Scheffel

Die Teutoburger Schlacht

Als die Römer frech geworden
Zogen sie nach Deutschlands Norden,
Vorne beim Trompetenschall
Ritt der Generalfeldmarschall,
Herr Quinctilius Varus*.

Doch im Teutoburger Walde,
Huh, wie pfiff der Wind so kalte;
Raben flogen durch die Luft
Und es war ein Moderduft
Wie von Blut und Leichen.

Et tu, Brute: »Auch du, Brutus!«, soll angeblich Cäsar ausgerufen haben, als er unter seinen Mördern den von ihm geförderten Brutus erblickte.
Quinctilius Varus: römischer Statthalter und Oberbefehlshaber in Germanien.

Plötzlich aus des Waldes Duster
Brachen krampfhaft die Cherusker*;
Mit Gott für Fürst und Vaterland
Stürmten sie von Wut entbrannt
Gegen die Legionen*.

Weh! Das ward ein großes Morden.
Sie erschlugen die Kohorten*;
Nur die römsche Reiterei
Rettete sich noch in's Frei',
Denn sie war zur Pferde.

O Quinctili!, armer Feldherr!
Dachtest du, dass so die Welt wär'?
Er geriet in einen Sumpf,
Verlor zwei Stiefel und ein' Strumpf
Und blieb elend stecken.

Da sprach er von Ärgernussen
Zum Centurio* Titiussen:
»Kamerad, zeuch* mein Schwert hervor
Und von hinten mich durchbohr',
Da doch alles futsch ist.«

In dem armen römschen Heere
Diente auch als Volontäre
Scävola, ein Rechtskand'dat,
Den man schnöd gefangen hat,
Wie die andern alle.

Diesem ist es schlimm ergangen;
Eh dass man ihn aufgehangen,
Stach man ihn durch Zung' und Herz,
Nagelte ihn hinterwärts
Auf sein Corpus Juris*.

Als die Waldschlacht war zu Ende,
Rieb Fürst Hermann sich die Hände,
Und um seinen Sieg zu weihn,
Lud er die Cherusker ein
Zu 'nem großen Frühstück.

Nur in Rom war man nicht heiter,
Sondern kaufte Trauerkleider.
G'rade als beim Mittagsmahl
Augustus saß im Kaisersaal,
Kam die Trauerbotschaft.

Erst blieb ihm vor jähem Schrecken
Ein Stück Pfau im Halse stecken,
Dann geriet er außer sich
Und schrie: »Varus, Fluch auf dich!
Redde Legiones!*«

Sein deutscher Sklave, Schmidt geheißen,
Dacht': »Ihn soll das Mäusle beißen,
Wenn er sie je wieder kriegt,
Denn wer einmal tot da liegt,
Wird nicht mehr lebendig.«

Und zu Ehren der Geschichten
Tat ein Denkmal* man errichten,
Deutschlands Kraft und Einigkeit
Verkündet es jetzt weit und breit:
»Mögen sie nur kommen!«

Cherusker: germanischer Volksstamm im Wesergebiet zwischen Teutoburger Wald und Harz.
Legion: römische Militäreinheit, zur Zeit des Augustus 5000 Mann.
Kohorte: Eine Legion umfasste 10 Kohorten.
Centurio: Offiziersrang in der Legion.
zeuch: zieh.
Corpus Juris: Rechtsbuch, hier dichterisch frei, denn zur Zeit der Schlacht gab es noch keines.
Redde Legiones!: Gib die Legionen zurück!
Denkmal: das 1875 eingeweihte Denkmal Armins im Teutoburger Wald.

◇◇◇

Der römische Geschichtsschreiber Tacitus berichtet in seinen *Annalen* von den letzten Lebensjahren und dem Tod des greisen römischen Kaisers Tiberius und behauptet, sein Günstling Macro habe nachgeholfen, als der Kaiser nicht rasch genug sterben wollte, und ihn erstickt. Geibels Ballade spielt in den letzten Lebensstunden des Sterbenden und schildert dessen Gewissensbisse. Er verbindet diese Szene mit der Traumvision von einer durch das Christentum geprägten besseren Welt eines germanischen Soldaten seiner Leibwache.

◇◇◇

Emanuel Geibel

Der Tod des Tiberius

Bei Kap Misenum* winkt ein fürstlich Haus
Aus Lorbeerwipfeln zu des Meeres Küsten,
Mit Säulengängen, Mosaiken, Büsten
Und jedem Prunkgerät zu Fest und Schmaus.
Oft sah es nächtlicher Gelage Glanz,
Wo lockge Knaben, Efeu um die Stirnen,
Mit Bechern flogen, silberfüßge Dirnen
Den Thyrsus* schwangen in berauschtem Tanz,
Und Jauchzen scholl, Gelächter, Saitenspiel,
Bis auf die Gärten rings der Frühtau fiel.
Doch heut, wie stumm das Haus! Nur hier und dort
Ein Fenster hell; und wo die Säulen düstern,
Wogt am Portal der Sklaven Schwarm mit Flüstern;
Es kommen Sänften; Boten sprengen fort;
Und jedes Mal dann zuckt umher im Kreise
Ein Fragen, das nur scheu um Antwort wirbt:
»Was sagt der Arzt? Wie steht es?« – Leise, leise!
Zu Ende geht's; der greise Tiger stirbt.
Bei matter Ampeln Zwielicht droben lag
Der kranke Cäsar auf den Purpurkissen.
Sein fahl Gesicht, von Schwären wild zerrissen,
Erschien noch grauser heut, als sonst es pflag.

Kap Misenum: Tiberius verbrachte seine letzten Tage in einem Landhaus auf dem Vorgebirge Misenum am Nordrand des Golfes von Neapel.
Thyrsus: der mit Weinranken umkränzte Stab des Gottes Dionysos.

Hohl glomm das Auge. Durch die Schläfe wallte
Des Fiebers Glut, dass jede Ader schlug;
Niemand war bei ihm als der Arzt, der alte,
Und Macro, der des Hauses Schlüssel trug.
Und jetzt mit halb ersticktem Schreckensruf
Aus seinen Decken fuhr empor der Sieche,
Hochauf sich bäumend! »Schaff mir Kühlung, Grieche!
Eis! Eis! Im Busen trag ich den Vesuv.
O wie das brennt! Doch grimmer brennt das Denken
Im Haupt mir; ich verfluch es tausendmal
Und kann's doch lassen nicht zu meiner Qual;
O gib mir Lethe*, Lethe, mich zu tränken!
Umsonst: Dort wälzt sich's wieder schon heran,
Wie Rauchgewölk, und ballt sich zu Gestalten –
Sieh, von den Wunden heben sie die Falten
Und starren mich gebrochnen Auges an,
Germanicus*, und Drusus*, und Sejan*. –
Wer rief euch her? Kann euch das Grab nicht halten?
Was saugt ihr mit dem Leichenblick, dem stieren,
An meinem Blut und dörrt mir das Gebein?
's ist wahr, ich tötet euch; doch musst es sein.
Wer hieß im Würfelspiel euch auch verlieren!
Hinweg! – Weh mir! Wann endet diese Pein!«
Der Arzt bot ihm den Kelch; er sog ihn leer
Und sank zurück in tödlichem Ermatten;
Dann aus den Kissen blickt er scheu umher
Und frug verstört: »Nicht wahr? Du siehst nichts mehr?
Fort sind sie, fort, die fürchterlichen Schatten.
Vielleicht auch war's nur Dunst. – Doch glaube mir,
Sie kamen oft schon nachts, und wie sie quälen,
Das weiß nur ich. – Doch still! – Komm, setz dich hier
Nah, nah; von anderm will ich dir erzählen.
Auch ich war jung einst, traut auf meinen Stern
Und glaubt an Menschen. Doch der Wahn der Jugend

Lethe: Fluss der Unterwelt, aus dem die Seelen der Toten Vergessenheit ihres irdischen Daseins tranken.
Germanicus: Neffe des Tiberius, der unter mysteriösen Umständen an einer Vergiftung starb.
Drusus: der Sohn des Tiberius, von Sejan bei diesem verleumdet und dann ermordet.
Sejan: Vertrauter des Tiberius, der nach einer Verschwörung gegen den Kaiser in Rom hingerichtet wurde.

Zerstob zu bald nur; und, ins Innre lugend,
Verfault erfand ich alles Wesens Kern.
Da war kein Ding so hoch und bar der Rüge,
Der Wurm saß drin; aus jeder Großtat sahn
Der Selbstsucht Züge mich versteinernd an;
Lieb, Ehre, Tugend, alles Schein und Lüge!
Nichts unterschied vom reißenden Getier
Dies Kotgeschlecht, als im ehrlosen Munde
Der Falschheit Honig und im Herzensgrunde
Die größre Feigheit und die wildre Gier.
Wo war ein Freund, der nicht den Freund verriet?
Ein Bruder, der nicht Brudermord gestiftet?
Ein Weib, das lächelnd nicht den Mann vergiftet?
Nichtswürdig alle – stets dasselbe Lied,
Da ward auch ich wie sie. Und weil nur Schrecken
Sie zähmte, lernt ich Schrecken zu erwecken.
Und Krieg mit ihnen führt ich. Zum Genuss
Ward ihre Qual mir, ihr verendend Röcheln.
Ich schritt ins Blut hinein bis zu den Knöcheln,
Doch auch das Grausen wird zum Überdruss.
Und jetzt, nur noch gequält vom Strahl des Lichts,
Matt, trostlos, reulos starr ich in das Nichts.«
Sein Wort ging tonlos aus; er keuchte leis
Im Krampf, von seinen Schläfen floss der Schweiß,
Und grass verstellt, wie eine Larve, sah
Sein blutlos Antlitz. Zu des Lagers Stufen
Trat Macro da: »Soll ich den Cajus* rufen,
Herr, deinen Enkel, den Caligula?
Du bist sehr krank.« – Doch jener: »Schlange, falle
Mein Fluch auf dich! Was geht dich Cajus an!
Noch leb ich, Mensch! Und Cajus ist wie alle,
Ein Narr, ein Schurk, ein Lügner, nur kein Mann!
Und wär er's, frommt es nicht; kein Held verjüngt
Rom und die Welt, wie er mit Blut sie düngt.
Wenn's Götter gäb, auf diesem Berg der Scherben
Vermöcht ein Gott selbst nicht mehr Frucht zu ziehn;

Cajus: Gaius Germanicus, genannt Caligula, der Urenkel des Augustus; wurde der Nachfolger des Tiberius.

Annette von Droste-Hülshoff: *Der Schlosself*

Und nun der blöde Knab! Nein, nein, nicht ihn,
Die Rachegeister, welche mich verderben,
Die Furien*, die der Abgrund ausgespien,
Sie und das Chaos setz ich ein als Erben.
Für sie das Zepter!« Und im Schlafgewand –
Hoch sprang er auf, und wie die Glieder flogen
Im Todesschweiß, riss er vom Fensterbogen
Den Vorhang fort und warf mit irrer Hand
Hinaus den Stab der Herrschaft in die Nacht.
Dann schlug er sinnlos hin. Im Hofe stand
In sich vertieft ein Kriegsknecht auf der Wacht,
Blondbärtig, hoch. Zu dessen Füßen rollte
Des Zepters rundes Elfenbein und sprang
Vom glatten Marmorgrund mit hellem Klang
An ihm empor, als ob's ihn grüßen wollte.
Er nahm es auf, unwissend, was es sei,
Und sank zurück in seine Träumerei.
Er dacht an seinen Wald im Wesertal:
Die düstern Wipfelkronen sah er ragen.
Er sah am Malstein die Genossen tagen,
Blank jedes Wort, wie ihrer Streitaxt Stahl,
Und treu die Hand zum Sühnen wie zum Schlagen.
Und an sein liebes Weib gedacht er dann;
Er sah sie sitzen an des Hüttleins Schwelle
Im langen, gelben Haar, wie sie, mit Schnelle
Die Spindel wirbelnd, in die Ferne sann,
Wohl her zu ihm; und vor ihr spielt am Rain
Sein Knabe, der den ersten Speer sich schnitzte
Und dem so kühn das blaue Auge blitzte,
Als spräch's: »Ein Schwert nur, und die Welt ist mein!«
Und plötzlich floss dann – wie, verstand er kaum –
Ein andres Bild in seinen Heimatstraum:
Vor seine Seele drängt es sich mit Macht,
Wie er dereinst in heißen Morgenlanden
Als Wacht an eines Mannes Kreuz gestanden,
Bei dessen Tod die Sonn erlosch in Nacht.

* Furien: römische Bezeichnung für die Rachegöttinnen (= Erinnyen).

Wohl lag dazwischen manch durchstürmter Tag,
Doch konnt er nie des Dulders Blick vergessen,
Darin ein Leidensabgrund unermessen
Und dennoch alles Segens Fülle lag.
Und nun – wie kam's nur? – über seinen Eichen
Sah er dies Kreuz erhöht als Siegeszeichen,
Und seines Volks Geschlechter sah er ziehn
Unzählig, stromgleich; über den Gefilden
Von Waffen wogt es, und auf ihren Schilden
Stand jener Mann; und Glorie strahlt um ihn.
Da fuhr er auf. Aus des Palastes Hallen
Kam dumpf Geräusch, der Herr der Welt war tot;
Er aber schaute kühn ins Morgenrot
Und sah's wie einer Zukunft Vorhang wallen.

◇◇◇

Die aus Zentralasien kommenden Reiterscharen der Hunnen drangen seit 375 in Europa ein und dehnten ihre Raubzüge bis Frankreich und Italien aus. Dabei zerstörten sie die Siedlungen, vernichteten ganze Stämme wie etwa die Burgunder, deren Untergang sich noch im Nibelungenlied spiegelt. Die Ballade fängt sehr schön die unheimliche Schnelligkeit dieser Reiter ein, die überall Furcht und Schrecken auslösten.

◇◇◇

Börries Freiherr von Münchhausen

Hunnenzug

Finsterer Himmel, pfeifender Wind,
Wildöde Heide, der Regen rinnt,
Von fern ein Schein, wie ein brennendes Dorf,
Mattdüsterer Glanz auf den Lachen im Torf.

Da plötzlich ein stampfendes dumpfes Geroll,
Wie drohenden Wetters steigender Groll,
Und lauter und lauter erdröhnt die Erde
Vom stürmischen Nahn einer wilden Herde.

Ein Hunnenschwarm mit laut jauchzendem Ruf!
Dumpf donnert und poltert der Rosse Huf,
Es erbebt die Heide, der Schlamm spritzt auf
An den dolchbehangenen Sattelknauf.

Ein köcherumrauschter, gewaltiger Schwarm,
Hell klirren die Spangen an Sattel und Arm,
Das Haupt geneigt auf die struppige Mähne,
Die braune Faust an gespannter Sehne, –

Durch den rauschenden Regen wild gellt ihr Schrei,
Immer mehr, immer neue jagen herbei
Von der Heimatlosen unzählbaren Schar,
Der der Sattel Wiege und Sterbebett war.

Da endlich die letzten vom Völkerheer, –
Zerstampft und zertreten die Heide umher,
Ein letztes Wiehern im Winde, – als Spur
Auf dem schwarzen Schlamme ein Riemen nur. –

Finsterer Himmel, pfeifender Wind,
Wildöde Heide, der Regen rinnt,
Von fern ein Schein, wie ein brennendes Dorf,
Und düsterer Glanz auf den Lachen im Torf.

◇◇◇

Das germanische Volk der Westgoten hat auf seinen Zügen während der Völkerwanderung Italien mehrfach durchquert und 410 Rom geplündert. Auf dem Weitermarsch nach Süden starb Alarich, der junge König des Volkes, bei Cosenza in Kalabrien (Unteritalien). Der Geschichtsschreiber Jordanus berichtet, dass die Westgoten den kleinen Fluss Busento ableiteten, in seinem Bett den König mit kostbaren Schätzen und Grabbeigaben bestatteten und den Fluss dann wieder zurückführten, um so die Ruhe des Königs für immer zu sichern. Tatsächlich wurde das Grab nie gefunden und Schatzgräber suchen es noch heute.

◇◇◇

August Graf von Platen

Das Grab im Busento

Nächtlich am Busento lispeln, bei Cosenza, dumpfe Lieder,
Aus den Wassern schallt es Antwort, und in Wirbeln klingt es wider!

Und den Fluss hinauf, hinunter, ziehn die Schatten tapfrer Goten,
Die den Alarich beweinen, ihres Volkes besten Toten.

Allzu früh und fern der Heimat mussten hier sie ihn begraben,
Während noch die Jugendlocken seine Schulter blond umgaben.

Und am Ufer des Busento reihten sie sich um die Wette,
Um die Strömung abzuleiten, gruben sie ein frisches Bette.

In der wogenleeren Höhlung wühlten sie empor die Erde,
Senkten tief hinein den Leichnam, mit der Rüstung, auf dem Pferde.

Deckten dann mit Erde wieder ihn und seine stolze Habe,
Dass die hohen Stromgewächse wüchsen aus dem Heldengrabe.

Abgelenkt zum zweiten Male, ward der Fluss herbeigezogen
Mächtig in ihr altes Bette schäumten die Busentowogen.

Und es sang ein Chor von Männern: »Schlaf' in deinen Heldenehren!
Keines Römers schnöde Habsucht soll dir je dein Grab versehren!«

Sangen's, und die Lobgesänge tönten fort im Gotenheere;
Wälze sie, Busentowelle, wälze sie von Meer zu Meere!

◇◇◇

Die Sage erzählt, dass der Sachsenherzog Heinrich gerade mit seiner Gemahlin beim Vogelfang gewesen sei, als ihm die Abgesandten der deutschen Herzogtümer 919 die Nachricht von seiner Wahl zum deutschen König überbrachten. Noch heute wird in Quedlinburg am »Finkenherd« die Stelle dieses Ereignisses gezeigt. Heinrich, der als deutscher König von 919 bis 936 regierte, erhielt im Volksmund den Beinamen »der Vogler« oder »der Finkler«. Die beliebte Ballade gehörte früher einmal zum eisernen Bestand der deutschen Lesebücher.

◇◇◇

Johann Nepomuk Vogl

Heinrich der Vogler

Herr Heinrich sitzt am Vogelherd
Recht froh und wohlgemut;
Aus tausend Perlen blinkt und blitzt
Der Morgenröte Glut.

In Wies und Feld und Wald und Au –
Horch, welch ein süßer Schall!
Der Lerche Sang, der Wachtel Schlag,
Die süße Nachtigall!

Herr Heinrich schaut so fröhlich drein:
»Wie schön ist heut die Welt!
Was gilts, heut gibts 'nen guten Fang!«
Er lugt zum Himmelszelt.

Er lauscht und streicht sich von der Stirn
Das blond gelockte Haar,
»Ei doch! Was sprengt denn dort herauf
Für eine Reiterschar?«

Der Staub wallt auf, der Hufschlag dröhnt,
Es naht der Waffen Klang.
»Dass Gott! Die Herrn verderben mir
Den ganzen Vogelfang!«

Ei nun! Was gibts? – Es hält der Tross
Vorm Herzog plötzlich an,
Herr Heinrich tritt hervor und spricht:
»Wen sucht ihr da, sagt an?«

Da schwenken sie die Fähnlein bunt
Und jauchzen: »Unsern Herrn! –
Hoch lebe Kaiser Heinrich! – Hoch
Des Sachsenlandes Stern!«

Dies rufend, knien sie vor ihn hin
Und huldigen ihm still
Und rufen, als er staunend fragt:
»'s ist deutschen Reiches Will!«

Da blickt Herr Heinrich tief bewegt
Hinauf zum Himmelszelt:
»Du gabst mit einen guten Fang! –
Herr Gott, wie dir's gefällt.«

◇◇◇

Eine friedliche Szene, die den blutigen Streit zweier Brüder beendete, steht im Mittelpunkt der folgenden Ballade. Otto I. regierte gerade zwei Jahre lang, als sich sein jüngerer Bruder Heinrich zum ersten Mal gegen ihn empörte und selbst die Königskrone anstrebte. Otto besiegte ihn, aber obwohl er Heinrich verzieh und ihm sogar das Herzogtum Lothringen übertrug, empörte sich dieser erneut und plante die Ermordung des Bruders. Der Mordplan wurde entdeckt und bestraft. Am Weihnachtstag 941 warf sich Heinrich in Frankfurt dem König zu Füßen, gewann erneut Verzeihung und hielt fortan die Treue.

◇◇◇

Conrad Ferdinand Meyer

Der gleitende Purpur

»Eia Weihnacht! Eia Weihnacht!«,
Schallt im Münsterchor der Psalm der Knaben.
Kaiser Otto* lauscht der Mette,
Diener hinter sich mit Spend' und Gaben.

Eia Weihnacht! Eia Weihnacht!
Heute da die Himmel niederschweben,
Wird dem Elend und der Blöße
Mäntel er und warme Röcke geben.

Hundert Bettler stehn erwartend –
Einer hält des Kaisers Knie umfangen
Mit den wund geriebnen Armen,
Dran zerrissner Fesseln Enden hangen.

»Schalk! Was zerrst du mir den Purpur?
Harr und beite*! Kennst du mich als Kargen?«
Doch der Bettler hält den Mantel
Fest und jammert: »Kennst du mich, den Argen?«

Kaiser Otto: Otto I. (936–973); wurde erst 962, also 21 Jahre nach dem geschilderten Ereignis, zum Kaiser gekrönt.
beiten: warten.

Du Gesalbter und Erlauchter!
Kennst du mich? ... Du hast mit mir gelegen,
Mit dem Siechen, mit dem Wunden,
Unter *eines* Mutterherzens Schlägen.

Aus demselben Wollentuche
Schnitt man uns die Kappen und die Kleider!
Aus demselben Psalmenbuche
Sang das frische Jugendantlitz beider!

Heinz, wo bist du? Heinz, wo bleibst du?
Hast zum Spiele du mich oft gerufen
Durch die Säle, durch die Gänge,
Auf und ab der Wendeltreppe Stufen ...

Wehe mir! Da du dich kröntest,
Hat des Neides Natter mich gebissen!
Mit dem Lügengeist im Bunde
Hab ich dieses deutsche Reich zerrissen!

Als den ungetreuen Bruder
Und Verräter hast du mich erfunden!
Du ergrimmtest und du warfest
In die Kerkertiefe mich gebunden ...

In der Tiefe meines Kerkers
Hab ich ohne Mantel heut gefroren ...
Eia Weihnacht! Eia Weihnacht!
Heute wird der Welt das Heil geboren!«

»Eia Weihnacht! Eia Weihnacht!«
Hundert Bettler strecken jetzt die Hände:
»Gib uns Mäntel! Gib uns Röcke!
Sei barmherzig! Gib uns deine Spende!«

Eine Spange löst der Kaiser
Sacht. Sein Purpur gleitet, gleitet, gleitet
Über seinen sündgen Bruder
Und der erste Bettler steht bekleidet ...

Eia Weihnacht! Eia Weihnacht!
Jubelt Erd und Himmelreich mit Schallen.
Glorie! Glorie! Friede! Freude!
Und am Menschenkind ein Wohlgefallen!

◇◇◇

Der Stoff dieser Ballade stammt aus einer Kölner Chronik von 1162. Sie berichtet von einer Episode aus dem Kampf König Konrads III. gegen die Welfen, einem alten deutschen Herrschergeschlecht. Wir wissen nicht, ob die Frauen von Weinsberg (Winsperg) wirklich auf solche Weise ihre Männer retteten, aber die Burg am Rande des württembergischen Städtchens führt heute noch den Namen »Weibertreu«.

◇◇◇

Adelbert von Chamisso

Die Weiber von Winsperg

Der erste Hohenstaufen, der König Konrad, lag
Mit Heeresmacht vor Winsperg seit manchem langen Tag;
Der Welfe war geschlagen, noch wehrte sich das Nest,
Die unverzagten Städter, die hielten es noch fest.

Der Hunger kam, der Hunger! Das ist ein scharfer Dorn;
Nun suchten sie die Gnade, nun fanden sie den Zorn.
»Ihr habt mir hier erschlagen gar manchen Degen wert,
Und öffnet ihr die Tore, so trifft euch doch das Schwert.«

Da sind die Weiber kommen: »Und muss es also sein,
Gewährt uns freien Abzug! Wir sind vom Blute rein'.«
Da hat sich vor den Armen des Helden Zorn gekühlt,
Da hat ein sanft Erbarmen im Herzen er gefühlt.

»Die Weiber mögen abziehn, und jede habe frei,
Was sie vermag zu tragen und ihr das Liebste sei!
Lasst ziehn mit ihrer Bürde sie ungehindert fort,
Das ist des Königs Meinung, das ist des Königs Wort.«

Und als der frühe Morgen im Osten kaum gegraut,
Da hat ein seltnes Schauspiel vom Lager man geschaut;
Es öffnet leise, leise sich das bedrängte Tor,
Es schwankt ein Zug von Weibern mit schwerem Schritt hervor.

Tief beugt die Last sie nieder, die auf dem Nacken ruht,
Sie tragen ihre Eh'herrn, das ist ihr liebstes Gut.
»Halt an die argen Weiber!«, ruft drohend mancher Wicht –
Der Kanzler spricht bedeutsam: »Das war die Meinung nicht.«

Da hat, wie er's vernommen, der fromme Herr gelacht:
»Und war es nicht die Meinung, sie haben's gut gemacht;
Gesprochen ist gesprochen, das Königswort besteht,
Und zwar von keinem Kanzler zerdeutelt und zerdreht.«

So war das Gold der Krone wohl rein und unentweiht.
Die Sage schallt herüber aus halbvergessner Zeit.
Im Jahr elfhundertvierzig, wie ich's verzeichnet fand,
Galt Königswort noch heilig im deutschen Vaterland.

◇◇◇

Das ganze Mittelalter hindurch zogen Pilger aus den europäischen Staaten in das Heilige Land und nahmen dabei die größten Gefahren auf sich. Verschiedentlich wurden sie von den einheimischen arabischen Stämmen gefangen genommen und als Sklaven verkauft. Die Geschichte von dem englischen Pilger Becket, den eine Sarazenin befreite, erzahlt eine englische Legende. Die Sarazenin, die Becket nach England folgte, wurde angeblich die Mutter Thomas Beckets, der als Erzbischof von Canterbury ermordet und später heilig gesprochen wurde.

◇◇◇

Conrad Ferdinand Meyer

Mit zwei Worten

Am Gestade Palästinas, auf und nieder, Tag um Tag,
»London?«, frug die Sarazenin, wo ein Schiff vor Anker lag.
»London!«, bat sie lang vergebens, nimmer müde, nimmer zag,
Bis zuletzt an Bord sie brachte eines Bootes Ruderschlag.

Sie betrat das Deck des Seglers und ihr wurde nicht gewehrt.
Meer und Himmel. »London?«, frug sie, von der Heimat abgekehrt,
Suchte, blickte, durch des Schiffers ausgestreckte Hand belehrt,
Nach den Küsten, wo die Sonne sich in Abendglut verzehrt …

»Gilbert?«, fragt die Sarazenin im Gedräng der großen Stadt,
Und die Menge lacht und spottet, bis sie dann Erbarmen hat.
»Tausend Gilbert gibt's in London!« Doch sie sucht und wird nicht matt.
»Labe dich mit Trank und Speise!« Doch sie wird von Tränen satt.

»Gilbert!« – »Nichts als Gilbert? Weißt du keine andern Worte? Nein?«
»Gilbert!« – »Hört, das wird der weiland Pilger Gilbert Becket sein –
Den gebräunt in Sklavenketten glüher Wüste Sonnenschein –
Dem die Bande löste heimlich eines Emirs Töchterlein –«

»Pilgrim Gilbert Becket!«, dröhnt es, braust es längs der Themse Strand.
Sieh, da kommt er ihr entgegen, von des Volkes Mund genannt,
Über seine Schwelle führt er, die das Ziel der Reise fand.
Liebe wandert mit zwei Worten gläubig über Meer und Land.

◇◇◇

Die Sage erzählt, dass der Stauferkaiser Friedrich Barbarossa, der während des 3. Kreuzzuges 1189 in Kleinasien in einem Fluss ertrank und im Heiligen Land beigesetzt wurde, in den Kyffhäuserberg in Thüringen versetzt wurde und dort in einem unterirdischen Schlosse darauf harrt, in Notzeiten dem deutschen Volke zu helfen. Rückert hat alle Einzelheiten dieser Sage in seiner Ballade verarbeitet.

◇◇◇

Friedrich Rückert

Barbarossa

Der alte Barbarossa,
Der Kaiser Friederich,
Im unterird'schen Schlosse
Hält er verzaubert sich.

Er ist niemals gestorben,
Er lebt darin noch jetzt;
Er hat im Schloss verborgen
Zum Schlaf sich hingesetzt.

Er hat hinabgenommen
Des Reiches Herrlichkeit
Und wird einst wiederkommen
Mit ihr, zu seiner Zeit.

Der Stuhl ist elfenbeinern,
Darauf der Kaiser sitzt;
Der Tisch ist marmelsteinern,
Worauf sein Haupt er stützt.

Sein Bart ist nicht von Flachse,
Er ist von Feuersglut,
Ist durch den Tisch gewachsen,
Worauf sein Kinn ausruht.

Er nickt als wie im Traume,
Sein Aug' halb offen zwinkt;
Und je nach langem Raume
Er einem Knaben winkt.

Er spricht im Schlaf zum Knaben:
Geh' hin vor's Schloss, o Zwerg,
Und sieh, ob noch die Raben
Herfliegen um den Berg.

Und wenn die alten Raben
Noch fliegen immerdar,
So muss ich auch noch schlafen
Verzaubert hundert Jahr.

◇◇◇

Zu den beliebtesten und volkstümlichsten deutschen Herrschern im Mittelalter gehörte Rudolf von Habsburg. Kein Wunder, dass sich zahlreiche Geschichten und Sagen um seine Regierungszeit ranken, die sich dann auch in einigen Balladen spiegeln. Zu den bekanntesten gehört wohl Schillers *Graf von Habsburg*, die eine Sage von der Frömmigkeit Rudolfs mit der ausmalenden Schilderung des Krönungsmahls in Aachen verbindet.
Kerner hat den Stoff für seine Ballade der steirischen Reimchronik Ottokars entnommen. Der König soll tatsächlich beim Herannahen seines Todes noch von Germersheim nach Speyer geritten sein, wo er starb und im Dom beigesetzt wurde.
In beiden Balladen wird gleichermaßen von Kaiser und König Rudolf gesprochen. In Wirklichkeit empfing er nie die Kaiserkrone und führte deshalb auch nicht den Kaisertitel.
Von Rudolfs unglücklichem Sohn Albrecht erzählt Eichendorffs Ballade. Er war nach dem Tode seines Vaters von den Kurfürsten bei der Königswahl übergangen worden und hatte erst 1298 die Krone gewinnen können. Schon 1308 wurde er von seinem Neffen Johann (Parricida) am Ufer der Reuß, nahe der Stammburg seines Geschlechts, ermordet. Wie in anderen Balladen Eichendorffs spielt auch hier der Wald als Schauplatz eine wichtige Rolle.

◇◇◇

Friedrich Schiller

Der Graf von Habsburg

Zu Aachen in seiner Kaiserpracht,
  Im altertümlichen Saale,
Saß König Rudolfs heilige Macht
  Beim festlichen Krönungsmahle.
Die Speisen trug der Pfalzgraf des Rheins,
Es schenkte der Böhme des perlenden Weins,
  Und alle die Wähler, die sieben*,
Wie der Sterne Chor um die Sonne sich stellt,
Umstanden geschäftig den Herrscher der Welt,
  Die Würde des Amtes zu üben.

die Wähler, die sieben: Sieben Kurfürsten wählten den deutschen König (bei der Wahl Rudolfs und dem anschließenden Krönungsmahl war in Wirklichkeit der König von Böhmen nicht anwesend).

Und rings erfüllte den hohen Balkon
   Das Volk in freudgem Gedränge,
Laut mischte sich in der Posaunen Ton
   Das jauchzende Rufen der Menge.
Denn geendigt nach langem verderblichen Streit
War die kaiserlose, die schreckliche Zeit*,
   Und ein Richter war wieder auf Erden.
Nicht blind mehr waltet der eiserne Speer,
Nicht fürchtet der Schwache, der Friedliche mehr,
   Des Mächtigen Beute zu werden.

Und der Kaiser ergreift den goldnen Pokal
   Und spricht mit zufriedenen Blicken:
»Wohl glänzet das Fest, wohl pranget das Mahl,
   Mein königlich Herz zu entzücken;
Doch den Sänger vermiss ich, den Bringer der Lust,
Der mit süßem Klang mir bewege die Brust
   Und mit göttlich erhabenen Lehren.
So hab ichs gehalten von Jugend an,
Und was ich als Ritter gepflegt und getan,
   Nicht will ichs als Kaiser entbehren.«

Und sieh! In der Fürsten umgebenden Kreis
   Trat der Sänger im langen Talare,
Ihm glänzte die Locke silberweiß,
   Gebleicht von der Fülle der Jahre.
»Süßer Wohllaut schläft in der Saiten Gold,
Der Sänger singt von der Minne Sold,
   Er preiset das Höchste, das Beste,
Was das Herz sich wünscht, was der Sinn begehrt,
Doch sage, was ist des Kaisers wert
   An seinem herrlichsten Feste?«

»Nicht gebieten werd ich dem Sänger«, spricht
   Der Herrscher mit lächelndem Munde,
»Er steht in des größeren Herren Pflicht,
   Er gehorcht der gebietenden Stunde:

die kaiserlose, die schreckliche Zeit: das so genannte Interregnum von 1256–1273.

Wie in den Lüften der Sturmwind saust,
Man weiß nicht, von wannen er kommt und braust,
Wie der Quell aus verborgenen Tiefen,
Wo des Sängers Lied aus dem Innern schallt
Und wecket der dunkeln Gefühle Gewalt,
Die im Herzen wunderbar schliefen.«

Und der Sänger rasch in die Saiten fällt
Und beginnt sie mächtig zu schlagen:
»Aufs Weidwerk hinaus ritt ein edler Held,
Den flüchtigen Gemsbock zu jagen.
Ihm folgte der Knapp mit dem Jägergeschoss,
Und als er auf seinem stattlichen Ross
In eine Au kommt geritten,
Ein Glöcklein hört er erklingen fern,
Ein Priester wars mit dem Leib des Herrn,
Voran kam der Messner geschritten.

Und der Graf zur Erde sich neiget hin,
Das Haupt mit Demut entblößet,
Zu verehren mit gläubigem Christensinn,
Was alle Menschen erlöset.
Ein Bächlein aber rauschte durchs Feld,
Von des Gießbachs reißenden Fluten geschwellt,
Das hemmte der Wanderer Tritte,
Und beiseit legt jener das Sakrament,
Von den Füßen zieht er die Schuhe behänd,
Damit er das Bächlein durchschritte.

›Was schaffst du?‹, redet der Graf ihn an,
Der ihn verwundert betrachtet.
›Herr, ich walle zu dem sterbenden Mann,
Der nach der Himmelskost schmachtet.
Und da ich mich nahe des Baches Steg,
Da hat ihn der strömende Gießbach hinweg
Im Strudel der Wellen gerissen.
Drum dass dem Lechzenden werde sein Heil,
So will ich das Wässerlein jetzt in Eil
Durchwaten mit nackenden Füßen.‹

Da setzt ihn der Graf auf sein ritterlich Pferd
  Und reicht ihm die prächtigen Zäume,
Dass er labe den Kranken, der sein begehrt,
  Und die heilige Pflicht nicht versäume.
Und er selber auf seines Knappen Tier
Vergnüget noch weiter des Jagens Begier,
  Der andre die Reise vollführet,
Und am nächsten Morgen, mit dankendem Blick,
Da bringt er dem Grafen sein Ross zurück,
  Bescheiden am Zügel geführet.

›Nicht wolle das Gott‹, rief mit Demutssinn
  Der Graf, ›dass zum Streiten und Jagen
Das Ross ich beschritte fürderhin,
  Das meinen Schöpfer getragen!
Und magst dus nicht haben zu eignem Gewinst,
So bleib es gewidmet *dem* göttlichen Dienst,
  Denn ich hab es dem ja gegeben,
Von dem ich Ehre und irdisches Gut
Zu Lehen trage und Leib und Blut
  Und Seele und Atem und Leben.‹

›So mög Euch Gott, der allmächtige Hort,
  Der das Flehen der Schwachen erhöret,
Zu Ehren Euch bringen hier und dort,
  So wie Ihr jetzt ihn geehret.
Ihr seid ein mächtiger Graf, bekannt
Durch ritterlich Walten im Schweizerland,
  Euch blühn sechs liebliche Töchter.
So mögen sie‹, rief er begeistert aus,
›Sechs Kronen Euch bringen in Euer Haus
  Und glänzen die spätsten Geschlechter!‹«

Und mit sinnendem Haupt saß der Kaiser da,
  Als dächt er vergangener Zeiten,
Jetzt, da er dem Sänger ins Auge sah,
  Da ergreift ihn der Worte Bedeuten.

Die Züge des Priesters erkennt er schnell
Und verbirgt der Tränen stürzenden Quell
In des Mantels purpurnen Falten.
Und alles blickte den Kaiser an
Und erkannte den Grafen, der das getan,
Und verehrte das göttliche Walten.

Justinus Kerner

Kaiser Rudolfs Ritt zum Grabe

Auf der Burg zu Germersheim,
Stark am Geist, am Leibe schwach,
Sitzt der greise Kaiser Rudolf,
Spielend das gewohnte Schach.

Und er spricht: »Ihr guten Meister,
Ärzte, sagt mir ohne Zagen:
Wann aus dem zerbrochnen Leib
Wird der Geist zu Gott getragen?«

Und die Meister sprechen: »Herr,
Wohl noch heut erscheint die Stunde.«
Freundlich lächelnd spricht der Greis:
»Meister, Dank für diese Kunde!

Auf nach Speyer! Auf nach Speyer!«
Ruft er, als das Spiel geendet,
»Wo so mancher deutsche Held
Liegt begraben, seis vollendet!

Blast die Hörner! Bringt das Ross,
Das mich oft zur Schlacht getragen!«
Zaudernd stehn die Diener all,
Doch er ruft: »Folgt ohne Zagen!«

Und das Schlachtross wird gebracht.
»Nicht zum Kampf, zum ewgen Frieden«,
Spricht er, »trage, treuer Freund,
Jetzt den Herrn, den lebensmüden!«

Weinend steht der Diener Schar,
Als der Greis auf hohem Rosse,
Rechts und links ein Kapellan,
Zieht, halb Leich, aus seinem Schlosse.

Trauernd neigt des Schlosses Lind
Vor ihm ihre Äste nieder,
Vögel, die in ihrer Hut,
Singen wehmutsvolle Lieder.

Mancher eilt des Wegs daher,
Der gehört die bange Sage,
Sieht des Helden sterbend Bild
Und bricht aus in laute Klage.

Aber nur von Himmelslust
Spricht der Greis mit jenen zweien,
Lächelnd blickt sein Angesicht,
Als ritt er zur Lust im Maien.

Friedrich Hebbel: *Der Zauberhain*

Von dem hohen Dom zu Speyer
Hört man dumpf die Glocken schallen.
Ritter, Bürger, zarte Fraun
Weinend ihm entgegenwallen.

In den hohen Kaisersaal
Ist er rasch noch eingetreten;
Sitzend dort auf goldnem Stuhl,
Hört man für das Volk ihn beten.

»Reichet mir den heilgen Leib!«,
Spricht er dann mit bleichem Munde,
Drauf verjüngt sich sein Gesicht,
Um die mitternächtge Stunde.

Da auf einmal wird der Saal
Hell von überird'schem Lichte,
Und entschlummert sitzt der Held,
Himmelsruh' im Angesichte.

Glocken dürfen's nicht verkünden,
Boten nicht zur Leiche bieten,
Alle Herzen längs des Rheins
Fühlen, dass der Held verschieden.

Nach dem Dome strömt das Volk
Schwarz unzähligen Gewimmels.
Der empfing des Helden Leib,
Seinen Geist der Dom des Himmels.

Joseph Freiherr von Eichendorff

Kaiser Albrechts Tod

Lebewohl noch schnell zu sagen,
Da der Tag zu graun begann,
Trat noch einmal Kaiser Albrecht
In den stillen Frauensaal.

Und er fand dort die Gemahlin,
Die in bittrem Kummer saß,
Heiß verweint im Morgenstrahle,
Nahm sie herzlich noch in Arm.

»Zieh nur heute nicht von dannen,
Denn so blutrot ist der Tag
Überm Walde aufgegangen,
Und zum Sterben ist mir bang.«

»Fern schon wehen meine Fahnen,
Aus dem Tal ruft Hörnerklang,
Deine Lieb wird Gott bewahren,
Wenn die Feldschlacht draußen rast.«

Und es legte Helm und Panzer
Schnell nun Kaiser Albrecht an,
Stieg dann freudig auf den Rappen,
Funkelnd hoch im Morgenglanz.

Von dem Schloss, von der Altane*,
Weint sie lang hinaus ins Land,
Grüßt die Ziehnden in dem Tale
Noch viel tausend tausendmal.

Altane: eine Art Balkon.

Wie sie nun hinunterkamen
Tiefer in den dunklen Wald,
Traten aus dem Wald Gedanken
Seltsam Kaiser Albrecht an.

Jetzo erst so ganz empfand er
Ihrer Worte tiefe Kraft,
Ihre Treu, das holde Bangen,
Ihres süßen Leibs Gestalt.

Und die Tränen linde drangen,
Und so gar betrübt er sann,
Da die Vögel lustig sangen,
Schloss und Berg versunken war.

»Wie so wunderschön die Matte*!
Ists doch, als ob Wald und Bach
Mir hier Liebes wollten sagen,
Alles doch so unbekannt!

Mögen weiter ziehn die andern,
Freudig grüßt von fern ihr Klang,
Ich will hier ein wenig rasten,
Denn so schwül wird dieser Tag.«

Kaiser Albrecht! Kaiser Albrecht!
Bleib zu dieser Stunde wach!
Stimmen gehen in dem Walde,
Näher schleicht schon der Verrat.

»Schönes Schloss, vielheitre Tage –
Schlummernd Rauschen, Vogelsang –
Wolken, über mir gegangen –
Schöner grüner Wiesenplan –«

Und dort hat ihn überfallen
Böser Ritter dunkle Schar,
Herzog Johann wars von Schwaben,
Der sein eigner Neffe gar.

Ferne wohl die Hörner klangen,
Irrend durch die Waldesnacht, –
Euer Herre ist erschlagen
Auf dem grünen Wiesenplan!

Matte: Wiese, Weide.

◇◇◇

Der Dichter personifiziert die Pest, den »Schwarzen Tod«, wie sie die Zeitgenossen nannten. Sie erfasste von 1347 bis 1351 weite Teile Europas und wütete auch in Deutschland furchtbar.

◇◇◇

Hermann Lingg

Der schwarze Tod

Erzittre, Welt, ich bin die Pest,
Ich komm in alle Lande
Und richte mir ein großes Fest,
Mein Blick ist Fieber, feuerfest
Und schwarz ist mein Gewande.

Ich komme von Ägyptenland
In roten Nebelschleiern,
Am Nilusstrand im gelben Sand
Entsog ich Gift dem Wüstenbrand
Und Gift aus Dracheneiern.

Talein und -aus, bergauf und -ab,
Ich mäh zur öden Heide
Die Welt mit meinem Wanderstab,
Ich setz vor jedes Haus ein Grab
Und eine Trauerweide.

Ich bin der große Völkertod,
Ich bin das große Sterben.
Es geht vor mir die Wassernot,
Ich bringe mit das teure Brot,
Den Krieg tu ich beerben.

Es hilft euch nichts, wie weit ihr floht,
Ich bin ein schneller Schreiter,
Ich bin der schnelle schwarze Tod,
Ich überhol das schnellste Boot
Und auch den schnellsten Reiter.

Dem Kaufmann trägt man mich ins Haus
Zugleich mit seiner Ware;
Er freut sich hoch, er lacht beim Schmaus,
Ich steig aus seinem Schatz heraus
Und streck ihn auf die Bahre.

Mir ist auf hohem Felsvorsprung
Kein Schloss zu hoch, ich komme;
Mir ist kein junges Blut zu jung,
Kein Leib ist mir gesund genung,
Mir ist kein Herz zu fromme.

Wem ich nur schau ins Aug hinein,
Der mag kein Licht mehr sehen;
Wem ich gesegnet Brot und Wein,
Den hungert nur nach Staub allein,
Den durstets heimzugehen.

Im Osten starb der große Chan*,
Auf Indiens Zimmetinseln
Starb Negerfürst und Muselman*;
Man hört auch nachts in Ispahan*
Beim Aas die Hunde winseln.

Byzanz war eine schöne Stadt,
Und blühend lag Venedig,
Nun liegt das Volk wie welkes Blatt,
Und wer das Laub zu sammeln hat,
Wird auch der Mühe ledig.

An Nordlands letztem Felsenriff
In einen kleinen Hafen
Warf ich ein ausgestorbnes Schiff,
Und alles, was mein Hauch ergriff,
Das musste schlafen, schlafen.

Sie liegen in der Stadt umher,
Ob Tag und Monde schwinden;
Es zählt kein Mensch die Stunden mehr,
Nach Jahren wird man öd und leer
Die Stadt der Toten finden.

◇◇◇

Der erste Teil dieser Ballade erzählt von Jan (Johann) Žiška (sprich Schischka) von Trocnow, einem tschechischen Adeligen, der von 1420 bis zu seinem Tode 1424 die Hussiten, die Anhänger des in Konstanz als Ketzer verbrannten Johannes Hus, anführte. Er war ein ebenso überragender wie fanatischer Feldherr und organisierte aus den aufrührerischen tschechischen Bauern ein schlagkräftiges Heer. Der zweite Teil berichtet dann von einem Trupp jener Hussiten, die von 1425 an mehrere Jahre lang Raubzüge nach Mittel- und Norddeutschland unternahmen.

◇◇◇

Börries Freiherr von Münchhausen

Die Trommel des Žiška

Weit in Böhmen herum, herum
Klopfen die Trommeln: terum, terum,
Klopfen an Tür, klopfen an Tor,
Klopfen aus Bauern Hussiten hervor,
Klopfen aus Herzen, ängstlich und stumm,
Mit Groll und Gebrumm
Den Schrei: Fürs Evangelium!

der große Chan: mongolischer Großchan (khan) – sein Tod wird hier dichterisch frei der Pest zugeschrieben.
Muselman: Muselmann, Mohammedaner.
Ispahan: Stadt in Persien.

Die Trommeln donnern seit sieben Jahren,
Alle Hände, die in der Ernte waren,
Alle Hände in Böhmen und weit herum,
Herum,
Tragen längst das Schwert zum Trommelgesumm,
Wissen längst: Was hilfts, ob du Hafer baust,
Heut gilt die geschiente Reiterfaust,
Und die Saat der Zeit ist die Kugelsaat,
Und das Schwert ist die Sichel zur Stunde der Mahd*,
Und als Ernteglocken gellt Sturmgeläut,
Denn: Die eiserne Mannszucht, die gilt heut!
Sagt Žiška.

Ein großer Held, ein grausamer Held,
Der Schatten Gottes auf diese Welt,
Der doch in guten und bösen Tagen
Mehr Beelzebubs* Namen im Munde getragen,
Als Kinder im Tag »Mutter, Mutter!« sagen.
Wohl kämpft er für Gott und das reine Wort,
Doch der Bruder der Siege war immer der Mord,
Er trug zu Markte die Haut der Soldaten,
Drum konnt er der eigenen auch wohl entraten!

Denn als gebleicht sein rostrot Haar,
Und als sein Stündlein kommen war,
Und als sein Herz so flatternd schlug,
Wie das Linnen, das droben der Zeltpfahl trug,
Da ließ er rufen die Musika
Und sprach: »Meine Trommler, was dünkt euch da:
Aus meiner Haut, wenn die Seel entflohn,
Sollt ihr noch hören einen starken Ton,
Sollt gerben daraus ein derbes Fell
Und sollt es spannen aufs Trommelgestell,
Und die eschenen Schlegel tanzen darauf
Und rufen ins Land: »Zu Hauf! Zu Hauf!«
Aus der Žiškatrommel rauscht es und braust:
»Heut gilt die geschiente Reiterfaust!«

Mahd: Mähen.
Beelzebub: Teufel.

Weit summt in die Täler ihr dumpfes Geläut:
»Die eiserne Mannszucht, die gilt heut!«
Žiškas Stimme, wie einst, mit Macht
Wettert durch Böhmen: »Erwacht! Erwacht!
Gott will die Schlacht!«

Die über die Dorumer* Heiden gehn,
Die friesischen Winde wehen und wehn
Tage und Nächte, früh und spät,
Und über den Ginsterhügeln geht
Fern, fern das Meer.

Sie haben ein Feuer angebrannt,
Sie lagern müde im fremden Land,
Tief drin in der Heide von Dorperup,
Versprengter Hussiten ein kleiner Trupp.
Verloren im Kampfe Fahn und Blut,
Verloren der Sieg und verloren der Mut,
Verloren im Sande Weg und Schritt,
Aber die Trommel, die führen sie mit!

Der Sand singt leis gegen Helm und Schien,
Die Flämmlein verzucken am feuchten Kien,
Der Abend dämmert, der Regen rauscht,
Einer erzählt und jeder lauscht:
»Die Trommel, ihr alle wisst warum,
Ist kein gewöhnlich ›Pummerlein Pum‹!
Sie sagen, er hätte sie machen lassen,
Um auch im Tod nicht die Schlacht zu verpassen,
Um noch als Toter zu kommandieren
Und seine Knechte zum Sturm zu führen,
Glaubt mir: Ich kannte ihn sechzehn Jahr,
Aber das ist nicht wahr!
Die Unruhe war es, die ihn trieb,
Er hatte kein Haus, kein feines Lieb,
Ihm wurde es schwül in Palast und Kemnaten*,
Er konnte nur wandern mit uns, den Soldaten!

Dorum: Stadt in Norddeutschland, nahe der Wesermündung.
Kemnate: Kemenate, Wohngemach in einer Burg.

Drum kann er nicht ruhen im Grab eine Nacht,
Er dächte: Droben geht jetzt die Schlacht,
Und ich nicht dabei!
Er wollt mit uns liegen ums Feuer im Feld,
Wollt hören im Schlafe den Regen ans Zelt
Und der nächtigen Wachen Feldgeschrei
Und fern über Brücken die Reiterei ...«

Sie schlagen die Mäntel fest um sich herum
Und sind so stumm
Und schlafen. Still wird die Heide ringsum.
Sand und Gräser weht der Wind
An die Trommel gelind ...

Träume, durch die das Leben rinnt.

◇◇◇

Die Ballade führt im Untertitel das genaue Datum des Ereignisses, das auf eine der zahlreichen Fehden des 15. Jahrhunderts hinweist, die den Herren eher eine Unterhaltung, den Untertanen aber drückende Last waren. 1462 besiegte Pfalzgraf Friedrich der Siegreiche bei Seckenheim den Markgrafen von Baden, den Grafen von Württemberg und den Bischof von Speyer.

◇◇◇

Gustav Schwab

Das Mahl zu Heidelberg

10. Juni 1462

Von Württemberg und Baden
Die Herren zogen aus,
Von Metz des Bischofs Gnaden
Vergaß das Gotteshaus.
Sie zogen aus zu kriegen
Wohl in die Pfalz am Rhein,
Sie sahen da sie liegen
Im Sommersonnenschein.

Umsonst die Rebenblüte
Sie tränkt mit mildem Duft,
Umsonst des Himmels Güte
Aus Ährenfeldern ruft:
Sie brannten Hof und Scheuer,
Dass heulte Groß und Klein,
Dass leuchtete vom Feuer
Der Neckar und der Rhein.

Mit Gram von seinem Schlosse
Sieht es der Pfälzer Fritz,
Heißt springen auf die Rosse
Zween Mann auf einen Sitz.
Mit eng gedrängtem Volke
Sprengt er durch Feld und Wald,
Doch ward die kleine Wolke
Zum Wetterhimmel bald.

Sie wollten seiner spotten,
Da sind sie schon umringt,
Und über ihren Rotten*
Sein Schwert der Sieger schwingt.
Vom Hügel sieht man prangen
Das Heidelberger Schloss,
Dorthin führt er gefangen
Die Fürsten samt dem Tross.

Zuhinterst an der Mauer,
Da ragt ein Turm so fest,
Das ist ein Sitz der Trauer,
Der Schlang' und Eule Nest.
Dort sollen sie ihm büßen
Im Kerker trüb und kalt,
Es gähnt zu ihren Füßen
Ein Schlund und finstrer Wald.

Hier lernt vom Grimme rasten
Der Württemberger Utz,
Der Bischof hält ein Fasten,
Der Markgraf lässt vom Trutz*.
Sie mochten schon in Sorgen
Um Leib und Leben sein,
Da trat am andern Morgen
Der stolze Pfälzer ein.

»Herauf, ihr Herrn, gestiegen
In meinen hellen Saal!
Ihr sollt nicht fürder liegen
In Finsternis und Qual.
Ein Mahl ist euch gerüstet,
Die Tafel ist gedeckt,
Drum, wenn es euch gelüstet,
Versucht, ob es euch schmeckt!«

Sie lauschten mit Gefallen,
Wie er so lächelnd spricht.
Sie wandeln durch die Hallen
Ans goldne Tageslicht.
Und in dem Saale winket
Ein herrliches Gelag,
Es dampfet und es blinket,
Was nur das Land vermag.

Es setzten sich die Fürsten,
Da mocht' es seltsam sein!
Sie hungern und sie dürsten
Beim Braten und beim Wein.
»Nun, will's euch nicht behagen?
Es fehlt doch, deucht mir, nichts!
Worüber ist zu klagen?
An was, ihr Herrn, gebricht's?

Es schickt zu meinem Tische
Der Odenwald das Schwein,
Der Neckar seine Fische,
Den frommen Trank der Rhein.
Ihr habt ja sonst erfahren,
Was meine Pfalz beschert!
Was wollt ihr heute sparen,
Wo keiner es euch wehrt?«

Rotte: Schar, Gruppe.
Trutz: Widerstand, Gegenwehr.

Die Fürsten sahn verlegen
Den andern jeder an,
Am Ende doch verwegen
Der Ulrich da begann:
»Herr, fürstlich ist dein Bissen,
Doch eines tut ihm not,
Das mag kein Knecht vermissen:
Wo ließest du das Brot?«

»Wo ich das Brot gelassen?«,
Sprach da der Pfälzer Fritz.
Er traf, die bei ihm saßen,
Mit seiner Augen Blitz.
Er tat die Fensterpforten
Weit auf im hohen Saal,
Da sah man aller Orten
Ins offne Neckartal.

Sie sprangen von den Stühlen
Und blickten in das Land,
Da rauchten alle Mühlen
Rings von des Krieges Brand.
Kein Hof ist da zu schauen,
Wo nicht die Scheune dampft,
Von Rosses Huf und Klauen
Ist alles Feld zerstampft.

»Nun sprecht, von wessen Schulden
Ist so mein Mahl bestellt?
Ihr müsst euch wohl gedulden,
Bis ihr besät mein Feld,
Bis in des Sommers Schwüle
Mir reifet eure Saat,
Und bis mir in der Mühle
Sich wieder dreht ein Rad.

Ihr seht, der Westwind fächelt
In Stoppeln und Gesträuch,
Ihr seht, die Sonne lächelt,
Sie wartet nur auf euch!
Drum sendet flugs die Schlüssel
Und öffnet euren Schatz,
So findet bei der Schüssel
Das Brot den rechten Platz.«

◇◇◇

Die alte Volksballade, die erst im 18. Jahrhundert aufgezeichnet wurde, berichtet von dramatischen Ereignissen, die einst die Bevölkerung bewegten. Sie beschreibt die Schlacht bei Murten, in der die Schweizer Eidgenossen 1476 Herzog Karl den Kühnen von Burgund besiegten. Im Gegensatz zu den modernen Balladen wird hier der Augenzeugen- und damit der Nachrichtencharakter deutlich betont.

◇◇◇

Volksballade

Schlacht bei Murten

Die Zeitung flog von Land zu Land:
Vor Murten liegt Burgund!
Und jeder eilt, fürs Vaterland
Zu streiten mit Burgund.

Im Feld vor einem grünen Wald
Rief Knecht und Reutersmann,
Laut rief von Lothringen Renald:
»Wir wollen vorne dran.«

Die Führer hielten kurzen Rat,
Doch dünkt er uns zu lang;
Wann endigt sich der lange Rat,
Ist ihnen etwa bang?

Schon steht die Sonn am Himmel hoch,
Nicht träg im blauen Zelt,
Und wir verziehen immer noch,
Zu hauen in dem Feld!

Zwar furchtbar knallte Karls Geschütz,
Man gab darum nicht viel;
Man achtete nicht in der Hitz,
Ob der und jener fiel.

Im weiten Kreise blitzt das Schwert,
Auslangt der lange Spieß;
Blut dürstete das breite Schwert,
Blut trank der lange Spieß.

Der Welsche kämpfte kurze Zeit,
Der Knecht und Ritter lief;
Das weite Feld ward überstreut
Mit Speeren Kniees tief.

Der floh zum Strauch – der floh zum Hain
Vorm hellen Sonnenlicht,
Viel sprangen in die See hinein
Und dürsteten doch nicht.

Sie schwammen wie der Enten Schar
Im Wasser hin und her,
Als wär es wilder Enten Schar,
Schoss man sie im Geröhr.

Auf Schiffen fuhr man in den See,
Schlug sie mit Rudern tot.
Das Weidwort war nur: Ach und Weh,
Die grüne See ward rot.

Viel klommen auf die Bäume hoch,
Die schoss man wie die Krähn;
Die Fittich fehlten ihnen noch,
Sie mocht der Wind nicht wehn.

Zwo Meilen lang bedeckte sich
Das Land mit Tod und Blut,
Das Land, der Strauch, die Rose glich
Dem schwarzen Menschenblut.

Den Bergen war die Sonne nah,
Die uns den Sieg gebracht;
Die Welschen, die man leben sah,
Die dankten es der Nacht.

Ein Lager, einem Marktplatz gleich,
Kam in der Schweizer Hand.
Karl machte schnell den Bettler reich
Im armen Schweizerland.

Schachzabel* ist ein Königsspiel,
Jetzt spielt's der Eidgenoss,
Er nahm ihm seiner Fenden viel,
Die Seite stand ihm bloß.

Die Rochen* halfen ihm nicht viel,
Die Rosse litten Not;
Er wende sich, wohin er will,
Schachmatt ist ihm gedroht.

Der hatte selbst die Hand am Schwert,
Der diesen Reim gemacht;
Bis abends mäht er mit dem Schwert,
Des Nachts sang er die Schlacht.

Er schwang die Saiten und das Schwert,
Ein Fiedler und Soldat,
Den Herren und den Mädchen wert,
Dem Tänzer und Prälat

Die mich gebar, das gute Weib,
Sie küsste mich, und: »Veit!
Heiß Veit«, so sprach das gute Weib.
Veit heiß ich immerseit.

Schachzabel: eigentlich Schachbrett, hier für Schachspiel.
Rochen: Rochade – bestimmter Doppelzug im Schach.

◇◇◇

Die Ballade Liliencrons geht auf eine friesische Sage zurück, die vom brutalen Verhalten des dänischen Amtmanns Henning Pogwisch und seines Sohnes gegen die friesischen Bauern erzählt. Liliencron geht es in seinem Gedicht weniger um die Ausschreitungen eines Einzelnen gegenüber Wehrlosen, sondern um den Freiheitswillen der Friesen im Kampf gegen die dänische Herrschaft. In Wirklichkeit wurde Pogwisch von den Friesen nicht umgebracht, sondern vom dänischen König, seinem Landesherrn, wegen der Übergriffe und Grausamkeiten bestraft und des Landes verwiesen.

◇◇◇

Detlev von Liliencron

Pidder Lüng

»Frii es de Feskfang,
Frii es de Jaght,
Frii es de Strönthgang,
Frii es de Naght,
Frii es de See, de wilde See
En de Hörnemmer Rhee.«

Der Amtmann von Tondern*, Henning Pogwisch,
Schlägt mit der Faust auf den Eichentisch:
»Heut fahr ich selbst hinüber nach Sylt
Und hol mir mit eigner Hand Zins und Gült.
Und kann ich die Abgaben der Fischer nicht fassen,
Sollen sie Nasen und Ohren lassen,
Und ich höhn ihrem Wort:
Lewwer duad üs Slaav*.«

Im Schiff vorn der Ritter, panzerbewehrt,
Stützt sich finster auf sein langes Schwert.
Hinter ihm, von der hohen Geistlichkeit,
Steht Jürgen, der Priester, beflissen, bereit.
Er reibt sich die Hände, er bückt den Nacken.
»Der Obrigkeit helf ich, die Frevler packen;
In den Pfuhl das Wort:
Lewwer duad üs Slaav.«

Tondern: Stadt und früherer Amtssitz in Nordschleswig.
Lewwer duad üs Slaav: »Lieber tot als Sklave« – der Freiheitsruf der Friesen.

Gen Hörnum* hat die Prunkbarke den Schnabel gewetzt,
Ihr folgen die Ewer*, kriegsvolkbesetzt.
Und es knirschen die Kiele auf den Sand,
Und der Ritter, der Priester springen ans Land,
Und waffenrasselnd hinter den beiden
Entreißen die Söldner die Klingen den Scheiden.
Nun gilt es, Friesen:
Lewwer duad üs Slaav!

Die Knechte umzingeln das erste Haus,
Pidder Lüng schaut verwundert zum Fenster heraus.
Der Ritter, der Priester treten allein
Über die ärmliche Schwelle hinein.
Des langen Peters starkzählige Sippe
Sitzt grad an der kargen Mittagskrippe.
Jetzt zeige dich, Pidder:
Lewwer duad üs Slaav!

Der Ritter verneigt sich mit hämischem Hohn,
Der Priester will anheben seinen Sermon.
Der Ritter nimmt spöttisch den Helm vom Haupt
Und verbeugt sich noch einmal: »Ihr erlaubt,
Dass wir euch stören bei euerm Essen,
Bringt hurtig den Zehnten, den ihr vergessen,
Und euer Spruch ist ein Dreck:
Lewwer duad üs Slaav.«

Da reckt sich Pidder, steht wie ein Baum:
»Henning Pogwisch, halt deine Reden im Zaum.
Wir waren der Steuern von jeher frei,
Und ob du sie wünschst, ist uns einerlei.
Zieh ab mit deinen Hungergesellen;
Hörst du meine Hunde bellen?
Und das Wort bleibt stehn:
Lewwer duad üs Slaav!«

Hörnum: Ort an der Südspitze der Insel Sylt.
Ewer: ein- bis zweimastiger Küstensegler.

»Bettelpack!«, fährt ihn der Amtmann an,
Und die Stirnader schwillt dem geschienten Mann:
»Du frisst deinen Grünkohl nicht eher auf,
Als bis dein Geld hier liegt zu Hauf.«
Der Priester zischelt von Trotzkopf und Bücken
Und verkriecht sich hinter des Eisernen Rücken.
O Wort, geh nicht unter:
  Lewwer duad üs Slaav!

Pidder Lüng starrt wie wirrsinnig den Amtmann an.
Immer heftiger in Wut gerät der Tyrann,
Und er speit in den dampfenden Kohl hinein:
»Nun geh an deinen Trog, du Schwein.«
Und er will, um die peinliche Stunde zu enden,
Zu seinen Leuten nach draußen sich wenden.
Dumpf dröhnts von drinnen:
  »Lewwer duad üs Slaav!«

Einen einzigen Sprung hat Pidder getan,
Er schleppt an den Napf den Amtmann heran,
Und taucht ihm den Kopf ein und lässt ihn nicht frei,
Bis der Ritter erstickt ist im glühheißen Brei.
Die Fäuste dann lassend vom furchtbaren Gittern,
Brüllt er, die Türen und Wände zittern,
Das stolzeste Wort:
  »Lewwer duad üs Slaav!«

Der Priester liegt ohnmächtig ihm am Fuß.
Die Häscher stürmen mit höllischem Gruß,
Durchbohren den Fischer und zerren ihn fort;
In den Dünen, im Dorf rasen Messer und Mord.
Pidder Lüng doch, ehe sie ganz ihn verderben,
Ruft noch einmal im Leben, im Sterben
Sein Herrenwort:
  »Lewwer duad üs Slaav!«

◇◇◇

Fontane wählte die Stoffe seiner Balladen gern aus der englischen Geschichte. Hier steht im Mittelpunkt Graf Archibald Douglas (1489–1557), der Spross eines der ältesten schottischen Adelsgeschlechter, das sich mehrfach gegen das Königshaus empörte. Er selbst war treu ergebener Vormund König Jakobs V., der ihn jedoch mit allen anderen Familienmitgliedern verbannte. Bei Fontane wird der König überwältigt von der Treue, Geduld und Ausdauer des Grafen. In Wirklichkeit, so wird berichtet, lenkte er nicht ein.

◇◇◇

Theodor Fontane

Archibald Douglas

»Ich hab' es getragen sieben Jahr
Und ich kann es nicht tragen mehr!
Wo immer die Welt am schönsten war,
Da war sie öd' und leer.

Ich will hintreten vor sein Gesicht
In dieser Knechtsgestalt,
Er kann meine Bitte versagen nicht,
Ich bin ja worden alt.

Und trüg' er noch den alten Groll,
Frisch wie am ersten Tag,
So komme, was da kommen soll,
Und komme, was da mag.«

Graf Douglas spricht's. Am Weg ein Stein
Lud ihn zu harter Ruh,
Er sah in Wald und Feld hinein,
Die Augen fielen ihm zu.

Er trug einen Harnisch, rostig und schwer,
Darüber ein Pilgerkleid. –
Da horch, vom Waldrand scholl es her.
Wie von Hörnern und Jagdgeleit.

Und Kies und Staub aufwirbelte dicht,
Her jagte Meut' und Mann,
Und ehe der Graf sich aufgericht't,
Waren Ross und Reiter heran.

König Jakob saß auf hohem Ross,
Graf Douglas grüßte tief,
Dem König das Blut in die Wange schoss,
Der Douglas aber rief:

»König Jakob, schaue mich gnädig an
Und höre mich in Geduld,
Was meine Brüder dir angetan,
Es war nicht meine Schuld.

Denk nicht an den alten Douglas-Neid,
Der trotzig dich bekriegt,
Denk lieber an deine Kinderzeit,
Wo ich dich auf den Knien gewiegt.

Denk lieber zurück an Stirling-Schloss,
Wo ich Spielzeug dir geschnitzt,
Dich gehoben auf deines Vaters Ross
Und Pfeile dir zugespitzt.

Denk lieber zurück an Linlithgow*,
An den See und den Vogelherd,
Wo ich dich fischen und jagen froh
Und schwimmen und springen gelehrt.

O denk an alles, was einsten war,
Und sänftige deinen Sinn,
Ich hab' es gebüßet sieben Jahr,
Dass ich ein Douglas bin.«

»Ich seh' dich nicht, Graf Archibald,
Ich hör' deine Stimme nicht,
Mir ist, als ob ein Rauschen im Wald
Von alten Zeiten spricht.

Mir klingt das Rauschen süß und traut,
Ich lausch' ihm immer noch,
Dazwischen aber klingt es laut:
Er ist ein Douglas doch.

Ich seh' dich nicht, ich hör' dich nicht,
Das ist alles, was ich kann,
Ein Douglas vor meinem Angesicht
Wär' ein verlorener Mann.«

König Jakob gab seinem Ross den Sporn,
Bergan ging jetzt sein Ritt,
Graf Douglas fasste den Zügel vorn
Und hielt mit dem Könige Schritt.

Der Weg war steil, und die Sonne stach,
Und sein Panzerhemd war schwer,
Doch ob er schier zusammenbrach,
Er lief doch nebenher.

»König Jakob, ich war dein Seneschall*,
Ich will es nicht fürder sein,
Ich will nur warten dein Ross im Stall
Und ihm schütten die Körner ein.

Ich will ihm selber machen die Streu
Und es tränken mit eig'ner Hand,
Nur lass mich atmen wieder aufs Neu
Die Luft im Vaterland.

Und willst du nicht, so hab' einen Mut,
Und ich will es danken dir,
Und zieh dein Schwert und triff mich gut
Und lass mich sterben hier.«

König Jakob sprang herab vom Pferd,
Hell leuchtete sein Gesicht,
Aus der Scheide zog er sein breites Schwert,
Aber fallen ließ er es nicht.

»Nimm's hin, nimm's hin und trag' es neu
Und bewache mir meine Ruh',
Der ist in tiefster Seele treu,
Wer die Heimat liebt wie du.

Zu Ross, wir reiten nach Linlithgow,
Und du reitest an meiner Seit',
Da wollen wir fischen und jagen froh,
Als wie in alter Zeit.«

Linlithgow: Stadt in Schottland mit einem königlichen Schloss.
Seneschall: oberster Hofbeamter.

Heinrich Heine: *Belsatzar*

◇◇◇

Die Ballade erzählt in wenigen großen Zügen die Geschichte der Fugger, die von einfachen Webern im Laufe von nur vier Generationen zu den reichsten Familien ihrer Zeit und zu den Geldgebern der deutschen Kaiser aufstiegen. Im Mittelpunkt steht dabei die Geschichte der so genannten Fuggerei in Augsburg, der bedeutendsten sozialen Stiftung ihrer Zeit. Die hier erbaute Wohnsiedlung existiert noch heute und gehört zu den großen Sehenswürdigkeiten Augsburgs.

◇◇◇

Guido Görres

Die Fuggerei

Das Glück dreht sich im Kreise, entschwindet wie die Zeit!
Nur was in Gott gegründet, besteht in Ewigkeit.

Es war im Haus der Fugger das Weben einst im Brauch,
Hans Fugger war ein Weber, die Söhne woben auch.

Sie woben unverdrossen am Stuhle Tag und Nacht,
Das reinste feinste Linnen hat still ihr Fleiß gemacht.

Da kaufte jeder gerne von ihrem Tuch so rein,
Sie woben goldne Sterne der Treue ja hinein.

Die Treue und der Glaube, der fromme Bürgersinn,
Barmherzigkeit und Liebe, die mehrten den Gewinn.

Da ward an Gold und Ehren gar reich und groß ihr Haus,
Es gingen mit dem Kaiser dort Fürsten ein und aus.

Die Weber wurden Grafen, ihr Wort galt weit und breit,
Sie woben mit dem Kaiser am Webestuhl der Zeit.

Bei Ehren und bei Schätzen, die ihnen Gott verlieh,
Vergaßen doch die Grafen die armen Weber nie.

Was hilft uns alles Weben, so dachte stets ihr Sinn,
Der Himmel nur ist ewig, sein Segen nur Gewinn.

Drei Brüder waren ihrer, die reichten sich die Hand,
Ulrich, Georg und Jakob, so waren sie genannt.

Sie sprachen zueinander: Die Güter dieser Zeit,
Vorrechnen muss sie jeder einst Gott in Ewigkeit.

So lasst uns freudig gründen ein Werk vereinter Kraft,
Womit wir mögen geben ihm einstens Rechenschaft.

Zu Augsburg bei St. Jakob da hub ein Graben an,
Ein Zimmern und ein Mauern von manchem Handwerksmann.

Mit hundert kleinen Häusern ein Städtlein stieg empor,
Mit Brunnen und mit Straßen und seinem eignen Tor.

Und als das Werk vollendet, da weihten es die drei,
Dass armen frommen Bürgern es eine Wohnung sei.

Und was die drei gesprochen, das schrieben sie auf Stein,
Es soll dem Sohn und Enkel zum steten Vorbild sein.

Sie bauten für sich selber ein Häuslein auch dazu,
Im Kirchlein bei St. Anna, dort ist der Fugger Ruh.

Wohl kamen arge Zeiten, St. Anna ward zerstört,
Die Messe wird nicht fürder auf ihrem Grab gehört.

Doch in der Armen Herzen wird ihrer noch gedacht,
Im Städtlein, das sie milde dem Herren dargebracht.

Das Glück dreht sich im Kreise, es kommt und geht vorbei,
Der Fugger Namen preiset noch heut die Fuggerei.

◇◇◇

Die Ereignisse des deutschen Bauernkriegs oder -aufstands von 1525 wurden nur wenig in den Balladen behandelt. Diese hier schildert im ersten Teil die Forderungen der Bauern, wie sie in den 12 Artikeln erhoben wurden, im zweiten die Tragik des Aufstandes und im dritten das blutige Ende mit der Niederwerfung der Bauern durch das Heer des Schwäbischen Bundes unter der Führung des Georg Truchsess von Waldburg.

◇◇◇

Hermann Kurz

Ostern 1525

Der Bundschuh* zieht landaus, landein:
Die Bauern wollen Menschen sein!
»Uns ist erkauft durch Christi Blut
Ein himmlisch und ein irdisch Gut.
Zu Bethlehem erschien der Stern
So für den Hirten wie den Herrn.
Ihr aber habt vom Licht der Sonnen
Stricke der Knechtschaft schnöd gesponnen.
Die ihr das Mark des Landes fresst,
Herab vom Aar*- und Habichtnest!
Ihr mögt im Tal mit Frieden wohnen
Nach altem Recht; – doch Schatzung, Fronen,
Und was der Geiz zu unsrer Not
Ersonnen hat, sei ab und tot!
Die Tier' im schönen Gottesreich
Erschuf Gott für den Menschen gleich,
Nicht bloß zur Kurzweil reicher Prasser,
Und frei sein sollen Wald und Wasser.
Uns zu verkündigen hinfort
Das lautre, klare Gotteswort,
Frei wollen wir, zum Heil der Seelen,
Die Diener unsrer Kirche wählen.

Bundschuh: Bund aufständischer Bauern um 1500, benannt nach ihren mit Riemen geschnürten Bauernschuhen.
Aar: Adler.

Die Freiheit, die dem Recht verwandt,
Soll herrschen in dem deutschen Land,
Und über freien Reichsgemeinen
Verjüngt die Kaiserkrone scheinen.« –
Ein Wehn, ein Schauern da begann,
Ein Frühlingsmorgenrot brach an.
Dazwischen sang mit kühnem Schall
Die Wittenberger Nachtigall.
Die alten Sagen wachten auf
Und gingen um in schnellem Lauf:
»Zu Ende geht der große Schmerz!
Der Schwanenberg, des Reiches Herz,
Wird einsmals, ohne Ruck und Beben,
Mitten in freier Schweiz sich heben.«

Der Bundschuh zieht landaus, landein:
Die Bauern wollen Herren sein!
Nun alsbald auf den höchsten Gaul,
Für Prass gesorgt, für Bauch und Maul,
Gelärmt, geschwärmt, gepocht, geschlemmt,
Die Pfaffenkeller voll geschwemmt
Mit edlem Wein, in eitlem Lungern,
Da Weib und Kind zu Hause hungern!
Das große Werk, der ernste Strauß
Sieht schier wie eine Kirchweih' aus.
Wohl in die hunderttausend Mann,
Ein prächtiger deutscher Heeresbann,
Und doch zu schwach dem kleinsten Stoß,
Zerstreute Herden hirtenlos!
Kein Haufen folgt des andern Sinn,
Fährt jeder ohne Rat dahin,
Das Feldgeschütz auf Karr'n geschnürt,
Müßig wie Scheiter nachgeführt.
Der sengt und heert in trunknem Mut,
Der quält Gefangne, schuldlos Blut,
Der stratzt in Samt und Seide frei,
Als ob schon alles gewonnen sei.

Im ganzen Aufgebot kein Halt,
Die Ämter ohne Amtsgewalt,
Die Besten ohne Macht und Stimme,
Mit Schrei'n und Dräuen Herr der Schlimme!
Rings List und Trug der großen Herrn,
Verrat bis in des Lagers Kern!
Wut und Gewalttat um und um,
Das ist ihr Evangelium!
Wie Dämmerung, so brach es an,
Ein mildes Licht auf seiner Bahn –
Da zuckt' es auf wie Wetterflammen
Und brach in Brand und Qualm zusammen,
Helf' Gott, und über Deutschland lag
Ein blutig roter Ostertag.

Der Truchsess* zieht landaus, landein:
»Die Bauern müssen Hunde sein.«
Er trifft sie einzeln, trifft sie schwer.
Vom Hegau her, vom Schwabenmeer
Saust eine dunkle Sturmeswolke.
Das ist Herr Jörg! Es gilt dem Volke!
Die Donau bebt, dem Neckar graust,
Main, Tauber fühlen seine Faust.
Er lädt den Wolf zum reichen Fraße,
Und Asche zeichnet ihm die Straße.
Hin fährt die große Menschenjagd;
O Volk, wie trotzig und verzagt!
Halt' fest, du schwarze Frankenschar*
Mit deinem Geier, deinem Aar!
Im Kirchlein dort, im Trümmerschlosse,
Trotzt sie dem ganzen Bundestrosse;
Vernichtung weht mit heißem Hauch,
Bis alles stürzt in Schutt und Rauch. –
Der Tod ist still, rechtlos das Recht,
Die Rache süß. Nun zeigt euch echt!

Truchsess: Georg Truchsess von Waldburg, Heerführer des Schwäbischen Bundes.
schwarze Frankenschar: das letzte fränkische Aufgebot unter Florian Geyer.

Nun knarrt die Folter, schrei'n die Raben
In Sachsen, Franken, Lothring, Schwaben,
Nun trieft das Blut an allen Enden
Von hoch erlauchten Henkershänden.
Der neue Papst in Wittenberg*
Spornt sie noch an zum Liebeswerk.
»Stecht, schlaget, würget, liebe Herrn!« –
Volksritter, bist denn du so fern,
Hört wider Kronen, wider Kutten,
St. Georg der deutschen Freiheit, Hutten?
Du feierst, fern der feigen Welt,
Den Sieg im Tod, besiegter Held,
Und schlummerst aus von Trug und Weh
In deiner Wieg' im stillen See.
Deutschland ein Grab! Der Würfel fiel
In Blut und Tränen ohne Ziel,
Und Witw' und Wais' auf blut'gem Grunde
Leis beten sie mit bleichem Munde:
»Ach bleib' bei uns, Herr Jesu Christ,
Weil es tief Abend worden ist!«

der neue Papst in Wittenberg: Luther, der sich gegen die Aufständischen stellte.

◇◇◇

Platen hat hier das Schicksal des deutschen Kaisers Karls V., der sich nach seiner Abdankung 1557 nach Spanien in das Kloster San Yuste zurückzog, in den düstersten Farben ausgemalt. In Wirklichkeit bezog der Kaiser dort ein eigenes Haus und verbrachte sein letztes Lebensjahr in durchaus standesgemäßer Umgebung und Würde.

◇◇◇

August Graf von Platen

Der Pilgrim vor St. Just

Nacht ist's und Stürme sausen für und für,
Hispanische Mönche, schließt mir auf die Tür!

Lasst hier mich ruhn, bis Glockenton mich weckt,
Der zum Gebet euch in die Kirche schreckt!

Bereitet mir, was euer Haus vermag,
Ein Ordenskleid und einen Sarkophag!

Gönnt mir die kleine Zelle, weiht mich ein,
Mehr als die Hälfte dieser Welt war mein.

Das Haupt, das nun der Schere sich bequemt,
Mit mancher Krone ward's bediademt*.

Die Schulter, die der Kutte nun sich bückt,
Hat kaiserlicher Hermelin geschmückt.

Nun bin ich vor dem Tod den Toten gleich,
Und fall' in Trümmer, wie das alte Reich.

Diadem: Stirnschmuck.

◇◇◇

Die beiden Balladen berichten von zwei bedeutsamen Ereignissen des Dreißigjährigen Krieges. Am 6. November 1632 fiel König Gustav II. Adolf von Schweden in der Schlacht bei Lützen. Die Protestanten verloren mit ihm ihren wichtigsten Verbündeten. 1634 wurde Herzog Wallenstein, der bedeutendste Heerführer auf katholischer Seite, vom Kaiser abgesetzt und geächtet. Kaisertreue Offiziere ermordeten daraufhin während eines Gastmahls im Schloss zu Eger drei seiner Truppenführer und dann in seinem Stadtquartier den Herzog selbst. Der einfache Aufbau der Balladen und die mit wenigen Worten angedeutete Dramatik des Geschehens erinnert an die Aussagen der alten Volksballaden.

◇◇◇

Theodor Fontane

Der 6. November 1632
(Schwedische Sage)

Schwedische Heide, Novembertag,
Der Nebel grau am Boden lag,
Hin über das Steinfeld von Dalarn*
Holpert, stolpert ein Räderkarrn.

Ein Räderkarrn, beladen mit Korn;
Lorns Atterdag zieht an der Deichsel vorn,
Niels Rudbeck schiebt. Sie zwingen's nicht,
Das Gestrüpp wird dichter; Niels aber spricht:

»Buschginster wächst hier über den Steg,
Wir gehen in die Irr', wir missen den Weg,
Wir haben links und rechts vertauscht –
Hörst du, wie der Dal-Elf* rauscht?«

»Das ist nicht der Dal-Elf, der Dal-Elf ist weit,
Es rauscht nicht vor uns und nicht zur Seit',
Es lärmt in Lüften, es klingt wie Trab,
Wie Reiter wogt es auf und ab.

Dalarn: Dalarna, Landschaft in Schweden.
Dal-Elf: Hauptfluss der Dalarna.

Es ist wie Schlacht, die herwärts dringt,
Wie Kirchenlied es dazwischen klingt,
Ich hör' in der Rosse wieherndem Trott:
Eine feste Burg ist unser Gott!«

Und kaum gesprochen, da Lärmen und Schrei'n,
In tiefen Geschwadern bricht es herein,
Es brausen und dröhnen Luft und Erd',
Vorauf ein Reiter auf weißem Pferd.

Signale, Schüsse, Rossegestampf,
Der Nebel wird schwarz wie Pulverdampf,
Wie wilde Jagd, so fliegt es vorbei –
Zitternd ducken sich die zwei.

Nun ist es vorüber … Da wieder mit Macht
Rückwärts wogt die Reiterschlacht,
Und wieder dröhnt und donnert die Erd',
Und wieder vorauf das weiße Pferd.

Wie ein Lichtstreif durch den Nebel es blitzt,
Kein Reiter mehr im Sattel sitzt,
Das fliehende Tier, es dampft und raucht,
Sein Weiß ist tief in Rot getaucht.

Der Sattel blutig, blutig die Mähn',
Ganz Schweden hat das Ross gesehn –
Auf dem Felde von Lützen am selben Tag
Gustav Adolf in seinem Blute lag.

Theodor Fontane

Schloss Eger

Lärmend, im Schloss zu Eger,
Über dem Ungarwein,
Sitzen die Würdenträger
Herzogs Wallenstein:
Tertschka, des Feldherrn Schwager,
Illo und Kinsky dazu,
Ihre Heimat das Lager,
Und die Schlacht ihre Ruh.

Lustig flackern die Kerzen;
Aber der Tertschka spricht:
»Ist mir's Nacht im Herzen
Oder vorm Gesicht?
Diese Lichter leuchten
Wie in dunkler Gruft,
Und die Wände, die feuchten,
Hauchen Grabesluft.«

Feurig funkelt der Unger;
Aber der Kinsky spricht:
»Draußen bei Frost und Hunger
Schüttelte so mich's nicht,
Hielte lieber bei Lützen
Wieder in Qualm und Rauch;
Wolle Gott uns schützen,
Oder – der Teufel auch.«

Illo nur, Herz wie Kehle
Hält er bei Laune sich,
Dicht ist seine Seele
Gegen Hieb und Stich,
Trägt ein Büffelkoller
Wie sein Körper traun,
Lustiger und toller
War er nie zu schaun.

Und vom Trunke heiser
Ruft er jetzt und lacht:
»Das erst ist der Kaiser,
Wer den Kaiser macht;
Eid und Treue brechen,
Taten wir's allein?
Hoch der König der Tschechen*,
Herzog Wallenstein!« –

Burg- und Schlossbewohner
Ruhen … Da sieh, in Stahl,
Buttlersche Dragoner
Dringen in den Saal;
Buttler selbst, im Helme,
Tritt an den Illo: »Sprich,
Seid ihr Schurken und Schelme
Oder gut kaiserlich?!«

Hei, da fahren die Klingen
Wie von selber heraus,
Von dem Pfeifen und Schwingen
Löschen die Lichter aus;
Weiter geht es im Dunkeln,
Nein, im Dunkeln nicht:
Ihrer Augen Funkeln
Gibt das rechte Licht.

Tertschka fällt; daneben
Kinsky mit Fluch und Schwur;
Mehr um Tod wie Leben
Ficht selbst Illo nur,
Schlägt blindhin in Scherben
Schädel und Flaschen jetzt,
Wie ein Eber im Sterben
Noch die Hauer wetzt.

König der Tschechen: Angeblich strebte Wallenstein nach der Krone Böhmens.

Licht und Fackel kommen,
Geben düstren Schein:
Ineinander verschwommen
Blinken Blut und Wein;
Überall im Saale
Leichen in buntem Gemisch,
Stumm, vor seinem Mahle,
Sitzt der Tod am Tisch.

Buttler aber, wie Wetter,
Donnert jetzt: »Lasst sie ruhn!
Das sind erst die Blätter,
An die Wurzel nun.«
Bald in Schlosses Ferne
Hört man's krachen und schrei'n; –
Schau nicht in die Sterne,
Rette dich, Wallenstein!

◇◇◇

Der Dichter sucht in seiner Ballade eine Antwort auf seine Frage, wie das Volkslied vom Prinzen Eugen entstanden sein könnte, das ein unbekannter Augenzeuge 1719 wohl unmittelbar nach dem Sieg des Prinzen über die Türken bei Belgrad dichtete.

◇◇◇

Ferdinand Freiligrath

Prinz Eugen, der edle Ritter

Zelte, Posten, Werda-Rufer!
Lust'ge Nacht am Donauufer!
Pferde stehn im Kreis umher
Angebunden an den Pflöcken;
An den engen Sattelböcken
Hangen Karabiner schwer.

Um das Feuer auf der Erde,
Vor den Hufen seiner Pferde
Liegt das östreich'sche Pikett*.
Auf dem Mantel liegt ein jeder,
Von den Tschakos* weht die Feder,
Leutnant würfelt und Kornett*.

Pikett: Vorpostentruppe.
Tschako: militärische Kopfbedeckung.
Kornett: junger Offizier.

Neben seinem müden Schecken
Ruht auf einer wollnen Decken
Der Trompeter ganz allein:
»Lasst die Knöchel*, lasst die Karten!
Kaiserliche Feldstandarten
Wird ein Reiterlied erfreun!

Vor acht Tagen die Affäre
Hab' ich, zu Nutz dem ganzen Heere,
In gehör'gen Reim gebracht;
Selber auch gesetzt die Noten;
Drum, ihr Weißen und ihr Roten!
Merket auf und gebet Acht!«

Und er singt die neue Weise
Einmal, zweimal, dreimal leise
Denen Reitersleuten vor;
Und wie er zum letzten Male
Endet, bricht mit einem Male
Los der volle, kräft'ge Chor:

»Prinz Eugen, der edle Ritter!«
Hei, das klang wie Ungewitter
Weit ins Türkenlager hin.
Der Trompeter tät den Schnurrbart
streichen
Und sich auf die Seite schleichen
Zu der Marketenderin*.

◇◇◇

Die Ballade spielt an auf die Schlacht bei Kolin in Böhmen, in der 1757 die Preußen von den Österreichern geschlagen wurden. Im Mittelpunkt stehen aber die zeitlose Frage nach den im Krieg verschollenen Toten und der grübelnde Schmerz der Überlebenden.

◇◇◇

Detlev von Liliencron

Wer weiß wo

Schlacht bei Kolin, 18. Juni 1757

Auf Blut und Leichen, Schutt und Qualm,
Auf rosszerstampften Sommerhalm
Die Sonne schien.
Es sank die Nacht. Die Schlacht ist aus,
Und mancher kehrte nicht nach Haus
Einst von Kolin.

Ein Junker auch, ein Knabe noch,
Der heut das erste Pulver roch,
Er musste dahin.
Wie hoch er auch die Fahne schwang,
Der Tod in seinen Arm ihn zwang,
Er musste dahin.

Knöchel: Würfel.
Marketenderin: Händlerin, die die Truppe begleitet und mit Lebensmitteln versorgt.

Ihm nahe lag ein frommes Buch,
Das stets der Junker bei sich trug,
Am Degenknauf.
Ein Grenadier von Bevern fand
Den kleinen erdbeschmutzten Band
Und hob ihn auf.

Und brachte heim mit schnellem Fuß
Dem Vater diesen letzten Gruß,
Der klang nicht froh.
Dann schrieb hinein die Zitterhand:
»Kolin. Mein Sohn verscharrt im Sand.
Wer weiß wo.«

Und der gesungen dieses Lied,
Und der es liest, im Leben zieht
Noch frisch und froh.
Doch einst bin ich, und bist auch du,
Verscharrt im Sand, zur ewigen Ruh,
Wer weiß wo.

◇◇◇

Um die Person König Friedrichs des Großen von Preußen ranken sich zahlreiche Anekdoten, von denen einige, die den König stark idealisierten, auch in Balladen verarbeitet wurden. So edel, wie hier geschildert, ging es bei der preußischen Armee keineswegs zu.

◇◇◇

Christian Friedrich Scherenberg

Die Exekution

»Wer da wiederbringt den Deserteur
Dreißig Preuß'sche Taler sein Douceur*.«
Vorgetrommelt ward's der Kompanei –
Pfeifend in die Trommel-Melodei
Aber macht ein jeder Kamrad sich
Seinen Text noch zu absonderlich,
Als da lautet: – Dreißig Schweden mir,
Aber sechsmal Gassenlaufen dir –

Douceur: Belohnung.

Ich so lauf', so weit der Himmel blau!
In der Nacht sind alle Katzen grau!
Und alle melden, die da kommandiert:
Der Deserteur, Herr Hauptmann, ist chappiert* –
Nur einer spricht: »Ich bring' den Deserteur!«
Und bringet seinen eignen Bruder her.
»Schwer Geld!«, spricht der Kap'tän beim Dreißig-Zählen,
Und jener spricht: »Herr Hauptmann, zu befehlen.«
Der Bruder durch die heiße Gasse läuft,
Dass ihm der blut'ge Schweiß vom Leibe träuft,
Und als er durchgelaufen dreimal schon,
Da tritt sein Bruder in die Exkution.
»Herr Hauptmann«, spricht er, »halten's mir zu Gnad',
Spricht ungefragt ein Wort mal ein Soldat.
Ihr wollet mich die andern dreimal Gassen
In Gnaden für den Bruder laufen lassen.«
»Packt's, Kerl, dich an deiner armen Seelen?«
Und jener spricht: »Herr Hauptmann, zu befehlen!
Herzvater schrieb ein Schreiben an uns beid',
Klein war der Brief, doch groß das Herzeleid:
Verschuldet ist durch Krankheit, Not und Gram
Um ganzer dreißig Taler mir mein Kram;
Mein Gläubiger dränget mich aus Hof und Haus,
Zahl' ich nicht stracks ihm seinen Glauben aus.
Ich kann's doch nun und nimmermehr erwerben
Und muss an dreißig Talern ganz verderben.
Da dachten wir in unsers Herzens Drang:
Es ist doch unser Vater lebelang;
Und dachten auch: Ein graues Leid ist hart,
Und Herz nicht haben, kein Soldaten Art;
Davon noch laufen soll der alte Mann!
Viel lieber laufe, wer noch laufen kann.
Soll einer laufen – nun so laufen wir;
Wir losen, Bruder, drum – dir oder mir –
Und machten Lose nach Soldatenbrauch;
Zwei Stück ein weißes und ein schwarzes auch:

chappiert: echappiert, entwichen, geflohen.

Weiß, der für seinen Vater lässt sein Blut,
Schwarz, der Verräter ist um schnödes Gut.
Und nun, Herr Hauptmann, halten's mir zu Gnaden!
Wie es nun weiter kam, das zu erraten
Ist keine Hexerei – doch, wie's mir flog
Hier unterm Knopf, als ich den Judas zog,
Das soll, mit Permission* vor Euer Gnaden,
Kein Hundsfott weiter wohl erraten.
Wie Gott will, dacht' ich, fasst' mein Herze fest,
Dass es mich nicht in schwerer Not verlässt;
Nun bricht's mir doch in tausend Stücke hin,
Dieweilen ich sein lieber Bruder bin.« –
Der Hauptmann sprach: »Mein Sohn, der Deserteur
Kriegt sechsmal – und du das Douceur –
Wie die Artikel lauten, so geschieht's
Und daran ändert auch kein Teufel nichts;
Doch hat's damit nicht allzu große Eile.
Gemeldet werd der Casus* mittlerweile
In's Hauptquartier an Seine Majestät,
Dieweil da Gnade gern vor Recht ergeht.
Und Seine Majestäten resolvieren*:
»Excutiones weiter nicht zu excutieren;
Wer für den Vater also macht die Gassen,
Wird's auch für's Vaterland nicht unterlassen.
Und da ein gut Exempel förderlich,
Seind Corporals sie beide – Friederich.«

Permission: Erlaubnis.
Casus: Fall, Angelegenheit.
resolvieren: beschließen.

◇◇◇

Die beiden Balladen von Heine und Geibel schildern Episoden aus der »christlichen Seefahrt«, die früher häufig genug weder »christlich« noch so romantisch war, wie man beim Anblick der großen prächtigen Segelschiffe annehmen möchte. Heine prangert den Sklavenhandel an, der vom 16. bis zum 19. Jahrhundert zwischen Afrika und Amerika florierte und an dem sich fast alle seefahrenden europäischen Nationen beteiligten. Für die braven Kaufleute und Kapitäne hatte er nichts Anrüchiges. Hauptsache, das Menschen verachtende Geschäft blühte und man brachte die schwarze Ware ohne größere Verluste über das Meer! In den gleichen Jahrhunderten wurden die europäischen Schiffe im Mittelmeer von Seeräubern bedroht, die an der Küste Nordafrikas eigene kleine Staaten gegründet hatten. Sie raubten nicht nur die Ladungen, sondern nahmen auch die Matrosen gefangen und verkauften sie in die Sklaverei. Städte wie Hamburg besaßen eigene »Sklavenkassen«, um ihre Bürger loskaufen zu können. Geibels Ballade ist nicht einmal besonders übertrieben.

◇◇◇

Heinrich Heine

Das Sklavenschiff

1

Der Superkargo Mynher van Koek
Sitzt rechnend in seiner Kajüte;
Er kalkuliert der Ladung Betrag
Und die probabeln* Profite.

»Der Gummi ist gut, der Pfeffer ist gut,
Dreihundert Säcke und Fässer;
Ich habe Goldstaub und Elfenbein –
Die schwarze Ware ist besser.

Sechshundert Neger tauschte ich ein
Spottwohlfeil am Senegalflusse.
Das Fleisch ist hart, die Sehnen sind stramm,
Wie Eisen vom besten Gusse.

Ich hab zum Tausche Branntewein,
Glasperlen und Stahlzeug gegeben;
Gewinne daran achthundert Prozent,
Bleibt mir die Hälfte am Leben.

probabel: wahrscheinlich.

Friedrich Schiller: *Die Kraniche des Ibykus*

Bleiben mir Neger dreihundert nur
Im Hafen von Rio-Janeiro,
Zahlt dort mir hundert Dukaten per Stück
Das Haus Gonzales Perreiro.«

Da plötzlich wird Mynher van Koek
Aus seinen Gedanken gerissen;
Der Schiffschirurgius tritt herein,
Der Doktor van der Smissen.

Das ist eine klapperdürre Figur,
Die Nase voll roter Warzen –
»Nun, Wasserfeldscherer*«, ruft van Koek,
Wie gehts meinen lieben Schwarzen?«

Der Doktor dankt der Nachfrage und spricht:
»Ich bin zu melden gekommen,
Dass heute Nacht die Sterblichkeit
Bedeutend zugenommen.

Im Durchschnitt starben täglich zwei,
Doch heute starben sieben,
Vier Männer, drei Frauen. Ich hab den Verlust
Sogleich in die Kladde* geschrieben.

Ich inspizierte die Leichen genau;
Denn diese Schelme stellen
Sich manchmal tot, damit man sie
Hinabwirft in die Wellen.

Ich nahm den Toten die Eisen ab;
Und wie ich gewöhnlich tue,
Ich ließ die Leichen werfen ins Meer
Des Morgens in der Fruhe.

Es schossen alsbald hervor aus der Flut,
Haifische, ganze Heere,
Sie lieben so sehr das Negerfleisch;
Das sind meine Pensionäre.

Wasserfeldscherer: Schiffssanitäter.
Kladde: Heft, Notizbuch.

Sie folgten unseres Schiffes Spur,
Seit wir verlassen die Küste;
Die Bestien wittern den Leichengeruch
Mit schnupperndem Fraßgelüste.

Es ist possierlich anzusehn,
Wie sie nach den Toten schnappen!
Die fasst den Kopf, die fasst das Bein,
Die andern schlucken die Lappen.

Ist alles verschlungen, dann tummeln sie sich
Vergnügt um des Schiffes Planken
Und glotzen mich an, als wollten sie
Sich für das Frühstück bedanken.«

Doch seufzend fällt ihm in die Red
Van Koek. »Wie kann ich lindern
Das Übel? Wie kann ich die Progression*
Der Sterblichkeit verhindern?«

Der Doktor erwidert: »Durch eigne Schuld
Sind viele Schwarze gestorben;
Ihr schlechter Odem hat die Luft
Im Schiffsraum so sehr verdorben.

Auch starben viele durch Melancholie,
Dieweil sie sich tödlich langweilen;
Durch etwas Luft, Musik und Tanz
Lässt sich die Krankheit heilen.«

Da ruft van Koek: »Ein guter Rat!
Mein teurer Wasserfeldscherer
Ist klug wie Aristoteles,
Des Alexanders Lehrer.

Der Präsident der Sozietät
Der Tulpenveredlung im Delfte
Ist sehr gescheit, doch hat er nicht
Von Eurem Verstande die Hälfte.

Progression: Zunahme.

Musik! Musik! Die Schwarzen solln
Hier auf dem Verdecke tanzen.
Und wer sich beim Hopsen nicht amüsiert,
Den soll die Peitsche kuranzen*.«

2

Hoch aus dem blauen Himmelszelt
Viel tausend Sterne schauen,
Sehnsüchtig glänzend, groß und klug,
Wie Augen von schönen Frauen.

Sie blicken hinunter in das Meer,
Das weithin überzogen
Mit phosphorstrahlendem Purpurduft;
Wollüstig girren die Wogen.

Kein Segel flattert am Sklavenschiff,
Es liegt wie abgetakelt;
Doch schimmern Laternen auf dem Verdeck,
Wo Tanzmusik spektakelt.

Die Fiedel streicht der Steuermann,
Der Koch, der spielt die Flöte,
Ein Schiffsjung schlägt die Trommel dazu,
Der Doktor bläst die Trompete.

Wohl hundert Neger, Männer und Fraun,
Sie jauchzen und hopsen und kreisen
Wie toll herum; bei jedem Sprung
Taktmäßig klirren die Eisen.

Sie stampfen den Boden mit tobender Lust,
Und manche schwarze Schöne
Umschlingt wollüstig den nackten Genoss –
Dazwischen ächzende Töne.

kuranzen: quälen, schikanieren.

Der Büttel ist maître des plaisirs*
Und hat mit Peitschenhieben
Die lässigen Tänzer stimuliert,
Zum Frohsinn angetrieben.

Und Dideldumdei und Schnedderedeng!
Der Lärm lockt aus den Tiefen
Die Ungetüme der Wasserwelt,
Die dort blödsinnig schliefen.

Schlaftrunken kommen geschwommen heran
Haifische, viele hundert;
Sie glotzen nach dem Schiff hinauf,
Sie sind verdutzt, verwundert.

Sie merken, dass die Frühstückstund
Noch nicht gekommen, und gähnen,
Aufsperrend den Rachen; die Kiefer sind
Bepflanzt mit Sägezähnen.

Und Dideldumdei und Schnedderedeng –
Es nehmen kein Ende die Tänze.
Die Haifische beißen vor Ungeduld
Sich selber in die Schwänze.

Ich glaube, sie lieben nicht die Musik,
Wie viele von ihrem Gelichter.
Trau keiner Bestie, die nicht liebt
Musik!, sagt Albions großer Dichter*.

Und Schnedderedeng und Dideldumdei
Die Tänze nehmen kein Ende.
Am Fockmast steht Mynher van Koek
Und faltet betend die Hände:

»Um Christi willen verschone, o Herr,
Das Leben der schwarzen Sünder!
Erzürnten sie dich, so weißt du ja,
Sie sind so dumm wie die Rinder.

maître des plaisirs: (eigentlich Maître de plaisir) jemand, der bei gesellschaftlichen Veranstaltungen das Unterhaltungsprogramm leitet.
Albions großer Dichter: William Shakespeare.

Verschone ihr Leben um Christi willn,
Der für uns alle gestorben!
Denn bleiben mir nicht dreihundert Stück,
So ist mein Geschäft verdorben.«

Emanuel Geibel

Eine Seeräubergeschichte

Wir hatten Öl geladen und Korinthen*
Und segelten vergnügt mit unsrer Fracht
Von Malta auf Gibraltar, Jochen Schütt,
Der Lüb'sche Kapitän, mit fünf Matrosen,
Und ich, Hans Kiekebusch, als Steuermann.
Der Wind blies lustig, und wir waren schon
Sardinien vorbei, als hinter uns
Nordosther ein verdächtig Segel aufkam,
Das wie mit Siebenmeilenstiefeln lief.
Bedenklich guckte Jochen Schütt durchs Glas
Und schüttelte den Kopf und guckte wieder,
Und immer länger ward sein schlau Gesicht.
»Verdammte Suppe!«, brach er endlich los,
»Der Haifisch soll mich schlucken, wenn das nicht
Tuneser sind, Spitzbuben, die's auf uns
Und unsern schmucken Schoner abgesehn!
Bei Gott, jetzt heißt es: Alles Weißzeug* los
Und stramm gesegelt!«
Leider war's zu spät.
Ein Viertelstündchen noch, da wussten wir,
Dass Flucht unmöglich. Gleich darauf auch ließ
Das Kaperschiff die rote Flagge schon
Vom Topmast fliegen, und ein Schuss befahl
Uns beizulegen. An Verteidigung
War nicht zu denken. Sieben waren wir,

Korinthen: kleine schwarze Rosinen.
Weißzeug: Segel.

Die höchstens sonntags mal im Lauer Holz
Mit Schrot geknallt, und drüben an die vierzig,
Verwegnes Raubvolk insgesamt, auf Mord
Und Totschlag eingeübt wie wir aufs Kegeln.
Mit einer einz'gen Salve hätten sie
Uns weggefegt; drum hieß uns Jochen Schütt
Geruhig bleiben und ihn machen lassen.
Ein Stückchen, meint er, hab er ausgedacht,
Das uns vielleicht noch aus der Tinte hilfe.
Zwar spielt' er auf va banque* damit, indes
Am Ende sei'n wir Christenmenschen doch,
Und Gott im Himmel könnt ein Einsehn haben.
So brümmelnd stieg er zur Kajüt hinab
Und nahm die andern mit; nur mir befahl er
Auf Deck zu bleiben und mit dem leidigen
Besuch, als käm er auf ein Frühstück bloß,
Mit Höflichkeit zu ihm den Weg zu weisen.
    Mir schlug das Herz bis an den Hals, als nun
Mit jeglicher Minute der Korsar
Uns näher rückte. Bald erkannt ich schon
Die Fuchsgesichter mit den Rattenzöpfen,
Das Negervolk, das in den Tauen hing.
Jetzt sah ich, wie solch rot bekappter Schuft
Den Enterhaken hob, jetzt machten's ihm
Zehn andre nach und jetzt – ein einzger Schlag,
Ein ungeheurer Ruck, und Bord an Bord
Mit dem Tuneser lagen wir.
    Ein Mohr,
Die breite Kling im Maule, sprang zuerst
Auf unser Schiff, dann kam der Hauptmann selbst,
Einäugig, stachelbärtig wie ein Kater,
Am grünen Bund den Halbmond von Rubin,
Und dann die andern, meist ein quittengelb,
Zerlumpt Gesind'l, doch mit langem Rohr,
Mit Beil und Messer Mann für Mann versehn.
Mir lief's den Rücken kalt wie Eis hinab.
Doch macht ich nach des Kapitäns Geheiß

* auf va banque spielen: alles aufs Spiel setzen.

Den schönsten Bückling und, verbindlich dann
Den Weg anzeigend, fuhr ich wie ein Kellner
In Sprüngen die Kajütentreppe hinab.
Auch poltert' es alsbald mit schwerem Tritt
Mir nach und, ein Pistol in jeder Hand,
Trat Meister Einaug in die Tür; doch blieb er,
Als er sich umsah, wie ein Zaunpfahl stehn.
Denn vor ihm saß, den Hut auf einem Ohr,
Aus kurzer Pfeife Dampf und Funken paffend,
Auf offner Pulvertonne Jochen Schütt,
Und ringsumher lag wie ein Zauberkreis
Ein breiter Streif von Pulver aufgestreut.
Wir standen hinter ihm und muckten nicht;
Er aber, ruhig sitzen bleibend, tat,
Als wüsst er gar von keinem Harm und sah
Den Türken an und sagte: »Guten Tag!
Was steht zu Diensten, wenn ich bitten darf?«
Und als nun der sich wie ein Puterhahn
Aufplustert und in seinem Kauderwelsch
Zu kollern anfängt und, wie das nicht fleckt,
Die Zähne weist und mit Gebärden droht,
Sagt Jochen Schütt: »Ja, (Türkisch versteh ich nicht)
Mein lieber Herr; doch parlez-vous français*?«
Und dazu pafft er toller stets und macht
Den Meerschaumkopf wie einen Schornstein sprühn,
Dass mir, bei Gott, schon deucht, wir fliegen auf.
Das schien denn unserm Rinaldini* auch
Ein schlechter Spaß, er wurde grün vor Wut,
Und plötzlich macht er kehrt und schoss hinaus.
  Nun ging ein heftig Schnattern droben an,
Und dann ein Poltern, Schieben, Ziehn und Winden,
Als kehrten sie vom Schiffsraum bis aufs Deck
Das Unterste zuoberst, während wir
In tausend Ängsten wie die Hühner uns
Um unsern Kapitän zusammendrückten,
Der keine Silbe sprach und langsam nur

parlez-vous français?: Sprechen Sie Französisch?
Rinaldini: Rinaldo Rinaldini, italienischer Räuberhauptmann (Romanfigur).

Fortqualmte. Zwar die Ladung, wussten wir,
War gut versichert; doch wir fürchteten,
Die Heiden würden, wenn sie's ausgeraubt,
Das Schiff aus purer Bosheit sinken machen,
Und dann, ihr Lüb'schen Türme, gute Nacht!
So ging ein langes, banges Stündlein hin.
Da plötzlich hörten wir durch all den Lärm
Die Bootsmannspfeife kreischen; ein entsetzlich
Gedräng entstand an Bord, wie Flucht beinah.
Und kurz darauf geschah ein Stoß und Rauschen,
Als riss' ein Donnerwetter Schiff von Schiff;
Und dann mit eins war's still. Wir warteten
Ein Weilchen noch und horchten, doch es pfiff
Auch nicht die Maus im Loch; kein Zweifel mehr,
Sie waren fort. –
»Was nu?«, sprach Jochen Schütt,
»Die Luft an Bord scheint wieder klar zu sein,
Ich denk', wir sehn uns mal den Schaden an!«
Und stieg hinauf ans Deck und wir ihm nach.
Da sah's denn gräulich aus. Im großen Stall
Der Arche Noäh war nicht solch ein Wust,
Als aller Welt Getier das Schiff geräumt.
Packstroh und Scherben rings, Korinthenfässer,
Ölpiepen, Werkzeug, Zwiebeln, Kochgerät,
Im tollsten Wirrwarr alles durcheinander,
Als wär in allerbester Arbeit just
Das große Plünderfest gestört. Und so
Verhielt sich's auch. Denn von Nordosten kam,
Indes der Türk, wie ein gejagter Habicht,
Nach Süden fortschoss, eine englische
Fregatt heran mit vollem Wind und ließ
Die blaubekreuzte Flagge lustig wehn.
Das gab ein Jubeln, ein Umarmen jetzt!
Der Schiffsjung fiel auf seine Knie, der Koch
Der letzt in Portsmouth überwintert, schwang
Die Zipfelmütz und sang: »God save the king*!«
Doch Jochen Schütt nahm eine Zwiebel auf

God save the king: Gott schütze den König (britische Nationalhymne).

Und roch daran und niest': Ich merkt es wohl,
Wir sollten ihn nicht weinen sehn. Dann zog er
Den Hut und sprach: »Nun danket alle Gott!
Heut tut mir's Leid, dass ich nicht singen kann,
Weil ich beim alten Haase Schulen lief.
Den Engelsmann schickt uns der Himmel selbst.
Auch keinen roten Sechsling gab ich mehr
Für unser Leben, blieb er aus. Nun lief's
Noch gnädig ab.« –
»Ein wahrer Segen auch«,
Sagt ich, »Kap'tän, dass Euch das Pulver einfiel,
Sonst kam uns selbst der Engelsmann zu spät.«
»Ja, Pulver!«, lacht' er, und die Schlauheit blitzt'
Ihm aus den Augen, »Pulver! Hat sich was!
Wir haben keine zwanzig Schuss an Bord.
Das schwarze Zeug, wovor der Heidenkerl
Die Angst gekriegt, war – Rübsaat aus Schwerin,
Und mein Kanarienvogel frisst davon.
Ein richtger Mann muss sich zu helfen wissen,
So hilft ihm Gott auch wohl. – Und nun seht nach,
Ob uns das Volk auch überm Rum gewesen.
Ich denk, ein Schluck soll gut tun auf den Schreck.«

Rudolf Baumbach

Aus der guten alten Zeit

Es melden Bücher und Sagen
So manches Wunderding
Von einem gelben Wagen,
Der durch die Länder ging.
Die Kutsche fuhr, man denke,
Des Tags drei Meilen weit
Und hielt vor jeder Schenke.
O gute, alte Zeit!

Es ward von den Passagieren
Zuvor das Haus bestellt.
Sie schieden von den Ihren,
Als ging's ans End der Welt.
Sie trugen die Louisdore*
Vernäht in Stiefel und Kleid,
Im Sack zwei Feuerrohre*. –
O gute, alte Zeit!

Oft, wenn die Reisegenossen
Sich sehnten nach Bett und Wirt,
Da brummte der Schwager* verdrossen:
»Potz Blitz! Ich hab mich verirrt.«
Von fern her Wolfsgeheule,
Kein Obdach weit und breit;
Es schnaubten zitternd die Gäule.
O gute, alte Zeit!

Auch war es sehr ergötzlich,
Wenn mit gewaltigem Krach
In einem Hohlweg plötzlich
Der Wagen zusammenbrach.
War nur ein Rad gebrochen,
So herrschte Fröhlichkeit.
Mitunter brachen auch Knochen. –
O gute, alte Zeit!

Der Abenteuer Perle
War doch das Waldwirtshaus.
Es spannten verdächtige Kerle
Die müden Schimmel aus.
Ein Bett mit Federdecken
Stand für den Gast bereit,
Das zeigte blutige Flecken. –
O gute, alte Zeit!

Und waren der Gäste hundert
Verschwunden im Waldwirtshaus,
Dann schickte der Rat verwundert
Berittene Häscher aus.
Die Leichen wurden gefunden,
Bestattet und geweiht,
Der Wirt, gerädert*, geschunden. –
O gute, alte Zeit!

Louisdore: Goldstücke.
Feuerrohre: Pistolen.
Schwager: Postillon, Fahrer der Postkutsche.
gerädert: grausame Hinrichtungsart.

◇◇◇

Dichterisch frei gestaltet Lulu von Strauß und Torney das Ende des französischen Thronfolgers. Nach der Hinrichtung seines Vaters Ludwig XVI. war der achtjährige Knabe einem Schuster übergeben worden, der ihn buchstäblich zu Tode quälte. Aber verschiedentlich wurde behauptet, er sei entkommen. In der Ballade nimmt er als junger Mann Dienst bei den österreichischen Soldaten, die gegen die Franzosen kämpfen. Im entscheidenden Augenblick der Schlacht überwältigt ihn aber die Liebe zur alten Heimat und er trommelt zum Rückzug. Ein gnädiges Schicksal bewahrt ihn vor der drohenden Hinrichtung.

◇◇◇

Lulu von Strauß und Torney

Tambour Leroi

»Korporal, was gibt's? Was Neues geschehn?«
»Melde gehorsamst, Herr Kapitän,
Der Tambour* Leroi* von der Leibkompagnie
– Er soll durch die Ruten Schlag acht Uhr früh –
Der liegt im Fieber, seit gestern her,
Und nimmt nicht Trunk und nicht Bissen mehr.«
»Fieber? Was da! Der Kerl ist schlau!
Wir kennen die Finte, und das genau!
Es hilft ihm doch nichts, er kriegt seine Zahl.
Die Schlüssel her. Komm Er mit, Korporal.«
Kasemattengänge. Laternenlicht.
Eine Pritsche und Stroh. Ein junges Gesicht,
Geschlossen die Lider, die Wangen schmal,
Die Brauen gefurcht in dumpfer Qual.
Jetzt trifft das Licht ihn, das zuckt und flirrt,
Steil fährt er hoch, noch vom Schlaf verwirrt,
Taumelt, greift an den feuchten Stein, –
Doch mit schlotternden Knien knickt er ein.

Tambour: Die oft kaum dem Knabenalter entwachsenen Tamboure hatten die Aufgabe, in der Schlacht Befehle durch Trommelsignale zu übermitteln.
Leroi: Hier ist der Name ein Wortspiel; le roi bedeutet »der König«.

»Er ist Tambour Leroi? Franzos'? Emigrant?
Halt, bleib' Er liegen! Sein wahrer Stand?«
Der auf der Pritsche wird rot und blass,
Er wischt die Stirne. Die perlt ihm nass.
»Mein Stand? Der Herr Kapitän erlaubt, –
Ich weiß ja doch, dass mir keiner glaubt,
Wenn ich sage, dass ich als Wappenbild
Die Lilien führe im blauen Schild,
Und dass Frankreichs Krone und Frankreichs Thron –«
»Halt Er den Mund! Das kennen wir schon.
Glaubt Er, wir werden vor Ehrfurcht vergehn?
Wir haben drei Dauphins* in Wien gesehn!
Sie saßen im Temple* alle drei,
Sie wurden bloß durch ein Wunder frei –
Jetzt sitzen sie alle drei im Loch,
Zwei waren Schneider, der dritte Koch,
Nun will ein Tambour der vierte sein!«
Der Junge lächelt nur stolz und fein:
»Gut, Tambour Leroi, und weiter nichts!«
Und dann beiseite, verbissnen Gesichts:
»Wen schert's auch, was Namen der Hundsfott trägt,
Den man morgen infam durch die Gasse schlägt!«

Hart klirrt ein Säbel auf hartem Stein:
»Wer hat das schuld, Kerl, als Er allein?
Weiß der Teufel, was hat Er gedacht?
Schamade* schlagen in offner Schlacht,
Wenn die Order heißt: Zur Attacke vor!
Feigling, wer so seinen Kopf verlor!«
Dunkel schießt's in das junge Gesicht:
»Mein Kapitän! Ein Feigling nicht!«
Und auf einmal fiebernd, entflammt, verstört,
Sitzt er aufrecht: »Herr, hört mich! Hört!

Dauphin: Titel des französischen Thronfolgers.
Temple: die alte (später zerstörte) Festung des Templerordens in Paris, die als Staatsgefängnis diente; hier wurde auch Ludwig XVI. gefangen gehalten.
Schamade: als Trommelsignal Zeichen für die Kapitulation.

Als ich damals flüchtig aus Frankreich ging,
Weil das Beil mir nah überm Nacken hing,
Ich blieb an dem grauen Grenzstein stehn
Und habe nach Frankreich zurückgesehn.
Und der Himmel brannte in trüber Glut,
Und mir war, als sah ich in lauter Blut,
Und ich hörte im Ohr den dumpfen Schlag,
Als des Vaters Haupt unterm Fallbeil lag,
Und sah des blutigen Karrens Spur,
Der die schöne Mutter zum Tode fuhr!

Und ich warf mich nieder und griff ins Gras,
Blind von Tränen, brennend von Hass,
Und hob mich wieder und lag auf Knien
Und habe es laut übers Land geschrien:
›Verflucht deine Erde in Ewigkeit,
Von der heiliges Blut zum Himmel schreit,
Verflucht der Mann, der dich Heimat nennt,
Das Feuer, das auf dem Herde brennt,
Verflucht das Weib, das sein Kindlein wiegt,
Verflucht, was jung in der Wiege liegt, –
Verflucht ich selbst, wenn mein Hass vergisst
Des Blutes, dessen du schuldig bist!‹«

Den Jungen schüttelt's wie Frost im Blut,
Seine Augen brennen in trockner Glut,
Und er stockt und schauert und stiert ins Licht,
Und sein Atem geht hart, wie er weiterspricht:
»Ich wandte mich um und lief feldein,
In den Regen, die Nacht, ins Elend hinein,
Weiß Gott, wie lange, weiß Gott wohin, –
Bis ich schwach zu Tode getaumelt bin.
Und im Krug an der Straße – wo war es gleich?
Tranken die Werber von Österreich.«
Knurrt in den Kragen der Korporal:
»Bei Passau war es. Im Donautal.
Ein elend Bürschchen, marode und lahm,
Das da vom Kaiser das Handgeld nahm.
Just war der Tambour uns desertiert,
Sonst hätt's uns nicht so mit dem pressiert.«

Heiser lacht's von der Pritsche her.
»Schlegel und Kalbfell, was wollte ich mehr?
In des Kaisers Montur, bei Nacht, bei Tag,
Bei jedem Wirbel und Trommelschlag,
Am Biwakfeuer, in Schritt und Tritt,
Mein Hass war dabei, mein Hass ging mit,
Und mir war's, als ob dran mein Leben hing,
Dass bald der Marsch gegen Frankreich ging!
Gewartet hab' ich drei Jahr und vier,
Mein Hass war geduldig, er wuchs mit mir,
Und als die Order zum Abmarsch kam,
Da riss mich's, dass ich die Schlegel nahm
Und schlug einen Wirbel so laut und lang,
Dass das Kalbfell zersprang!

Märsche, Märsche, durch Schlacker und Wind,
Feuer, drein nachts der Regen rinnt, –
Zwischen flachen Ufern in mattem Schein,
Schollenklirrend der breite Rhein,
Und der Feuerkranz, der talüber scheint:
Frankreich, Frankreich! Die Schlacht! Der Feind!
Misericorde! Die Nacht, die Nacht!
Gebetet hab' ich, geflucht, gewacht,
Ich fiel in Schlaf und fuhr schreiend hoch
Und sah meine tote Mutter noch, –
Ich sprang auf die Füße, der Himmel war rot,
Und ich schlug die Reveille*: Zum Tod! Zum Tod!

Mein Kapitän – Sie waren dabei –«
Er wirft sich heiß auf zerwühlter Streu,
Die Stimme keuchend, wie angstgehetzt:
»Ich sehe das immer. Ich sehe es jetzt:
Hier die Hecke, – wir stehen im Glied, –
Die Straße da, die am Berg sich zieht,
Den Acker, die magere Wintersaat,
Ich sehe den Halm, den ich niedertrat!

Reveille: Wecksignal.

Aus gelbem Gequalme schwelt der Tag,
Kanonen zur Linken, Blitz und Schlag,
Von den Höhen zur Rechten, tief und schwer,
Brüllt es ins knatternde Kleingewehr,
Es prasselt im Dorf, es blitzt im Wald,
Meine Kehle trocken, die Hände kalt,
Da horch, straßunter ein polternder Huf:
Gewehr zur Attacke! Kommandoruf!
Marsch, marsch, hurra, bricht's hinter mir los,
Es reißt mich vorwärts im Sturm und Stoß,
Über Äcker und Graben, im Sprung, im Lauf,
Und ich schlage die Trommel: drauf, drauf, drauf,

Mein Kapitän! Da kommt es! Da!
Aus dem Qualm heraus, und entgegen, nah,
Gleißende Reihen, blank von Stahl,
Einer hellen Trompete lustig Signal,
Und auf einmal horch' ich in graue Luft,
Ich kenne den Ton, das ruft!, das ruft!
Und – marche, en avant!* – Ich höre es noch!
Frankreichs Sprache! Mein Herz springt hoch!
Ins Auge schießt es mir glühend nass,
Was weiß ich von Rache, von Fluch, von Hass?
Mein Hass ist Liebe, die brennt, die brennt,
Wie wenn ein Kind seine Mutter erkennt!
Jeder Herzschlag sagt mir, wes Bluts ich bin,
Wie mit Stricken reißt's mich da drüben hin,
Und ich stürze feldein – da packt's mich, halt!
Ich sehe mich um, mein Blut rinnt kalt, –
Musketen der Unsern, Rohr an Rohr,
Aus jedem lauert der Tod hervor –
Und mit klingendem Spiel und Fahnen voran,
Rücken die Brüder von Frankreich an!
Vor den Augen tanzt es mir flackerrot:
›Brüder!‹, schrei' ich, ›zurück! Der Tod!‹
Und ich weiß nicht, Herr, was ich will und tu,
Ich fasse die Schlegel, ich schlage zu,

marche, en avant!: vorwärts marschieren!

Und ich weiß nichts mehr als das eine Stück,
Ich schlage Schamade: Zurück! Zurück!«
»Wider die Order! Ist das erhört!
Kehrt vor dem Feinde! Im Feuer! Kehrt!
Feiger Verrat! Felonie*, Er Hund!
Kein Wort mehr, Bursche! Halt Er den Mund!
Eine Kugel verdient Er, und damit gut!«
Des Jungen Gesicht ist leer von Blut,
Seine Augen flackern in dumpfer Not –
»Eine Kugel – ah – ein Soldatentod!«
Und er wühlt die Stirn in die schmutzige Streu:
»Courage*! Morgen. Dann ist es vorbei …«

Stumm zuckt die Schultern der Kapitän.
Der Schlüssel klirrt. »Korporal, wir gehn
Angst oder Fieber. Das gibt sich wohl.«
Die Tür schlägt zu. Das verdonnert hohl.

Zwei Tage darauf. Im Lazarett
Ein Toter gestreckt auf schmalem Bett,
Ein Knabengesicht noch, stolz und fremd.
Einer hält ihm das Totenhemd;
Und der's ihm über die Schultern streift,
Darüber dunkel ein Striemen läuft,
Der Graukopf brummt in den Bart hinein:
»Uns Schweizern damals, just fällt mir's ein,
Uns saß im Vorsaal der Tuilerien*
Monsieur, der Dauphin, gern auf den Knie'n,
Und der hatte unter den Haaren her
Eine zackige Narbe, fast wie der,
Der stille Bursch da. Der hat nun Ruh'.«

Und er nahm das Leintuch und deckte ihn zu …

Felonie: Untreue.
Courage: Mut.
Tuilerien: ehemaliges Schloss in Paris.

Johann Nepomuk Vogl: *Heinrich der Vogler*

◇◇◇

Die Niederlage Napoleons 1812 in Russland und die furchtbare Katastrophe des Rückzugs der großen Armee durch Kälte und Eis haben immer wieder die Dichter zu nachgestaltenden Aussagen gereizt. Grundverschieden sind die Auffassungen dieser beiden Balladen. Heine schildert den Zusammenbruch aus der Sicht eines in seinem patriotischen Stolz nicht zu bekehrenden französischen Grenadiers, doch alles Zeitgebundene tritt hinter der zeitlosen Gegenüberstellung der beiden Charaktere zurück. In dem Gedicht von Dehmel erleben wir das Geschehen fast mythisch überhöht aus der Sicht eines russischen Bauern, der symbolhaft für sein Volk steht.

◇◇◇

Heinrich Heine

Die Grenadiere

Nach Frankreich zogen zwei Grenadier*,
Die waren in Russland gefangen.
Und als sie kamen ins deutsche Quartier,
Sie ließen die Köpfe hangen.

Da hörten sie beide die traurige Mär:
Dass Frankreich verloren gegangen,
Besiegt und zerschlagen das große Heer –
Und der Kaiser, der Kaiser gefangen.

Da weinten zusammen die Grenadier
Wohl ob der kläglichen Kunde,
Der eine sprach: Wie weh wird mir,
Wie brennt meine alte Wunde!

Der andre sprach: Das Lied ist aus,
Auch ich möcht mit dir sterben,
Doch hab ich Weib und Kind zu Haus,
Die ohne mich verderben.

Grenadier: mit Handgranaten bewaffneter Soldat, einer Elitetruppe zugehörig.

Was schert mich Weib, was schert mich Kind,
Ich trage weit bessres Verlangen;
Lass sie betteln gehn, wenn sie hungrig sind –
Mein Kaiser, mein Kaiser gefangen!

Gewähr mir, Bruder, eine Bitt:
Wenn ich jetzt sterben werde,
So nimm meine Leiche nach Frankreich mit,
Begrab mich in Frankreichs Erde.

Das Ehrenkreuz am roten Band
Sollst du aufs Herz mir legen;
Die Flinte gib mir in die Hand,
Und gürt mir um den Degen.

So will ich liegen und horchen still,
Wie eine Schildwach, im Grabe,
Bis einst ich höre Kanonengebrüll
Und wiehernder Rosse Getrabe.

Dann reitet mein Kaiser wohl über mein Grab,
Viel Schwerter klirren und blitzen;
Dann steig ich gewaffnet hervor aus dem Grab –
Den Kaiser, den Kaiser zu schützen.

Richard Dehmel

Anno Domini 1812

Über Russlands Leichenwüstenei
Faltet hoch die Nacht die blassen Hände;
Funkeläugig durch die weiße, weite,
Kalte Stille starrt die Nacht und lauscht.
Schrill kommt ein Geläute.

Dumpf ein Stampfen von Hufen, fahl flatternder Reif;
Ein Schlitten knirscht, die Kufe pflügt
Stiebende Furchen, die Peitsche pfeift,
Es dampfen die Pferde, Atem fliegt,
Flimmernd zittern die Birken.

»Du – was hörtest du von Bonaparte« –
Und der Bauer horcht und wills nicht glauben,
Dass da hinter ihm der steinern starre
Fremdling mit den harten Lippen
Worte so voll Trauer sprach.

Antwort sucht der Alte, sucht und stockt,
Stockt und staunt mit frommer Furchtgebärde:
Aus dem Wolkensaum der Erde,
Brandrot aus dem schwarzen Saum,
Taucht das Horn des Mondes hoch.

Düster wie von Blutschnee glimmt die lange Straße,
Wie von Blutfrost perlt es in den Birken,
Wie von Blut umtropft sitzt der im Schlitten.
»Mensch, was *sagt* man von dem großen Kaiser?«
Düster schrillt das Geläute.

Die Glocken rasseln; es klingt, es klagt;
Der Bauer horcht, hohl rauscht's im Schnee.
Und schwer nun, feiervoll und sacht,
Wie uralt Lied so stark und weh
Tönt sein Wort ins Öde:

»Groß am Himmel stand die schwarze Wolke,
Fressen wollte sie den heiligen Mond;
Doch der heilige Mond steht noch am Himmel,
Und zerstoben ist die schwarze Wolke.
Volk, was weinst du?

Trieb ein stolzer kalter Sturm die Wolke,
Fressen sollte sie die stillen Sterne.
Aber ewig blühn die stillen Sterne;
Nur die Wolke hat der Sturm zerrissen,
Und den Sturm verschlingt die Ferne.

Und es war ein großes schwarzes Heer,
Und es war ein stolzer kalter Kaiser.
Aber unser Mütterchen, das heilige Russland,
Hat viel tausend stille warme Herzen;
Ewig, ewig blüht das Volk.«

Hohl verschluckt der Mund der Nacht die Laute,
Dumpfhin rauschen die Hufe, die Glocken wimmern;
Auf den kahlen Birken flimmert
Rot der Reif, der mondbetaute.
Den Kaiser schauert.

Durch die leere Ebne irrt sein Blick:
Über Russlands Leichenwüstenei
Faltet hoch die Nacht die blassen Hände,
Glänzt der dunkelrot gekrümmte Mond,
Eine blutige Sichel Gottes.

◇◇◇

Schon mehr als ein halbes Jahrhundert vor den großen Indianerkriegen, die mit der Unterdrückung der letzten freien Stämme endeten, erhob Chamisso seine anklagende Stimme gegen das Vorgehen der weißen Amerikaner.

◇◇◇

Adelbert von Chamisso

Rede des alten Kriegers Bunte-Schlange im Rate der Creek-Indianer

Im Rat der Creek*-Indianer ward der Bote
Des Präsidenten Jackson* vorgelassen;
Der Brief, den er verlas, enthielt Gebote.
Die Landmark, welche diesseits sie besaßen
Des Mississippi, sollten gleich sie räumen,
Und der Entschluss blieb ihnen nur zu fassen.
Und starr und stumm beharrten, wie in Träumen,
Die Oberhäupter, man vernahm noch lange
Das Säuseln nur des Windes in den Bäumen.
Da hob sich aus der Männer erstem Range
Der hundertjähr'ge waffenmüde Greis,
Ein Nestor seines Volks, der Bunte Schlange.
Er trat gestützt von zweien in den Kreis,
Und wie gespannt ein jeder auf ihn sah,
Begann er seine Rede klug und weis':
Ihr, meine Brüder, höret selber ja,
Was unsers großen Vaters Meinung ist;
Er liebet seine roten Kinder ja.
Er ist sehr gut, – ihr, meine Brüder, wisst,
Ich habe früher oft sein Wort vernommen –
Er ist sehr gut, wohl ohne Falsch und List.
Wie erst vom großen Wasser er gekommen,
Er war sehr klein, er trug ein rotes Kleid,
Es mocht' ihm länger nicht im Boote frommen.

Creek: nordamerikanischer Indianerstamm, 1830 aus seiner Heimat im Südosten der USA ins heutige Oklahoma vertrieben.
Jackson: Andrew Jackson, 7. Präsident der Vereinigten Staaten (1829–37).

Der weiße Mann tat unsern Brüdern Leid;
Er bat um Land, sein Feuer anzuzünden,
Und wartete geruhig auf Bescheid.
Er wollte, gab er vor, uns bloß verkünden,
Was vieles wir zu unserm Glücke brauchten;
Wir aber wollten uns mit ihm verbünden.
Am Ufer des Savannah-Stromes rauchten
Die Muskotshihs mit ihm die Friedenspfeife;
Dort war's, wo in den Wind den Rauch sie hauchten.
Sie machten ihm ein Feuer an; die Steife
Der Glieder wärmte da der weiße Mann;
Sie gaben Land ihm, wo nach Wild er schweife.
Er war sehr klein; es feindeten ihn an
Des Südens blasse Männer, die um Beute
Sich wider ihn erhoben; Krieg begann.
Für ihn ergriffen unsre jungen Leute
Den Tomahawk, und gaben nicht ihn bloß
Dem Messer zu skalpieren, das er scheute.
Und wie darauf er, seines Feindes los,
Sich unter uns erwärmet und genährt,
Da wuchs er auf, da ward er riesengroß;
Da hat sein Tritt das Jagdrevier verheert,
Da hat er überholt die fernsten Horden,
Und Wald und Flur und See für sich begehrt.
Nach Süden reichte seine Hand und Norden,
Und seine Stirne zu des Mondes Schild;
Da ist er unser großer Vater worden.
Zu seinen roten Kindern sprach er mild, –
Er liebt sie ja: Geht weiter, weiter! Hört!
Sonst tret' ich euch , so wie im Forst das Wild.
Er stieß sie mit dem Fuße, unerhört!
Den Oconih hinüber; dann zertrat er
Die Gräber ihrer Väter ungestört.
Und immer war er unser großer Vater
Und liebte seine roten Kinder sehr,
Und ihnen wiederum zu wissen tat er:
Ihr seid mir noch zu nah, entfernt euch mehr.
Eins war, wie jetzt, schon damals zu bedauern:
Es fanden Schlechte sich in unserm Heer.

Die sah man um der Väter Gräber trauern,
Und finstern Sinnes schleichen in die Runde,
Und um den Fußtritt unsers Vaters lauern.
Und ihre Zähne bissen eine Wunde
In seinen Fuß; da liebt' er uns nicht minder,
Doch ward er bös' auf uns zur selben Stunde.
Da trieb er mit Kanonen uns geschwinder,
Weil träg' er uns und ungelehrig fand;
Und dennoch liebt' er seine roten Kinder.
Wie unsern großen Vater ich verstand,
Am Tag er zu uns sprach im Zorne sein:
Geht weiter abwärts, dort ist schönes Land;
So sprach er auch: Dies Land soll euer sein,
Solang' ihm nicht des Himmels Tau gebricht,
Solang' es grünet in der Sonne Schein.
Gehöret hab' ich, was er heute spricht;
Er spricht: Das Land, das ihr zur Zeit bewohnet,
Nicht euer ist es, es gehört euch nicht.
Durchkreuzt den Mississippi, drüben lohnet
Das Wild dem Jäger, euch gehört der Ort;
Wohnt dort, solang' die Sonn' am Himmel thronet.
Wird unser großer Vater nicht auch dort
Zu uns hinüberreichen? – Nein, er sagt,
Er werde nicht, und Wahrheit ist sein Wort. –
Ihr Brüder, unser großer Vater klagt,
Dass unsre schlechten Menschen ihn betrübt,
Mit Mord an einen Weißen sich gewagt. –
Wo sind die roten Kinder, die er liebt?
So zahlreich wie im Walde sonst das Laub,
Wie kommt's, dass ihre Zahl wie Laub zerstiebt?
Ach!, seinen weißen Kriegern sind zum Raub
Gar viele worden, viele sind erschlagen,
Und viele trat sein Fuß selbst in den Staub.
Ich habe, Brüder, weiter nichts zu sagen.

◇◇◇

Seit der Mitte des 19. Jahrhunderts verbanden sich in den Balladen immer häufiger zeitgeschichtliche Themen und soziale Kritik bzw. Anklage. Wir erleben in den beiden Balladen Freiligraths die Schicksale der Auswanderer: Die bittere Not, manchmal aber auch die politischen Verhältnisse zwangen sie ihre Heimat zu verlassen und in den jungen Vereinigten Staaten eine neue Existenz aufzubauen. Und in der verzweifelten Anklage eines Knaben, der vergeblich den Berggeist Rübezahl um Hilfe anfleht, spiegelt sich die Not der schlesischen Weber in den 40er Jahren des vorigen Jahrhunderts.

◇◇◇

Ferdinand Freiligrath

Die Auswanderer

Ich kann den Blick nicht von euch wenden,
Ich muss euch anschaun immerdar:
Wie reicht ihr mit geschäftgen Händen
Dem Schiffer eure Habe dar!

Ihr Männer, die ihr von dem Nacken
Die Körbe langt, mit Brot beschwert,
Das ihr aus deutschem Korn gebacken,
Geröstet habt auf deutschem Herd;

Und ihr, im Schmuck der langen Zöpfe,
Ihr Schwarzwaldmädchen, braun und schlank,
Wie sorgsam stellt ihr Krug und Töpfe
Auf der Schaluppe* grüne Bank!

Das sind dieselben Töpf und Krüge,
Oft an der Heimat Born* gefüllt!
Wenn am Missouri alles schwiege,
Sie malten euch der Heimat Bild:

Schaluppe: auf größeren Schiffen mitgeführtes Beiboot.
Born: Quell, Brunnen.

Des Dorfes steingefasste Quelle,
Zu der ihr schöpfend euch gebückt,
Des Herdes traute Feuerstelle,
Das Wandgesims, das sie geschmückt.

Bald zieren sie im fernen Westen
Des leichten Bretterhauses Wand;
Bald reicht sie müden braunen Gästen,
Voll frischen Trunkes, eure Hand.

Es trinkt daraus der Tscherokese*,
Ermattet, von der Jagd bestaubt;
Nicht mehr von deutscher Rebenlese
Tragt ihr sie heim, mit Grün belaubt.

O sprecht! Warum zogt ihr von dannen?
Das Neckartal hat Wein und Korn;
Der Schwarzwald steht voll finstrer Tannen,
Im Spessart klingt des Älplers Horn.

Wie wird es in den fremden Wäldern
Euch nach der Heimatberge Grün,
Nach Deutschlands gelben Weizenfeldern,
Nach seinen Rebenhügeln ziehn!

Wie wird das Bild der alten Tage
Durch eure Träume glänzend wehn!
Gleich einer stillen, frommen Sage
Wird es euch vor der Seele stehn.

Der Bootsmann winkt! – Zieht hin in Frieden:
Gott schütz euch, Mann und Weib und Greis!
Sei Freude eurer Brust beschieden
Und euren Feldern Reis und Mais!

Tscherokese: Cherokee-Indianer.

Ferdinand Freiligrath

Aus dem schlesischen Gebirge

»Nun werden grün die Brombeerhecken;
Hier schon ein Veilchen – welch ein Fest!
Die Amsel sucht sich dürre Stecken,
Und auch der Buchfink baut sein Nest.
Der Schnee ist überall gewichen,
Die Koppe nur sieht weiß ins Tal;
Ich habe mich von Haus geschlichen,
Hier ist der Ort – ich wag's einmal:
Rübezahl!

Hört er's? Ich seh' ihm dreist entgegen!
Er ist nicht bös! Auf diesen Block
Will ich mein Leinwandpäckchen legen –
Es ist ein richt'ges volles Schock*!
Und fein! Ja, dafür kann ich stehen!
Kein Bessres wird gewebt im Tal –
Er lässt sich immer noch nicht sehen!
Drum frischen Mutes noch einmal:
Rübezahl!

Kein Laut! – Ich bin ins Holz gegangen,
Dass er uns hilft in unsrer Not!
O, meiner Mutter blasse Wangen –
Im ganzen Haus kein Stückchen Brot!
Der Vater schritt zu Markt mit Fluchen –
Fänd' er auch Käufer nur einmal!
Ich will's mit Rübezahl versuchen –
Wo bleibt er nur? Zum dritten Mal:
Rübezahl!

Schock: hier als Längenangabe für 60 Ellen.

Er half so vielen schon vor Zeiten –
Großmutter hat mir's oft erzählt!
Ja, er ist gut den armen Leuten,
Die unverschuldet Elend quält!
So bin ich froh denn hergelaufen
Mit meiner richt'gen Ellenzahl*!
Ich will nicht betteln, will verkaufen!
O, dass er käme! Rübezahl!
Rübezahl!

Wenn dieses Päckchen ihm gefiele,
Vielleicht gar bät' er mehr sich aus!
Das wär' mir recht! Ach, gar zu viele
Gleich schöne liegen noch zu Haus!
Die nähm' er alle bis zum Letzten!
Ach, fiel' auf dies doch seine Wahl!
Da löst' ich ein selbst die Versetzten –
Das wär' ein Jubel! Rübezahl!
Rübezahl!

Dann trät' ich froh ins kleine Zimmer
Und riefe: Vater, Geld genug!
Dann flucht' er nicht, dann sagt' er nimmer:
Ich web' euch nur ein Hungertuch!
Dann lächelte die Mutter wieder
Und tischt' uns auf ein reichlich Mahl;
Dann jauchzten meine kleinen Brüder –
O käm', o käm' er! Rübezahl!
Rübezahl!«

So rief der dreizehnjähr'ge Knabe;
So stand und rief er, matt und bleich.
Umsonst! Nur dann und wann ein Rabe
Flog durch des Gnomen altes Reich.
So stand und passt' er Stund' auf Stunde,
Bis dass es dunkel ward im Tal
Und er halb laut mit zuckendem Munde
Ausrief durch Tränen noch einmal:
Rübezahl!

* Ellenzahl: Elle als Längenmaß 0,66 Meter.

Dann ließ er still das buschige Fleckchen
Und zitterte und sagte: Hu!
Und schritt mit seinem Leinwandpäckchen
Dem Jammer seiner Heimat zu.
Oft ruht' er aus auf moos'gen Steinen,
Matt von der Bürde, die er trug.
Ich glaub', sein Vater webt dem Kleinen
Zum Hunger- bald das Leichentuch!
– Rübezahl?!

◇◇◇

Die Engländer hatten 1839 einen Teil Afghanistans mit der Hauptstadt Kabul besetzt. 1841 kam es dort zu einem großen Aufstand, der die britischen Truppen unter schweren Verlusten zum Rückzug zwang.

◇◇◇

Theodor Fontane

Das Trauerspiel von Afghanistan

Der Schnee leis stäubend vom Himmel fällt,
Ein Reiter vor Dschellalabad* hält.
»Wer da!« – »Ein britischer Reitersmann,
Bringe Botschaft aus Afghanistan.«

Afghanistan! Er sprach es so matt;
Es umdrängt den Reiter die halbe Stadt,
Sir Robert Sale, der Kommandant,
Hebt ihn vom Rosse mit eigener Hand.

Sie führen ins steinerne Wachthaus ihn,
Sie setzen ihn nieder an den Kamin,
Wie wärmt ihn das Feuer, wie labt ihn das Licht,
Er atmet hoch auf und dankt und spricht:

Dschellalabad: Stadt im Nordosten Afghanistans, die während des Aufstands von Sir Robert Sale verteidigt wurde.

»Wir waren dreizehntausend Mann,
Von Kabul* unser Zug begann,
Soldaten, Führer, Weib und Kind,
Erstarrt, erschlagen, verraten sind.

Zersprengt ist unser ganzes Heer,
Was lebt, irrt draußen in Nacht umher,
Mir hat ein Gott die Rettung gegönnt,
Seht zu, ob den Rest ihr retten könnt!«

Sir Robert stieg auf den Festungswall,
Offiziere, Soldaten folgten ihm all',
Sir Robert sprach: »Der Schnee fällt dicht,
Die uns suchen, sie können uns finden nicht;

Sie irren wie Blinde und sind uns so nah,
So lasst sie's hören, dass wir da,
Stimmt an ein Lied von Heimat und Haus,
Trompeter, blast in die Nacht hinaus!«

Da huben sie an und sie wurden's nicht müd',
Durch die Nacht hin klang es Lied um Lied,
Erst englische Lieder mit fröhlichem Klang,
Dann Hochlandslieder wie Klagegesang.

Sie bliesen die Nacht und über den Tag,
Laut, wie nur die Liebe rufen mag,
Sie bliesen – es kam die zweite Nacht,
Umsonst, dass ihr ruft, umsonst, dass ihr wacht.

Die hören sollen, sie hören nicht mehr,
Vernichtet ist das ganze Heer,
Mit dreizehntausend der Zug begann,
Einer kam heim aus Afghanistan.

Kabul: Hauptstadt von Afghanistan.

◇◇◇

C. F. Meyer bietet Historie mit Augenzwinkern, sozusagen nur am Rande der Weltgeschichte; denn die Empörung der Schweizer Garde des Papstes war ein Sturm im Wasserglas. Bei der Thronbesteigung Papst Leos XIII. kam es 1878 zu einer kleinen Revolte der Garde im Vatikan, weil ihr die Verwaltung nicht den zustehenden Krönungssold auszahlen wollte. Aber die Episode erinnert zugleich an die große geschichtliche Tradition der Schweizer Garde, die seit ihrer Gründung 1506 den Päpsten stets treu gedient hatte.

◇◇◇

Conrad Ferdinand Meyer

Alte Schweizer

Sie kommen mit dröhnenden Schritten entlang
Den von Raffaels Fresken* verherrlichten Gang
In der puffigen alten geschichtlichen Tracht,
Als riefe das Horn sie zur Murtener Schlacht*:

»Herr Heiliger Vater, der Gläubigen Hort,
So kann es nicht gehn und so geht es nicht fort!
Du sparst an den Kohlen, du knickerst am Licht
An deinen Helvetiern knausre du nicht!

Wann den Himmel ein Heiliger Vater gewann,
Ergibt es elf Taler für jeglichen Mann!
So galt's und so gilt's von Geschlecht zu Geschlecht,
Wir pochen auf unser historisches Recht!

Herr Heiliger Vater, du weißt, wer wir sind!
Bescheidene Leute von Ahne zu Kind!
Doch werden wir an den Moneten gekürzt,
Wir kommen wie brüllende Löwen gestürzt!

Raffaels Fresken: Raffael malte von 1513–18 die Loggia, einen langen Galeriebau im Vatikan, aus.
Murtener Schlacht: vgl. die Ballade über diese Schlacht, S. 138.

Herr Heiliger Vater, die Taler heraus!
Sonst räumen wir Kisten und Kasten im Haus …
Potz Donner und Hagel und höllischer Pfuhl!
Wir versteigern dir den apostolischen Stuhl!«

Der Heilige Vater bekreuzt sich entsetzt
Und zaudert und langt in die Tasche zuletzt –
Da werden die Löwen zu Lämmern im Nu:
»Herr Heiliger Vater, jetzt segne uns du!«

◇◇◇

Bei dem Wort »Kinderkreuzzug« denkt man unwillkürlich zuerst einmal an die Tragödie der Kinderkreuzzüge des 13. Jahrhunderts, als Scharen fehlgeleiteter, gläubiger Kinder aus Deutschland und Frankreich auf dem Weg nach Palästina elend zu Grunde gingen. Brechts Ballade erzählt im Ton eines Bänkelliedes, zeitgebunden und doch zeitlos, bewusst übersteigernd, von einem anderen Kinderelend, weniger Kreuzzug als Kreuzweg, während des so genannten Polenfeldzuges 1939 zu Beginn des Zweiten Weltkriegs.

◇◇◇

Bertolt Brecht

Kinderkreuzzug

In Polen, im Jahr Neununddreißig
War eine blutige Schlacht
Die hatte viele Städte und Dörfer
Zu einer Wildnis gemacht.

Die Schwester verlor den Bruder
Die Frau den Mann im Heer;
Zwischen Feuer und Trümmerstätte
Fand das Kind die Eltern nicht mehr.

Aus Polen ist nichts mehr gekommen
Nicht Brief noch Zeitungsbericht.
Doch in den östlichen Ländern
Läuft eine seltsame Geschicht.

Schnee fiel, als man sich's erzählte
In einer östlichen Stadt
Von einem Kinderkreuzzug
Der in Polen begonnen hat.

Da trippelten Kinder hungernd
In Trüpplein hinab die Chausseen
Und nahmen mit sich andere, die
In zerschossenen Dörfern stehn.

Sie wollten entrinnen den Schlachten
Dem ganzen Nachtmahr
Und eines Tages kommen
In ein Land, wo Frieden war.

Da war ein kleiner Führer
Das hat sie aufgericht'.
Er hatte eine große Sorge:
Den Weg, den wusste er nicht.

Eine Elfjährige schleppte
Ein Kind von vier Jahr
Hatte alles für eine Mutter
Nur nicht ein Land, wo Frieden war.

Ein kleiner Jude marschierte im Trupp
Mit einem samtenen Kragen
Der war das weißeste Brot gewohnt
Und hat sich gut geschlagen.

Und ging ein dünner Grauer mit
Hielt sich abseits in der Landschaft.
Er trug an einer schrecklichen Schuld:
Er kam aus einer Nazigesandtschaft.

Ferdinand Freiligrath: *Aus dem schlesischen Gebirge*

Und da war ein Hund
Gefangen zum Schlachten
Mitgenommen als Esser
Weil sie's nicht übers Herz brachten.

Da war eine Schule
Und ein kleiner Lehrer für Kalligrafie*.
Und ein Schüler an einer zerschossenen Tankwand
Lernte schreiben bis zu Frie …

Da war auch eine Liebe.
Sie war zwölf, er war fünfzehn Jahr.
In einem zerschossenen Hofe
Kämmte sie ihm sein Haar.

Die Liebe konnte nicht bestehen
Es kam zu große Kält:
Wie sollen die Bäumchen blühen
Wenn so viel Schnee drauf fällt?

Da war auch ein Begräbnis
Eines Jungen mit samtenem Kragen
Der wurde von zwei Deutschen
Und zwei Polen zu Grab getragen.

Protestant, Katholik und Nazi war da
Ihn der Erde einzuhändigen.
Und zum Schluss sprach ein kleiner Kommunist
Von der Zukunft der Lebendigen.

So gab es Glaube und Hoffnung
Nur nicht Fleisch und Brot.
Und keiner schelt sie mir, wenn sie was stahln
Der ihnen nicht Obdach bot.

Und keiner schelt mir den armen Mann
Der sie nicht zu Tische lud:

* Kalligrafie: Schönschrift.

Für ein halbes Hundert, da braucht es
Mehl, nicht Opfermut.

Sie zogen vornehmlich nach Süden.
Süden ist, wo die Sonn
Mittags um zwölf steht
Gradaus davon.

Sie fanden zwar einen Soldaten
Verwundet im Tannengries.
Sie pflegten ihn sieben Tage
Damit er den Weg ihnen wies.

Er sagte ihnen: Nach Bilgoray*!
Muss stark gefiebert haben
Und starb ihnen weg am achten Tag.
Sie haben auch ihn begraben.

Und da gab es ja Wegweiser
Wenn auch vom Schnee verweht
Nur zeigten sie nicht mehr die Richtung an
Sondern waren umgedreht.

Das war nicht etwa ein schlechter Spaß
Sondern aus militärischen Gründen.
Und als sie suchten nach Bilgoray
Konnten sie es nicht finden.

Sie standen um ihren Führer.
Der sah in die Schneeluft hinein
Und deutete mit der kleinen Hand
Und sagte: Es muss dort sein.

Einmal, nachts, sahen sie ein Feuer
Da gingen sie nicht hin.
Einmal rollten drei Tanks vorbei
Da waren Menschen drin.

Bilgoray: Stadt im Südosten Polens.

Einmal kamen sie an eine Stadt
Da machten sie einen Bogen.
Bis sie daran vorüber waren
Sind sie nur nachts weitergezogen.

Wo einst das südöstliche Polen war
Bei starkem Schneewehn
Hat man die fünfundfünfzig
Zuletzt gesehn.

Wenn ich die Augen schließe
Seh ich sie wandern
Von einem zerschossenen Bauerngehöft
Zu einem zerschossenen andern.

Über ihnen, in den Wolken oben
Seh ich andre Züge, neue, große!
Mühsam wandernd gegen kalte Winde
Heimatlose, Richtungslose

Suchend nach dem Land mit Frieden
Ohne Donner, ohne Feuer
Nicht wie das, aus dem sie kamen
Und der Zug wird ungeheuer.

Und er scheint mir durch den Dämmer
Bald schon gar nicht mehr derselbe:
Andere Gesichtlein seh ich
Spanische, französische, gelbe!

In Polen, in jenem Januar
Wurde ein Hund gefangen
Der hatte um seinen mageren Hals
Eine Tafel aus Pappe hangen.

Darauf stand: Bitte um Hilfe!
Wir wissen den Weg nicht mehr.
Wir sind fünfundfünfzig
Der Hund führt euch her.

Wenn ihr nicht kommen könnt
Jagt ihn weg.
Schießt nicht auf ihn
Nur er weiß den Fleck.

Die Schrift war eine Kinderhand.
Bauern haben sie gelesen.
Seitdem sind eineinhalb Jahre um.
Der Hund ist verhungert gewesen.

◇◇◇

Traurige Kriegsweihnacht 1942 – die Ballade erinnert an die Katastrophe von Stalingrad, wo im Kriegswinter 1942 eine ganze Armee eingekesselt war und ihrem Untergang entgegensah.

◇◇◇

Peter Huchel

Dezember 1942

Wie Wintergewitter ein rollender Hall.
Zerschossen die Lehmwand von Bethlehems Stall.

Es liegt Maria erschlagen vorm Tor,
Ihr blutig Haar an die Steine fror.

Drei Landser ziehen vermummt vorbei.
Nicht brennt ihr Ohr von des Kindes Schrei.

Im Beutel den letzten Sonnblumenkern,
Sie suchen den Weg und sehn keinen Stern.

Aurum, thus, myrrham offerunt* …
Um kahles Gehöft streicht Krähe und Hund.

Aurum, thus, myrrham offerunt: Gold, Weihrauch, Myrrhe bringen sie dar.

… quia natus est nobis Dominus*.
Auf fahlem Gerippe glänzt Öl und Ruß.

Vor Stalingrad verweht die Chaussee.
Sie führt in die Totenkammer aus Schnee.

◇◇◇

Ein zufälliger Fund im Wüstensand erinnert an die Vergangenheit und an das Vergängliche, an die Nöte des Volkes, an den Prunk der Großen und an Aufruhr.

◇◇◇

Peter Huchel

Münze aus Bir El Abbas

Reibe die schartige Münze nicht blank.
Lass es schlafen, das fremde Gesicht,
Unter der grünen Schicht des Metalls
Wie unter dem grünen Wasser
Verschlammter Löcher der letzten Oase.

Die Münze klirrt.
Du hörst Getöse der Öde,
Die lange Klage der Karawanen,
Zerfallen zu Staub.
Vom Wind gewetzt,
Zerschneidet die Sichel des Sandes
Das Lagerfeuer,
Das schwarze Zelt aus Ziegenhaar,
Der Eselstute Nüster und Huf.

Ruhlose Münze,
Von Brunnen zu Brunnen getragen,
Auf schrundigem Rücken dürrer Kamele
Von Markt zu Markt,
Aus schmutzigem Kopftuch der Greisin fallend
Ins schmutzige Leder des Fladenhändlers,

quia natus est nobis Dominus: weil uns der Herr geboren ist.

Verborgen unter der Achsel des Diebes
Und wieder geworfen aus Räuberhand
Dem Leprakranken in den Napf,
Geschoben auf den dünnen Teppich,
Dass vor der Liebe die Ulad noch tanze,
Die über dem starren, gekalkten Gesicht
Den kleinen Mond aus Tierhaut schwingt,
Der dröhnend umkreist den Flötenton.

Ruhlose Münze,
Verschenkt und verloren,
Von Fersen getreten, von Zähnen geprüft,
Geschrieben ins Schuldbuch, ins Salz der Tränen,
Wenn unter der Fron der Mahlstein knirschte,
Du Zeuge des Schachers um Amber und Perlen,
Dem Richter den Spruch vom Munde nehmend:
Du nur kennst die Wege der Welt.
Du rolltest durch den Hunger des Volks,
Durch Prunk und Aufruhr alter Provinzen,
Durch Stammesfehden und Lachen von Blut,
Bis dich die Tatze der Wüste begrub.

Wo Öde wuchert an Wall und Mauer,
Mit stumpfer Hacke die Hitze schlägt,
Lagst du im Purpurschutt aus Scherben,
Dem Schweigen nun auf Zins geliehen –
Vom Spaten gehoben,
Das einzige Grün im grellen Sand,
Der Mammon der Toten,
Der nicht zu stillen vermochte
Den nie verlöschenden Durst der Welt.

Doch mit des Geschickes Mächten …

Durch die Natur- und Schicksalsballaden führt Heinrich Pleticha

Von Menschen, Schicksalen und von der Natur ist in den Balladen dieser Gruppe die Rede. Das klingt sehr allgemein, fast ein wenig zu unbestimmt, sodass wir uns schon etwas näher mit den Begriffen auseinander setzen müssen, um die Auswahl verständlich zu machen.

Menschen spielen schließlich in allen Balladen eine wichtige Rolle, ganz gleich, ob in ernsten oder heiteren. Wir hören viel von guten Menschen und edlen Taten, häufiger noch von bösen und ihren Verbrechen, wir hören von Liebe und Leid, von Freuden, Ängsten, Schmerzen. Deshalb könnte man manche Ballade auch anderen Gruppen zuordnen, wie etwa Meyers *Füße im Feuer*, die hier als Beispiel für Selbstüberwindung und Edelmut steht, aber auch unter die geschichtlichen Balladen gerechnet werden könnte.

Statt von der Natur könnte man auch von den Naturgewalten sprechen. Denn selten nur steht die Natur als Freund der Menschen im Mittelpunkt einer Ballade. Viel häufiger ist von Naturgewalten und ihren Gefahren die Rede. Stürme, Gewitter, Überschwemmungen bedrohen die Menschen. Diese fühlen sich zwar eingeordnet in den großen Kreislauf der Natur, in Werden und Vergehen, lebten und leben sogar noch heute in Sorge vor den zahllosen Gefahren, die überall in der Natur auf sie lauern. Kein Wunder, wenn deshalb die Naturkräfte in der Dichtung oft verlebendigt, gelegentlich zu Helfern, häufiger aber zu Gegnern der Menschen gemacht werden. Die Wellen des Wassers locken als Nixen oder Meerjungfrauen, bevor sie den Menschen verschlingen, die Nebel wandeln sich zu Elfen oder bösen Geistern, Stürme zu einem wilden Heer, das in den Nächten über die von bösen Träumen geplagten Schläfer dahinbraust. So verbinden sich Menschen, Natur und Geisterwelt auch in den Balladen, die von ihnen erzählen. Manche berichten von Zwiesprachen, Mahnungen oder sogar Drohungen, und viele Gedanken aus den Werken des 18. und 19. Jahrhunderts sind dabei schon durchaus modern und entsprechen unseren heutigen ökologischen Forderungen.

Zu den beliebten Themen gehört auch der Kampf des Menschen gegen die Gewalten der Natur, denen er früher meistens noch hilfloser gegenüberstand als heute oder denen er erliegt, wie etwa in Schillers *Taucher* oder in Fontanes *Brück' am Tay*. Nur selten wird die

Natur als Werkzeug göttlicher Vorsehung zur Helferin oder Beschützerin, wie wir es in Brentanos *Gottesmauer* erleben.

Dort, wo der Mensch bewusst gegen Naturgewalten und ihre Bedrohung ankämpft, erfordert das viel Opferbereitschaft und oft Tapferkeit. Manchmal siegt er, wie im *Lied vom braven Mann* von Bürger oder in *Johanna Sebus* von Goethe, dann aber wieder muss er sich, wie in *Een Boot is noch buten* von Holz ohnmächtig den Gewalten beugen.

Diese Balladen von Opferbereitschaft und Tapferkeit ließen sich auch dem weiten Themenbereich »Menschen und Schicksale« zuordnen, aus dem wegen der Fülle des Stoffes nur einige besonders kennzeichnende Beispiele ausgewählt werden konnten. Eigentlich wären »Menschen und Schicksale« ja sogar ein geeigneter Titel für diese gesamte Balladensammlung gewesen; denn wenn wir genau hinsehen, geht es ja in fast allen Balladen um Menschenschicksale, ganz gleich ob in der Vergangenheit, im Alltag oder sogar in der Begegnung mit der Geisterwelt.

Eng neben Tapferkeit und Opferbereitschaft stehen die Beispiele für Edelmut, sei es im Verzicht auf Rache in Meyers *Die Füße im Feuer*, in der treuen Freundschaft, von der Schillers *Bürgschaft* erzählt, sei es im Verhalten des geschmähten und verachteten Indianers in Seumes Ballade *Der Wilde*.

Immer wieder greifen die Dichter auch das Thema vom unentrinnbaren Schicksal auf, dem die Menschen unterworfen sind, ganz gleich, ob sie es mit Sage und Mythe verbinden wie Agnes Miegel oder ob sie Gott selbst eingreifen lassen wie Heine in der *Wallfahrt*. Manchmal übernimmt das Schicksal auch Vergeltung und sogar Rache, wo menschliche Gerechtigkeit nicht wirken kann, ein Thema, das vor allem in alten Zeiten der Rechtsunsicherheit gern in Balladen dargestellt wurde.

Nicht zuletzt ist die Ballade auch in vielfältiger Art Spiegel menschlicher Regungen. Sie erzählt von Eitelkeit, von Liebe und Seelenschmerz, von Schlitzohrigkeit und Ängsten, aber auch von der Trostlosigkeit des Alltags oder der abgrundtiefen Verzweiflung eines Kindes. Groß und Klein geben sich so ein buntes Stelldichein. Während bei der klassischen Ballade des 18. und 19. Jahrhunderts dabei meistens ein gewisses, uns heute eher fremdes Pathos im Vordergrund steht, gelingt es den modernen Balladen hier leisere Töne anzuschlagen. Man muss nur einmal zum Thema »Vergänglichkeit« Uhlands *Schloss am Meer* und Leips *Lied im Schutt* miteinander vergleichen, um die gewandelte Grundauffassung zu erkennen!

Drei Beispiele beschäftigen sich schließlich noch mit dem Thema »Mensch und Tier«, das in der Ballade merkwürdigerweise nur verhältnismäßig selten behandelt wird. Wer sie aufmerksam liest, wird unschwer erkennen, dass auch hier eigentlich der Mensch im Mittelpunkt steht und das Tier seinem Schicksal zu- und sogar untergeordnet ist.

◇◇◇

Angeblich, so wird erzählt, geht diese Ballade auf ein tatsächliches Ereignis zurück, das sich so bei dem Einfall der Schweden 1814 in Schleswig abgespielt haben soll. Die Natur wird hier zum Werkzeug der göttlichen Vorsehung. Der Glaube des alten Mütterchens versetzt nicht Berge, aber er hilft Mauern zu bauen …

◇◇◇

Clemens Brentano

Die Gottesmauer

Draus vor Schleswig an der Pforte
Wohnen armer Leute viel.
Ach!, des Feindes wilder Horde
Werden sie das erste Ziel.
Waffenstillstand ist gekündet;
Dänen ziehen aus zur Nacht;
Russen, Schweden sind verbündet,
Brechen ein mit wilder Macht.

Draus vor Schleswig, weit vor allen
Liegt ein Hüttlein ausgesetzt.

Draus vor Schleswig in der Hütte
Singt ein frommes Mütterlein:
»Herr, in deinen Schoß ich schütte
Alle meine Sorg' und Pein!«
Doch ihr Enkel, ohn' Vertrauen,
Zwanzigjährig, neuster Zeit,
Hat, den Bräutigam zu schauen,
Seine Lampe nicht bereit.

Draus vor Schleswig in der Hütte
Singt das fromme Mütterlein.

»Eine Mauer um uns baue!«,
Singt das fromme Mütterlein:
»Dass dem Feinde vor uns graue,
Nimm in deine Burg uns ein!«
»Mutter«, spricht der Weltgesinnte,
»Eine Mauer uns ums Haus
Kriegt fürwahr nicht so geschwinde
Euer lieber Gott heraus!«

»Eine Mauer um uns baue!«,
Singt das fromme Mütterlein.

»Enkel, fest ist mein Vertrauen,
Wenn's dem lieben Gott gefällt,
Kann Er uns die Mauer bauen,
Was Er will, ist wohl bestellt.«
Trommeln rumdidum rings prasseln;
Die Trompeten schmettern drein,
Rosse wiehern, Wagen rasseln;
Ach, nun bricht der Feind herein!

»Eine Mauer um uns baue!«,
Singt das fromme Mütterlein.

Rings in alle Hütten brechen
Schwed' und Russe mit Geschrei,
Fluchen, lärmen, toben, zechen,
Doch dies Haus gehn sie vorbei.
Und der Enkel spricht in Sorgen:
»Mutter, uns verrät das Lied!«
Aber sieh!, das Heer von Morgen
Bis zur Nacht vorüberzieht.

»Eine Mauer um uns baue!«,
Singt das fromme Mütterlein.

Und am Abend tobt der Winter,
Um die Fenster stürmt der Nord.
»Schließt die Laden, liebe Kinder!«,
Spricht die Alte und singt fort.
Aber mit den Flocken fliegen
Nur Kosakenpulke* 'ran;
Rings in allen Hütten liegen
Sechzig, auch wohl achtzig Mann.

»Eine Mauer um uns baue!«,
Singt das fromme Mütterlein.

»Eine Mauer um uns baue!«,
Singt sie fort die ganze Nacht.
Morgens wird es still: »O schaue,
Enkel, was der Nachbar macht!«
Auf nach innen geht die Türe;
Nimmer käm' er sonst heraus:
Dass er Gottes Allmacht spüre,
Liegt der Schnee wohl haushoch draus.

»Eine Mauer um uns baue!«,
Sang das fromme Mütterlein.

»Ja!, der Herr kann Mauern bauen!
Liebe, gute Mutter, komm,
Gottes Wunder anzuschauen!«,
Spricht der Enkel und ward fromm.
Achtzehnhundertvierzehn war es,
Als der Herr die Mauer baut';

In der fünften Nacht des Jahres
Hat's dem Feind davor gegraut.

»Eine Mauer um uns baue!«,
Sang das fromme Mütterlein.

* Kosaken: ursprünglich tatarische, später slawische Gemeinschaften freier Reiterverbände, die in der russischen Armee dienten; Kosakenpulk: Kosakentrupp.

◇◇◇

Diese Ballade bildet ein Gegenstück zur vorangegangenen. Auch hier ist die Natur ein Stück der göttlichen Vorsehung. Nicht die im Mittelpunkt des Geschehens stehenden Menschen, wohl aber die Leser erkennen die Nichtigkeit allen auf sich beschränkten Planens und Sorgens.

◇◇◇

Gustav Schwab

Das Gewitter

Urahne, Großmutter, Mutter und Kind
In dumpfer Stube beisammen sind;
Es spielet das Kind, die Mutter sich schmückt,
Großmutter spinnet, Urahne gebückt
Sitzt hinter dem Ofen im Pfühl* –
Wie wehen die Lüfte so schwül!

Das Kind spricht: »Morgen ist's Feiertag,
Wie will ich spielen im grünen Hag*,
Wie will ich springen durch Tal und Höh'n,
Wie will ich pflücken viel Blumen schön;
Dem Anger*, dem bin ich hold!« –
Hört ihr's, wie der Donner grollt?

Die Mutter spricht: »Morgen ist's Feiertag,
Da halten wir alle fröhlich Gelag,
Ich selber, ich rüste mein Feierkleid;
Das Leben, es hat auch Lust nach Leid,
Dann scheint die Sonne wie Gold!« –
Hört ihr's, wie der Donner grollt?

Pfühl: Bett, Kissen, weiches Lager.
Hag: Hain, kleiner Wald.
Anger: Wiese.

Großmutter spricht: »Morgen ist's Feiertag,
Großmutter hat keinen Feiertag,
Sie kochet das Mahl, sie spinnet das Kleid,
Das Leben ist Sorg' und viel Arbeit;
Wohl dem, der tat, was er sollt!« –
Hört ihr's, wie der Donner grollt?

Urahne spricht: »Morgen ist's Feiertag,
Am liebsten morgen ich sterben mag:
Ich kann nicht singen und scherzen mehr,
Ich kann nicht sorgen und schaffen schwer,
Was tu' ich noch auf der Welt?« –
Seht ihr, wie der Blitz dort fällt?

Sie hören's nicht, sie sehen's nicht,
Es flammet die Stube wie lauter Licht:
Urahne, Großmutter, Mutter und Kind
Vom Strahl miteinander getroffen sind,
Vier Leben endet ein Schlag –
Und morgen ist's Feiertag.

◇◇◇

Die Ostpreußin Agnes Miegel führt mit der Ballade in ihre Heimat an die Kurische Nehrung, wo die riesigen Wanderdünen den kleinen Ort Nidden zu verschlingen drohen. Aber für die letzten dort lebenden Frauen wird in den Tagen der Pest diese Bedrohung zum gnädigen Leichentuch.

◇◇◇

Agnes Miegel

Die Frauen von Nidden

Die Frauen von Nidden standen am Strand
Über spähenden Augen die braune Hand,
Und die Boote nahten in wilder Hast,
Schwarze Wimpel flogen züngelnd am Mast.

Die Männer banden die Kähne fest
Und schrieen: »Drüben wütet die Pest!
In der Niedrung von Heydekrug bis Schaaken
Gehn die Leute im Trauerlaken!«

Da sprachen die Frauen: »Es hat nicht Not, –
Vor unsrer Türe lauert der Tod,
Jeden Tag, den uns Gott gegeben,
Müssen wir ringen um unser Leben,

Die wandernde Düne ist Leides genug,
Gott wird uns verschonen, der uns schlug!« –
Doch die Pest ist des Nachts gekommen
Mit den Elchen über das Haff* geschwommen.

Drei Tage lang, drei Nächte lang,
Wimmernd im Kirchstuhl die Glocke klang.
Am vierten Morgen, schrill und jach,
Ihre Stimme in Leide brach.

Und in dem Dorf, aus Kate und Haus,
Sieben Frauen schritten heraus.
Sie schritten barfuß und tief gebückt,
In schwarzen Kleidern, bunt gestickt.

Sie klommen die steile Düne hinan,
Schuh und Strümpfe legten sie an
Und sie sprachen: »Düne, wir sieben
Sind allein noch übrig geblieben.

Kein Tischler lebt, der den Sarg uns schreint,
Nicht Sohn noch Enkel, der uns beweint,
Kein Pfarrer mehr, uns den Kelch zu geben,
Nicht Knecht noch Magd ist mehr unten am Leben, –

Nun, weiße Düne, gib wohl Acht:
Tür und Tor ist dir aufgemacht,

Haff: flacher Binnensee.

In unsre Stuben wirst du gehn
Herd und Hof und Schober verwehn, –

Gott vergaß uns, er ließ uns verderben.
Sein verödetes Haus sollst du erben,
Kreuz und Bibel zum Spielzeug haben, –
Nur, Mütterchen, komm uns zu begraben!

Schlage uns still ins Leichentuch,
Du unser Segen, – einst unser Fluch.
Sieh, wir liegen und warten ganz mit Ruh«, –

Und die Düne kam und deckte sie zu.

◇◇◇

Schon von Alexander dem Großen erzählt die Sage, dass er versucht habe die Tiefen des Meeres zu erkunden. Hier sendet ein wissensdurstiger König einen wagemutigen Freiwilligen in den unheimlichen »Schlund«, aber er begnügt sich nicht mit dem einmaligen Gelingen des Unternehmens, sondern führt den jungen Mann mit der Überheblichkeit des Mächtigen, der auch im Wissensdrang keine Grenzen kennen will, in Versuchung und treibt ihn in den Tod. Damit gibt die dramatisch ausmalende Ballade über den Augenblickseffekt hinaus eine zeitlose Aussage vom Missbrauch der Macht im Dienste der Erkenntnis.

◇◇◇

Friedrich Schiller

Der Taucher

»Wer wagt es, Rittersmann oder Knapp,
Zu tauchen in diesen Schlund?
Einen goldnen Becher werf ich hinab,
Verschlungen schon hat ihn der schwarze Mund.
Wer mir den Becher kann wieder zeigen,
Er mag ihn behalten, er ist sein Eigen.«

Der König spricht es und wirft von der Höh
Der Klippe, die schroff und steil
Hinaushängt in die unendliche See,
Den Becher in der Charybde* Geheul.
»Wer ist der Beherzte, ich frage wieder,
Zu tauchen in diese Tiefe nieder?«

Und die Ritter, die Knappen um ihn her
Vernehmens und schweigen still,
Sehen hinab in das wilde Meer,
Und keiner den Becher gewinnen will.
Und der König zum dritten Mal wieder fraget:
»Ist keiner, der sich hinunterwaget?«

Doch alles noch stumm bleibt wie zuvor,
Und ein Edelknecht, sanft und keck,
Tritt aus der Knappen zagendem Chor,
Und den Gürtel wirft er, den Mantel weg,
Und alle die Männer umher und Frauen
Auf den herrlichen Jüngling verwundert schauen.

Und wie er tritt an des Felsen Hang
Und blickt in den Schlund hinab,
Die Wasser, die sie hinunterschlang,
Die Charybde jetzt brüllend wiedergab,
Und wie mit des fernen Donners Getose
Entstürzen sie schäumend dem finstern Schoße.

Und es wallet und siedet und brauset und zischt,
Wie wenn Wasser mit Feuer sich mengt,
Bis zum Himmel spritzet der dampfende Gischt,
Und Flut auf Flut sich ohn Ende drängt,
Und will sich nimmer erschöpfen und leeren,
Als wollte das Meer noch ein Meer gebären.

Charybde: Meerungeheuer der griechischen Sage.

Doch endlich, da legt sich die wilde Gewalt,
Und schwarz aus dem weißen Schaum
Klafft hinunter ein gähnender Spalt,
Grundlos, als gings in den Höllenraum,
Und reißend sieht man die brandenden Wogen
Hinab in den strudelnden Trichter gezogen.

Jetzt schnell, eh die Brandung wiederkehrt,
Der Jüngling sich Gott befiehlt,
Und – ein Schrei des Entsetzens wird rings gehört,
Und schon hat ihn der Wirbel hinweggespült,
Und geheimnisvoll über dem kühnen Schwimmer
Schließt sich der Rachen, er zeigt sich nimmer.

Und stille wirds über dem Wasserschlund,
In der Tiefe nur brauset es hohl,
Und bebend hört man von Mund zu Mund:
»Hochherziger Jüngling, fahre wohl!«
Und hohler und hohler hört mans heulen,
Und es harrt noch mit bangem, mit schrecklichem Weilen.

Und wärfst du die Krone selber hinein
Und sprächst: Wer mir bringet die Kron,
Er soll sie tragen und König sein,
Mich gelüstete nicht nach dem teuren Lohn.
Was die heulende Tiefe da unten verhehle,
Das erzählt keine lebende glückliche Seele.

Wohl manches Fahrzeug, vom Strudel gefasst,
Schoss gäh in die Tiefe hinab,
Doch zerschmettert nur rangen sich Kiel und Mast
Hervor aus dem alles verschlingenden Grab. –
Und heller und heller wie Sturmes Sausen
Hört mans näher und immer näher brausen.

Und es wallet und siedet und brauset und zischt,
Wie wenn Wasser mit Feuer sich mengt,
Bis zum Himmel spritzet der dampfende Gischt,
Und Well auf Well sich ohn Ende drängt,
Und wie mit des fernen Donners Getose,
Entstürzt es brüllend dem finstern Schoße.

Agnes Miegel: *Die Frauen von Nidden*

Und sieh!, aus dem finster flutenden Schoß
Da hebet sichs schwanenweiß,
Und ein Arm und ein glänzender Nacken wird bloß,
Und es rudert mit Kraft und mit emsigem Fleiß,
Und er ists, und hoch in seiner Linken
Schwingt er den Becher mit freudigem Winken.

Und atmete lang und atmete tief
Und begrüßte das himmlische Licht.
Mit Frohlocken es einer dem andern rief:
»Er lebt! Er ist da! Es behielt ihn nicht!
Aus dem Grab, aus der strudelnden Wasserhöhle
Hat der Brave gerettet die lebende Seele!«

Und er kommt, es umringt ihn die jubelnde Schar,
Zu des Königs Füßen er sinkt,
Den Becher reicht er ihm knieend dar,
Und der König der lieblichen Tochter winkt,
Die füllt ihn mit funkelndem Wein bis zum Rande,
Und der Jüngling sich also zum König wandte:

»Lang lebe der König! Es freue sich,
Wer da atmet im rosigten Licht!
Da unten aber ists fürchterlich,
Und der Mensch versuche die Götter nicht
Und begehre nimmer und nimmer zu schauen,
Was sie gnädig bedecken mit Nacht und Grauen.

Es riss mich hinunter blitzesschnell,
Da stürzt' mir aus felsigtem Schacht
Wild flutend entgegen ein reißender Quell,
Mich packte des Doppelstroms wütende Macht,
Und wie einen Kreisel mit schwindelndem Drehen
Trieb michs um, ich konnte nicht widerstehen.

Da zeigte mir Gott, zu dem ich rief
In der höchsten schrecklichen Not,
Aus der Tiefe ragend ein Felsenriff,
Das erfasst' ich behänd und entrann dem Tod,
Und da hing auch der Becher an spitzen Korallen,
Sonst wär er ins Bodenlose gefallen.

Denn unter mir lags noch, bergetief,
In purpurner Finsternis da,
Und obs hier dem Ohre gleich ewig schlief,
Das Auge mit Schaudern hinuntersah,
Wie's von Salamandern und Molchen und Drachen
Sich regt' in dem furchtbaren Höllenrachen.

Schwarz wimmelten da, in grausem Gemisch,
Zu scheußlichen Klumpen geballt,
Der stachligte Roche, der Klippenfisch,
Des Hammers gräuliche Ungestalt,
Und dräuend wies mir die grimmigen Zähne
Der entsetzliche Hai, des Meeres Hyäne.

Und da hing ich und wars mir mit Grausen bewusst,
Von der menschlichen Hülfe so weit,
Unter Larven die einzige fühlende Brust,
Allein in der grässlichen Einsamkeit,
Tief unter dem Schall der menschlichen Rede
Bei den Ungeheuern der traurigen Öde.

Und schaudernd dacht ichs, da krochs heran,
Regte hundert Gelenke zugleich,
Will schnappen nach mir; in des Schreckens Wahn
Lass ich los der Koralle umklammerten Zweig,
Gleich fasst mich der Strudel mit rasendem Toben,
Doch es war mir zum Heil, er riss mich nach oben.«

Der König darob sich verwundert schier
Und spricht: »Der Becher ist dein,
Und diesen Ring noch bestimm ich dir,
Geschmückt mit dem köstlichsten Edelgestein,
Versuchst dus noch einmal und bringst mir Kunde,
Was du sahst auf des Meeres tiefunterstem Grunde.«

Das hörte die Tochter mit weichem Gefühl,
Und mit schmeichelndem Munde sie fleht:
»Lasst, Vater, genug sein das grausame Spiel,
Er hat Euch bestanden, was keiner besteht,
Und könnt Ihr des Herzens Gelüsten nicht zähmen,
So mögen die Ritter den Knappen beschämen.«

Drauf der König greift nach dem Becher schnell,
In den Strudel ihn schleudert hinein:
»Und schaffst du den Becher mir wieder zur Stell,
So sollst du der trefflichste Ritter mir sein
Und sollst sie als Ehgemahl heut noch umarmen,
Die jetzt für dich bittet mit zartem Erbarmen.«

Da ergreifts ihm die Seele mit Himmelsgewalt,
Und es blitzt aus den Augen ihm kühn,
Und er siehet erröten die schöne Gestalt
Und sieht sie erbleichen und sinken hin,
Da treibts ihn, den köstlichen Preis zu erwerben,
Und stürzt hinunter auf Leben und Sterben.

Wohl hört man die Brandung, wohl kehrt sie zurück,
Sie verkündigt der donnernde Schall,
Da bückt sichs hinunter mit liebendem Blick,
Es kommen, es kommen die Wasser all,
Sie rauschen herauf, sie rauschen nieder,
Den Jüngling bringt keines wieder.

◇◇◇

Ähnlich wie im *Erlkönig* (S. 81) werden auch hier die magischen Kräfte der Natur beschworen. »Kühl« und »ruhig« scheint der Fischer auf seine Beute zu warten, bis ihn die Wasserjungfrau als der personifizierte Geist des verletzten Elements anklagt. Ihre Klage wandelt sich aber auf unheimliche Art in Verlockung und Verführung, denen der Mann nicht widerstehen kann, bis er zum Opfer des Elements wird.

◇◇◇

Johann Wolfgang von Goethe

Der Fischer

Das Wasser rauscht', das Wasser schwoll,
Ein Fischer saß daran,
Sah nach dem Angel ruhevoll,
Kühl bis ans Herz hinan.
Und wie er sitzt und wie er lauscht,
Teilt sich die Flut empor;
Aus dem bewegten Wasser rauscht
Ein feuchtes Weib hervor.

Sie sang zu ihm, sie sprach zu ihm:
»Was lockst du meine Brut
Mit Menschenwitz und Menschenlist
Hinauf in Todesglut?
Ach wüsstest du, wie's Fischlein ist
So wohlig auf dem Grund,
Du stiegst herunter, wie du bist,
Und würdest erst gesund.

Labt sich die liebe Sonne nicht,
Der Mond sich nicht im Meer?
Kehrt wellenatmend ihr Gesicht
Nicht doppelt schöner her?
Lockt dich der tiefe Himmel nicht,
Das feuchtverklärte Blau?
Lockt dich dein eigen Angesicht
Nicht her in ewgen Tau?«

Das Wasser rauscht', das Wasser schwoll,
Netzt' ihm den nackten Fuß;
Sein Herz wuchs ihm so sehnsuchtsvoll,
Wie bei der Liebsten Gruß.
Sie sprach zu ihm, sie sang zu ihm;
Da wars um ihn geschehn:
Halb zog sie ihn, halb sank er hin,
Und ward nicht mehr gesehn.

◇◇◇

Schon vor zweihundert Jahren griff Friedrich Schiller in seiner letzten Ballade das heute so aktuelle Thema von der Zerstörung des ökologischen Gleichgewichts und der Bedrohung der Natur durch den Menschen auf. Ähnlich wie bei Goethes *Fischer* ist auch hier die Natur personifiziert und weist in der Gestalt des »Bergesalten« den selbstherrlichen Menschen in seine Schranken.

◇◇◇

Friedrich Schiller

Der Alpenjäger

Willst du nicht das Lämmlein hüten?
  Lämmlein ist so fromm und sanft,
Nährt sich von des Grases Blüten,
  Spielend an des Baches Ranft*.
»Mutter, Mutter, lass mich gehen
Jagen nach des Berges Höhen!«

Willst du nicht die Herde locken
  Mit des Hornes munterm Klang?
Lieblich tönt der Schall der Glocken
  In des Waldes Lustgesang.
»Mutter, Mutter, lass mich gehen
Schweifen auf den wilden Höhen!«

Willst du nicht der Blümlein warten,
  Die im Beete freundlich stehn?
Draußen ladet dich kein Garten;
  Wild ist's auf den wilden Höhn!
»Lass die Blümlein, lass sie blühen!
Mutter, Mutter, lass mich ziehen!«

Und der Knabe ging zu jagen,
  Und es treibt und reißt ihn fort,
Rastlos fort mit blindem Wagen
  An des Berges finstern Ort;
Vor ihm her mit Windesschnelle
Flieht die zitternde Gazelle.

Auf der Felsen nackte Rippen
  Klettert sie mit leichtem Schwung,
Durch den Riss gespaltner Klippen
  Trägt sie der gewagte Sprung;
Aber hinter ihr verwogen
Folgt er mit dem Todesbogen.

Jetzo auf den schroffen Zinken
  Hängt sie, auf dem höchsten Grat,
Wo die Felsen jäh versinken
  Und verschwunden ist der Pfad –
Unter sich die steile Höhe,
Hinter sich des Feindes Nähe.

Mit des Jammers stummen Blicken
  Fleht sie zu dem harten Mann,
Fleht umsonst, denn loszudrücken
  Legt er schon den Bogen an;
Plötzlich aus der Felsenspalte
Tritt der Geist, der Bergesalte.

Und mit seinen Götterhänden
  Schützt er das gequälte Tier.
»Musst du Tod und Jammer senden«,
  Ruft er, »bis herauf zu mir?
Raum für alle hat die Erde;
Was verfolgst du meine Herde?«

* Ranft: Rand, Kante.

◇◇◇

In einer Zeit, in der die Schifffahrt viel mehr Opfer forderte als heute, wurden der Kampf gegen die wütende See und die Opfer, die er forderte, häufig als Motiv für Balladen gewählt. Im Vordergrund steht dabei das Los der hinterbliebenen Frauen. Und nur selten einmal, wie etwa im *Nis Randers* (S. 227), gibt es einen glücklichen Ausgang.

◇◇◇

Johann Gottfried Herder

Das Mädchen am Ufer

Die See war wild im Heulen
Der Sturm, er stöhnt mit Müh,
Da saß das Mädchen weinend,
Am harten Fels saß sie,
Weit über Meeres Brüllen
Warf Seufzer sie und Blick;
Nicht konnt's ihr Seufzer stillen,
Der matt ihr kam zurück.

»Ein Jahr nun hin und drüber!
Ein Jahr voll bitterm Weh!
O warum gingst du, Lieber,
Und trautest dich der See?
Hör auf, hör auf zu toben,
O Sturm, und gönn' ihm Ruh!
Hier in der Brust das Toben,
Ach!, wütet mehr als du.

Der Kaufmann schätzegierig,
Verzweifelnd flucht er dir;
Was ist Verlieren Schätze,
Zu dem, was ich verlier'?
Und würfst du ihn auf Küsten
Von Gold und Demant schwer;
Ein' Reich're kann er finden,
Ein' Treu're nimmermehr.«

So seufzend, weinend lag sie,
Erharrend ihn zu sehn.
In jeden Sturm floss Seufzen,
In jede Wog' ein Trän';
Als schnell auf weißen Wellen
Ein blasser Leichnam schwamm,
Tot sank auf ihn das Mädchen,
Es war – ihr Bräutigam.

Arno Holz

Een Boot is noch buten!

»Ahoi! Klaas Nielsen und Peter Jehann!
Kiekt nach, ob wi noch nich to Mus sind!
Ji hewt doch gesehn dem Klabautermann?
Gott Lob, dat wi wedder to Hus sind!«
Die Fischer riefens und stießen ans Land
Und zogen die Kiele bis hoch auf den Strand,
Denn dumpf an rollten die Fluten;
Han Jochen aber rechnete nach
Und schüttelte finster sein Haupt und sprach:
»Een Boot is noch buten*!«

Und ernster keuchte die braune Schar
Dem Dorf zu über die Dünen,
Schon grüßten von fern mit zerwehtem Haar
Die Fraun an den Gräbern der Hünen.
Und »Korl!« hieß es und »Leiw Marie!«
»'t is doch man schön, dat ji wedder hie!«
Dumpf an rollten die Fluten –
»Un Hinrich, min Hinrich? Wo is denn dee?!«
Und Jochen wies in die brüllende See:
»Een Boot is noch buten!«

Am Ufer dräute* der Möwenstein,
Drauf stand ein verrufnes Gemäuer,
Dort schleppten sie Werg* und Strandholz hinein
Und gossen Öl in das Feuer.
Das leuchtete weit in die Nacht hinaus
Und sollte rufen: O komm nach Haus!
Dumpf an rollten die Fluten –
Hier steht dein Weib in Nacht und Wind
Und jammert laut auf und küsst dein Kind:
»Een Boot is noch buten!«

buten: draußen.
dräute: drohte.
Werg: Abfallfasern bei der Flachs- und Hanfspinnerei.

Doch die Nacht verrann und die See ward still,
Und die Sonne schien in die Flammen,
Da schluchzte die Ärmste: »As Gott will!«
Und bewusstlos brach sie zusammen!
Sie trugen sie heim auf schmalem Brett,
Dort liegt sie nun fiebernd im Krankenbett,
Und draußen plätschern die Fluten;
Dort spielt ihr Kind, ihr »lütting Jehann«,
Und lallt wie träumend dann und wann:
»Een Boot is noch buten!« –

◇◇◇

Um die Jahreswende 1879 stürzte während eines Sturms die neue Eisenbahnbrücke über den Tay in Schottland zusammen und riss dabei den sie gerade überquerenden Zug in die Tiefe. Heute noch mahnen die Reste der Brückenpfeiler an dieses furchtbare Unglück. Ganz unter dem Eindruck des Geschehens schrieb Fontane seine berühmte Ballade, deren nachhaltige Wirkung auf den Gegensatz zwischen der dämonischen Natur und dem sich selbst vertrauenden Menschen basiert. Auch hier werden die Elemente personifiziert und nimmt der wütende Sturm in den drei Hexen Gestalt an, die an Shakespeares *Macbeth* erinnern, der ja ganz in der Nähe des Unglücksortes spielt.

◇◇◇

Theodor Fontane

Die Brück' am Tay*
(28. Dezember 1879)

When shall we three meet again?
Macbeth

»Wann treffen wir drei wieder zusamm?«
»Um die siebente Stund', am Brückendamm.«
»Am Mittelpfeiler.«
»Ich lösche die Flamm.«
»Ich mit.«

Tay: größter schottischer Fluss, der in die Nordsee mündet.

»Ich komme vom Norden her.«
»Und ich vom Süden.«
»Und ich vom Meer.«
»Hei, das gibt einen Ringelreihn,
Und die Brücke muss in den Grund hinein.«

»Und der Zug, der in die Brücke tritt
Um die siebente Stund'?«
»Ei, der muss mit.«
»Muss mit.«

»Tand, Tand
Ist das Gebilde von Menschenhand!«

*

Auf der Norderseite, das Brückenhaus –
Alle Fenster sehen nach Süden aus,
Und die Brücknersleut' ohne Rast und Ruh
Und in Bangen sehen nach Süden zu,
Sehen und warten, ob nicht ein Licht
Übers Wasser hin »Ich komme« spricht,
»Ich komme, trotz Nacht und Sturmesflug,
Ich, der Edinburger Zug.«

Und der Brückner jetzt: »Ich seh' einen Schein
Am anderen Ufer. Das muss er sein.
Nun, Mutter, weg mit dem bangen Traum,
Unser Johnie kommt und will seinen Baum,
Und was noch am Baume von Lichtern ist,
Zünd' alles an wie zum heiligen Christ,
Der will heuer zweimal mit uns sein, –
Und in elf Minuten ist er herein.«

*

Und es war der Zug. Am Süderturm
Keucht er vorbei jetzt gegen den Sturm,

Und Johnie spricht: »Die Brücke noch!
Aber was tut es, wir zwingen es doch.
Ein fester Kessel, ein doppelter Dampf,
Die bleiben Sieger in solchem Kampf.
Und wie's auch rast und ringt und rennt,
Wir kriegen es unter, das Element.

Und unser Stolz ist unsre Brück';
Ich lache, denk' ich an früher zurück,
An all den Jammer und all die Not
Mit dem elend alten Schifferboot;
Wie manche liebe Christfestnacht
Hab' ich im Fährhaus zugebracht
Und sah unsrer Fenster lichten Schein
Und zählte und konnte nicht drüben sein.«

Auf der Norderseite, das Brückenhaus –
Alle Fenster sehen nach Süden aus,
Und die Brücknersleut' ohne Rast und Ruh
Und in Bangen sehen nach Süden zu;
Denn wütender wurde der Winde Spiel,
Und jetzt, als ob Feuer vom Himmel fiel',
Erglüht es in niederschießender Pracht
Überm Wasser unten ... Und wieder ist Nacht.

»Wann treffen wir drei wieder zusamm?«
»Um Mitternacht, am Bergeskamm.«
»Auf dem hohen Moor, am Erlenstamm.«
»Ich komme.«
»Ich mit.«
»Ich nenn' euch die Zahl.«
»Und ich die Namen.«
»Und ich die Qual.«
»Hei!
Wie Splitter brach das Gebälk entzwei.«
»Tand, Tand
Ist das Gebilde von Menschenhand.«

◇◇◇

Tapfere Taten im Alltag gehören gepriesen, mehr als alle Heldentaten in den Kriegen. Die Ballade wird oft zur Künderin und singt das »Lied vom braven Mann«. Die Heldentaten vieler Frauen wurden allerdings meistens mit Stillschweigen übergangen. Eine rühmliche Ausnahme bildet die Ballade *Johanna Sebus*, in der Goethe das tatsächliche Schicksal einer jungen Frau hervorhebt. Sie und der Steuermann John Maynard opfern ihr Leben für die anderen. Auch Nis Randers ist ganz selbstverständlich dazu bereit, aber hier hat es ein gutes Geschick anders gewollt …

◇◇◇

Gottfried August Bürger

Das Lied vom braven Mann

Hoch klingt das Lied vom braven Mann,
Wie Orgelton und Glockenklang.
Wer hohen Muts sich rühmen kann,
Den lohnt nicht Gold, den lohnt Gesang.
Gottlob!, dass ich singen und preisen kann:
Zu singen und preisen den braven Mann.

Der Tauwind kam vom Mittagsmeer*,
Und schnob durch Welschland*, trüb und feucht.
Die Wolken flogen vor ihm her,
Wie wann der Wolf die Herde scheucht.
Er fegte die Felder; zerbrach den Forst!
Auf Seen und Strömen das Grundeis borst.

Am Hochgebirge schmolz der Schnee;
Der Sturz von tausend Wassern scholl;
Das Wiesental begrub ein See;
Des Landes Heerstrom wuchs und schwoll;
Hoch rollten die Wogen, entlang ihr Gleis,
Und rollten gewaltige Felsen Eis.

Mittagsmeer: Mittelmeer.
Welschland: romanischsprachiges Gebiet, Frankreich, Italien oder Spanien.

Auf Pfeilern und auf Bogen schwer,
Aus Quaderstein von unten auf,
Lag eine Brücke drüber her;
Und mitten stand ein Häuschen drauf.
Hier wohnte der Zöllner, mit Weib und Kind. –
»O Zöllner! O Zöllner! Entfleuch geschwind!«

Es dröhnt' und dröhnte dumpf heran,
Laut heulten Sturm und Wog' ums Haus.
Der Zöllner sprang zum Dach hinan
Und blickt' in den Tumult hinaus. –
»Barmherziger Himmel! Erbarme dich!
Verloren! Verloren! Wer rettet mich?« –

Die Schollen rollten, Schuss auf Schuss,
Von beiden Ufern, hier und dort,
Von beiden Ufern riss der Fluss
Die Pfeiler samt den Bogen fort.
Der bebende Zöllner, mit Weib und Kind,
Er heulte noch lauter als Strom und Wind.

Die Schollen rollten, Stoß auf Stoß,
An beiden Enden, hier und dort,
Zerborsten und zertrümmert, schoss
Ein Pfeiler nach dem andern fort.
Bald nahte der Mitte der Umsturz sich. –
»Barmherziger Himmel! Erbarme dich!« –

Hoch auf dem fernen Ufer stand
Ein Schwarm von Gaffern, groß und klein;
Und jeder schrie und rang die Hand,
Doch mochte niemand Retter sein.
Der bebende Zöllner, mit Weib und Kind,
Durchheulte nach Rettung den Strom und Wind. –

Wann klingst du, Lied vom braven Mann,
Wie Orgelton und Glockenklang?
Wohlan! So nenn' ihn, nenn' ihn dann!
Wann nennst du ihn, mein schönster Sang?
Bald nahet der Mitte der Umsturz sich.
O braver Mann! Braver Mann! Zeige dich!

Rasch galoppiert ein Graf hervor,
Auf hohem Ross ein edler Graf.
Was hielt des Grafen Hand empor?
Ein Beutel war es, voll und straff. –
»Zweihundert Pistolen* sind zugesagt
Dem, welcher die Rettung der Armen wagt.«

Wer ist der Brave? Ist's der Graf?
Sag an, mein braver Sang, sag an!
Der Graf, beim höchsten Gott!, war brav!
Doch weiß ich einen bravern Mann. –
O braver Mann! Braver Mann! Zeige dich!
Schon naht das Verderben sich fürchterlich. –

Und immer höher schwoll die Flut;
Und immer lauter schnob der Wind;
Und immer tiefer sank der Mut. –
O Retter! Retter! Komm geschwind! –
Stets Pfeiler bei Pfeiler zerborst und brach.
Laut krachten und stürzten die Bogen nach.

»Hallo! Hallo! Frisch auf gewagt!«
Hoch hielt der Graf den Preis empor.
Ein jeder hört's, doch jeder zagt,
Aus Tausenden tritt keiner vor.
Vergebens durchheulte, mit Weib und Kind,
Der Zöllner nach Rettung den Strom und Wind. –

* Pistole: alte Goldmünze.

Sieh, schlecht und recht, ein Bauersmann
Am Wanderstabe schritt daher,
Mit grobem Kittel angetan,
An Wuchs und Antlitz hoch und hehr.
Er hörte den Grafen, vernahm sein Wort,
Und schaute das nahe Verderben dort.

Und kühn in Gottes Namen sprang
Er in den nächsten Fischerkahn;
Trotz Wirbel, Sturm und Wogendrang
Kam der Erretter glücklich an:
Doch wehe! Der Nachen* war allzu klein,
Der Retter von allen zugleich zu sein.

Und dreimal zwang er seinen Kahn,
Trotz Wirbel, Sturm und Wogendrang;
Und dreimal kam er glücklich an,
Bis ihm die Rettung ganz gelang,
Kaum kamen die letzten in sichern Port,
So rollte das letzte Getrümmer fort. –

Wer ist, wer ist der brave Mann?
Sag an, sag an, mein braver Sang!
Der Bauer wagt' ein Leben dran:
Doch tat er's wohl um Goldesklang?
Denn spendete nimmer der Graf sein Gut,
So wagte der Bauer vielleicht kein Blut. –

»Hier«, rief der Graf, »mein wackrer Freund!
Hier ist dein Preis! Komm her! Nimm hin!« –
Sag an, war das nicht brav gemeint? –
Bei Gott! Der Graf trug hohen Sinn. –
Doch höher und himmlischer, wahrlich!, schlug
Das Herz, das der Bauer im Kittel trug.

Nachen: Boot, Kahn.

»Mein Leben ist für Gold nicht feil.
Arm bin ich zwar, doch ess' ich satt.
Dem Zöllner werd' Eu'r Gold zuteil,
Der Hab' und Gut verloren hat!«
So rief er, mit herzlichem Biederton,
Und wandte den Rücken und ging davon. –

Hoch klingst du, Lied vom braven Mann,
Wie Orgelton und Glockenklang!
Wer solchen Muts sich rühmen kann,
Den lohnt kein Gold, den lohnt Gesang.
Gottlob!, dass ich singen und preisen kann,
Unsterblich zu preisen den braven Mann.

Johann Wolfgang von Goethe

Johanna Sebus

Zum Andenken der siebzehnjährigen Schönen Guten aus dem Dorfe Brienen, die am 15. Januar 1809, bei dem Eisgange des Rheins und dem großen Bruche des Dammes von Cleverham, Hilfe reichend unterging.

Der Damm zerreißt, das Feld erbraust,
Die Fluten spülen, die Fläche saust.

»Ich trage dich, Mutter, durch die Flut,
Noch reicht sie nicht hoch, ich wate gut.« –
»Auch uns bedenke, bedrängt wie wir sind,
Die Hausgenossin, drei arme Kind!
Die schwache Frau! … Du gehst davon!« –
Sie trägt die Mutter durchs Wasser schon.
»Zum Bühle da rettet euch! Harret derweil;
Gleich kehr ich zurück, uns allen ist Heil.
Zum Bühl ists noch trocken und wenige Schritt;
Doch nehmt auch mir meine Ziege mit!«

Der Damm zerschmilzt, das Feld erbraust,
Die Fluten wühlen, die Fläche saust.

Sie setzt die Mutter auf sichres Land,
Schön Suschen, gleich wieder zur Flut gewandt.
»Wohin? Wohin? Die Breite schwoll,
Des Wassers ist hüben und drüben voll.
Verwegen ins Tiefe willst du hinein!« –
»Sie sollen und müssen gerettet sein!«

Der Damm verschwindet, die Welle braust,
Eine Meereswoge, sie schwankt und saust.

Schön Suschen schreitet gewohnten Steg,
Umströmt auch gleitet sie nicht vom Weg,
Erreicht den Bühl und die Nachbarin;
Doch der und den Kindern kein Gewinn!

Der Damm verschwand, ein Meer erbrausts,
Den kleinen Hügel im Kreis umsausts.

Da gähnet und wirbelt der schäumende Schlund
Und ziehet die Frau mit den Kindern zu Grund;
Das Horn der Ziege fasst das ein',
So sollten sie alle verloren sein!
Schön Suschen steht noch strack und gut:
Wer rettet das junge, das edelste Blut!
Schön Suschen steht noch wie ein Stern;
Doch alle Werber sind ihr fern.
Rings um sie her ist Wasserbahn,
Kein Schifflein schwimmet zu ihr heran.
Noch einmal blickt sie zum Himmel hinauf,
Da nehmen die schmeichelnden Fluten sie auf.

Kein Damm, kein Feld! Nur hier und dort
Bezeichnet ein Baum, ein Turm den Ort.

Bedeckt ist alles mit Wasserschwall;
Doch Suschens Bild schwebt überall. –
Das Wasser sinkt, das Land erscheint
Und überall wird schön Suschen beweint. –
Und dem sei, wers nicht singt und sagt,
Im Leben und Tod nicht nachgefragt!

Johann Wolfgang von Goethe: *Der Fischer*

Theodor Fontane

John Maynard

John Maynard!

»Wer ist John Maynard?«

»John Maynard war unser Steuermann,
Aus hielt er, bis er das Ufer gewann,
Er hat uns gerettet, er trägt die Kron',
Er starb für uns, unsre Liebe sein Lohn.
John Maynard.«

*

Die »Schwalbe« fliegt über den Eriesee*,
Gischt schäumt um den Bug wie Flocken von Schnee,
Von Detroit fliegt sie nach Buffalo –
Die Herzen aber sind frei und froh,
Und die Passagiere mit Kindern und Fraun
Im Dämmerlicht schon das Ufer schaun,
Und plaudernd an John Maynard heran
Tritt alles: »Wie weit noch, Steuermann?«
Der schaut nach vorn und schaut in die Rund':
»Noch dreißig Minuten ... Halbe Stund«.

Alle Herzen sind froh, alle Herzen sind frei –
Da klingt's aus dem Schiffsraum her wie Schrei,
»Feuer!«, war es, was da klang,
Ein Qualm aus Kajüt' und Luke drang,
Ein Qualm, dann Flammen lichterloh,
Und noch zwanzig Minuten bis Buffalo.

Und die Passagiere, bunt gemengt,
Am Bugspriet stehn sie zusammengedrängt,
Am Bugspriet vorn ist noch Luft und Licht,
Am Steuer aber lagert sich's dicht,
Und ein Jammern wird laut: »Wo sind wir? Wo?«
Und noch fünfzehn Minuten bis Buffalo.

Eriesee: der größte nordamerikanische Binnensee.

Der Zugwind wächst, doch die Qualmwolke steht,
Der Kapitän nach dem Steuer späht,
Er sieht nicht mehr seinen Steuermann,
Aber durchs Sprachrohr fragt er an:
»Noch da, John Maynard?«
  »Ja, Herr. Ich bin.«
»Auf den Strand! In die Brandung!«
  »Ich halte drauf hin.«
Und das Schiffsvolk jubelt: »Halt aus! Hallo!«
Und noch zehn Minuten bis Buffalo.

»Noch da, John Maynard?« Und Antwort schallt's
Mit ersterbender Stimme: »Ja, Herr, ich halt's!«
Und in die Brandung, was Klippe, was Stein,
Jagt er die »Schwalbe« mitten hinein.
Soll Rettung kommen, so kommt sie nur so.
Rettung: der Strand von Buffalo.

*

Das Schiff geborsten. Das Feuer verschwelt.
Gerettet alle. Nur *einer* fehlt!

*

Alle Glocken gehn; ihre Töne schwell'n
Himmelan aus Kirchen und Kapell'n,
Ein Klingen und Läuten, sonst schweigt die Stadt,
Ein Dienst nur, den sie heute hat.
Zehntausend folgen oder mehr,
Und kein Aug' im Zuge, das tränenleer.

Sie lassen den Sarg in Blumen hinab,
Mit Blumen schließen sie das Grab,
Und mit goldner Schrift in den Marmorstein
Schreibt die Stadt ihren Dankspruch ein:
»Hier ruht John Maynard! In Qualm und Brand
Hielt er das Steuer fest in der Hand,
Er hat uns gerettet, er trägt die Kron',
Er starb für *uns*, unsre Liebe sein Lohn.
  John Maynard.«

Otto Ernst

Nis Randers

Krachen und Heulen und berstende Nacht,
Dunkel und Flammen in rasender Jagd –
Ein Schrei durch die Brandung!

Und brennt der Himmel, so sieht man's gut:
Ein Wrack auf der Sandbank! Noch wiegt es die Flut;
Gleich holt sich's der Abgrund.

Nis Randers lugt – und ohne Hast
Spricht er: »Da hängt noch ein Mann im Mast;
Wir müssen ihn holen.«

Da fasst ihn die Mutter: »Du steigst mir nicht ein:
Dich will ich behalten, du bliebst mir allein,
Ich will's, deine Mutter!

Dein Vater ging unter und Momme, mein Sohn;
Drei Jahre verschollen ist Uwe schon,
Mein Uwe, mein Uwe!«

Nis tritt auf die Brücke. Die Mutter ihm nach!
Er weist nach dem Wrack und spricht gemach:
»Und *seine* Mutter?«

Nun springt er ins Boot, und mit ihm noch sechs:
Hohes, hartes Friesengewächs;
Schon sausen die Ruder.

Boot oben, Boot unten, ein Höllentanz!
Nun muss es zerschmettern …! Nein: Es blieb ganz! …
Wie lange? Wie lange?

Mit feurigen Geißeln peitscht das Meer
Die Menschen fressenden Rosse daher;
Sie schnauben und schäumen.

Wie hechelnde Hast sie zusammenzwingt!
Eins auf den Nacken des andern springt
Mit stampfenden Hufen!

Drei Wetter zusammen! Nun brennt die Welt!
Was da? – Ein Boot, das landwärts hält –
Sie sind es! Sie kommen! – –

Und Auge und Ohr ins Dunkel gespannt …
Still – ruft da nicht einer? – Er schreit's durch die Hand:
»Sagt Mutter, 's ist Uwe!«

◇◇◇

Der Kampf mit einem Drachen ist ein altes Motiv in Sagen und Legenden. Hier setzt sich der Dichter nach der vordergründigen Schilderung des Kampfes mit der oft schmalen Grenze zwischen Tapferkeit und Tollkühnheit und dem oft harten Druck des Gehorsams und der Unterordnung auseinander.

◇◇◇

Friedrich Schiller

Der Kampf mit dem Drachen

Was rennt das Volk, was wälzt sich dort
Die langen Gassen brausend fort?
Stürzt Rhodus* unter Feuers Flammen?
Es rottet sich im Sturm zusammen,
Und einen Ritter, hoch zu Ross,
Gewahr ich aus dem Menschentross,
Und hinter ihm, welch Abenteuer!
Bringt man geschleppt ein Ungeheuer,
Ein Drache scheint es von Gestalt,
Mit weitem Krokodilesrachen,
Und alles blickt verwundert bald
Den Ritter an und bald den Drachen.

Rhodus: Die Stadt Rhodos auf der gleichnamigen Insel im Mittelmeer.

Und tausend Stimmen werden laut:
»Das ist der Lindwurm, kommt und schaut!
Der Hirt und Herden uns verschlungen,
Das ist der Held, der ihn bezwungen!
Viel andre zogen vor ihm aus,
Zu wagen den gewaltgen Strauß,
Doch keinen sah man wiederkehren,
Den kühnen Ritter soll man ehren!«
Und nach dem Kloster geht der Zug,
Wo Sankt Johanns des Täufers Orden,
Die Ritter des Spitals*, im Flug
Zu Rate sind versammelt worden.

Und vor den edeln Meister tritt
Der Jüngling mit bescheidnem Schritt,
Nachdrängt das Volk, mit wildem Rufen,
Erfüllend des Geländers Stufen.
Und jener nimmt das Wort und spricht:
»Ich hab erfüllt die Ritterpflicht.
Der Drache, der das Land verödet,
Er liegt von meiner Hand getötet,
Frei ist dem Wanderer der Weg,
Der Hirte treibe ins Gefilde,
Froh walle auf dem Felsensteg
Der Pilger zu dem Gnadenbilde.«

Doch strenge blickt der Fürst ihn an
Und spricht: »Du hast als Held getan,
Der Mut ists, der den Ritter ehret,
Du hast den kühnen Geist bewähret.
Doch sprich! Was ist die erste Pflicht
Des Ritters, der für Christum ficht,
Sich schmücket mit des Kreuzes Zeichen?«
Und alle rings herum erbleichen.
Doch er, mit edelm Anstand, spricht,
Indem er sich errötend neiget:
»Gehorsam ist die erste Pflicht,
Die ihn des Schmuckes würdig zeiget.«

Ritter des Spitals: Mitglieder des geistlichen Ritterordens der Johanniter.

»Und diese Pflicht, mein Sohn,« versetzt
Der Meister, »hast du frech verletzt,
Den Kampf, den das Gesetz versaget,
Hast du mit frevlem Mut gewaget!« –
»Herr, richte, wenn du alles weißt«,
Spricht jener mit gesetztem Geist,
»Denn des Gesetzes Sinn und Willen
Vermeint ich treulich zu erfüllen.
Nicht unbedachtsam zog ich hin,
Das Ungeheuer zu bekriegen,
Durch List und kluggewandten Sinn
Versucht ichs, in dem Kampf zu siegen.

Fünf unsers Ordens waren schon,
Die Zierden der Religion,
Des kühnen Mutes Opfer worden,
Da wehrtest du den Kampf dem Orden.
Doch an dem Herzen nagte mir
Der Unmut und die Streitbegier,
Ja selbst im Traum der stillen Nächte
Fand ich mich keuchend im Gefechte,
Und wenn der Morgen dämmernd kam
Und Kunde gab von neuen Plagen,
Da fasste mich ein wilder Gram,
Und ich beschloss, es frisch zu wagen.

Und zu mir selber sprach ich dann:
Was schmückt den Jüngling, ehrt den Mann,
Was leisteten die tapfern Helden,
Von denen uns die Lieder melden?
Die zu der Götter Glanz und Ruhm
Erhub das blinde Heidentum?
Sie reinigten von Ungeheuern
Die Welt in kühnen Abenteuern,
Begegneten im Kampf dem Leun*
Und rangen mit dem Minotauren*,
Die armen Opfer zu befrein,
Und ließen sich das Blut nicht dauren.

Leu: Löwe.
Minotaurus: stierköpfiges Ungeheuer aus der griechischen Sage, das im Labyrinth auf Kreta lebt.

Ist nur der Sarazen* es wert,
Dass ihn bekämpft des Christen Schwert?
Bekriegt er nur die falschen Götter?
Gesandt ist er der Welt zum Retter,
Von jeder Not und jedem Harm
Befreien muss sein starker Arm,
Doch seinen Mut muss Weisheit leiten,
Und List muss mit der Stärke streiten.
So sprach ich oft und zog allein,
Des Raubtiers Fährte zu erkunden,
Da flößte mir der Geist es ein,
Froh rief ich aus: Ich habs gefunden!

Und trat zu dir und sprach dies Wort:
›Mich zieht es nach der Heimat fort.‹
Du, Herr willfahrtest meinen Bitten,
Und glücklich war das Meer durchschnitten.
Kaum stieg ich aus am heimschen Strand,
Gleich ließ ich durch des Künstlers Hand,
Getreu den wohl bemerkten Zügen,
Ein Drachenbild zusammenfügen.
Auf kurzen Füßen wird die Last
Des langen Leibes aufgetürmet,
Ein schuppigt Panzerhemd umfasst
Den Rücken, den es furchtbar schirmet.

Lang strecket sich der Hals hervor,
Und grässlich wie ein Höllentor,
Als schnappt' es gierig nach der Beute,
Eröffnet sich des Rachens Weite,
Und aus dem schwarzen Schlunde dräun
Der Zähne stacheligte Reihn,
Die Zunge gleicht des Schwertes Spitze,
Die kleinen Augen sprühen Blitze,
In einer Schlange endigt sich
Des Rückens ungeheure Länge,
Rollt um sich selber fürchterlich,
Dass es um Mann und Ross sich schlänge.

* Sarazen: im Altertum Name für Araber.

Und alles bild ich nach genau
Und kleid es in ein scheußlich Grau
Halb Wurm erschiens, halb Molch und Drache,
Gezeuget in der giftgen Lache.
Und als das Bild vollendet war,
Erwähl ich mir ein Doggenpaar,
Gewaltig, schnell, von flinken Läufen,
Gewohnt, den wilden Ur zu greifen.
Die hetz ich auf den Lindwurm an,
Erhitze sie zu wildem Grimme,
Zu fassen ihn mit scharfem Zahn,
Und lenke sie mit meiner Stimme.

Und wo des Bauches weiches Vlies
Den scharfen Bissen Blöße ließ,
Da reiz ich sie, den Wurm zu packen,
Die spitzen Zähne einzuhacken.
Ich selbst, bewaffnet mit Geschoss,
Besteige mein arabisch Ross,
Von adeliger Zucht entstammet,
Und als ich seinen Zorn entflammet,
Rasch auf den Drachen spreng ichs los
Und stachl es mit den scharfen Sporen
Und werfe zielend mein Geschoss,
Als wollt ich die Gestalt durchbohren.

Ob auch das Ross sich grauend bäumt
Und knirscht und in den Zügel schäumt,
Und meine Doggen ängstlich stöhnen,
Nicht rast ich, bis sie sich gewöhnen.
So üb ichs aus mit Emsigkeit,
Bis dreimal sich der Mond erneut,
Und als sie jedes recht begriffen,
Führ ich sie her auf schnellen Schiffen.
Der dritte Morgen ist es nun,
Dass mirs gelungen, hier zu landen,
Den Gliedern gönnt ich kaum zu ruhn,
Bis ich das große Werk bestanden.

Denn heiß erregte mir das Herz
Des Landes frisch erneuter Schmerz,
Zerrissen fand man jüngst die Hirten,
Die nach dem Sumpfe sich verirrten,
Und ich beschließe rasch die Tat,
Nur von dem Herzen nehm ich Rat.
Flugs unterricht ich meine Knappen,
Besteige den versuchten Rappen,
Und von dem edeln Doggenpaar
Begleitet, auf geheimen Wegen,
Wo meiner Tat kein Zeuge war,
Reit ich dem Feinde frisch entgegen.

Das Kirchlein kennst du, Herr, das hoch
Auf eines Felsenberges Joch,
Der weit die Insel überschauet,
Des Meisters kühner Geist erbauet.
Verächtlich scheint es, arm und klein,
Doch ein Mirakel* schließt es ein,
Die Mutter mit dem Jesusknaben,
Den die drei Könige begaben.
Auf dreimal dreißig Stufen steigt
Der Pilgrim nach der steilen Höhe,
Doch hat er schwindelnd sie erreicht,
Erquickt ihn seines Heilands Nähe.

Tief in den Fels, auf dem es hängt,
Ist eine Grotte eingesprengt,
Vom Tau des nahen Moors befeuchtet,
Wohin des Himmels Strahl nicht leuchtet,
Hier hausete der Wurm und lag,
Den Raub erspähend, Nacht und Tag.
So hielt er wie der Höllendrache
Am Fuß des Gotteshauses Wache,
Und kam der Pilgrim hergewallt
Und lenkte in die Unglücksstraße,
Hervorbrach aus dem Hinterhalt
Der Feind und trug ihn fort zum Fraße.

Mirakel: Wunder.

Den Felsen stieg ich jetzt hinan,
Eh ich den schweren Strauß begann,
Hin kniet ich vor dem Christuskinde
Und reinigte mein Herz von Sünde,
Drauf gürt ich mir im Heiligtum
Den blanken Schmuck der Waffen um,
Bewehre mit dem Spieß die Rechte,
Und nieder steig ich zum Gefechte.
Zurücke bleibt der Knappen Tross,
Ich gebe scheidend die Befehle
Und schwinge mich behänd aufs Ross,
Und Gott empfehl ich meine Seele.

Kaum seh ich mich im ebnen Plan,
Flugs schlagen meine Doggen an,
Und bang beginnt das Ross zu keuchen
Und bäumet sich und will nicht weichen,
Denn nahe liegt, zum Knäul geballt,
Des Feindes scheußliche Gestalt
Und sonnet sich auf warmem Grunde.
Auf jagen ihn die flinken Hunde,
Doch wenden sie sich pfeilgeschwind,
Als es den Rachen gähnend teilet
Und von sich haucht den giftgen Wind
Und winselnd wie der Schakal heulet.

Doch schnell erfrisch ich ihren Mut,
Sie fassen ihren Feind mit Wut,
Indem ich nach des Tieres Lende
Aus starker Faust den Speer versende,
Doch machtlos wie ein dünner Stab
Prallt er vom Schuppenpanzer ab,
Und eh ich meinen Wurf erneuet,
Da bäumet sich mein Ross und scheuet
An seinem Basiliskenblick*
Und seines Atems gift'gem Wehen,
Und mit Entsetzen springts zurück,
Und jetzo wars um mich geschehen –

Basiliskenblick: Der Basilisk ist ein Fabelwesen der Sage, dessen Blick tötet.

Da schwing ich mich behänd vom Ross,
Schnell ist des Schwertes Schneide bloß,
Doch alle Streiche sind verloren,
Den Felsenharnisch zu durchbohren,
Und wütend mit des Schweifes Kraft
Hat es zur Erde mich gerafft,
Schon seh ich seinen Rachen gähnen,
Es haut nach mir mit grimmen Zähnen,
Als meine Hunde wutentbrannt
An seinen Bauch mit grimmgen Bissen
Sich warfen, dass es heulend stand,
Von ungeheurem Schmerz zerrissen.

Und eh es ihren Bissen sich
Entwindet, rasch erheb ich mich,
Erspähe mir des Feindes Blöße
Und stoße tief ihm ins Gekröse
Nachbohrend bis ans Heft den Stahl,
Schwarz quellend springt des Blutes Strahl,
Hin sinkt es und begräbt im Falle
Mich mit des Leibes Riesenballe,
Dass schnell die Sinne mir vergehn.
Und als ich neu gestärkt erwache,
Seh ich die Knappen um mich stehn,
Und tot im Blute liegt der Drache.« –

Des Beifalls lang gehemmte Lust
Befreit jetzt aller Hörer Brust,
Sowie der Ritter dies gesprochen,
Und zehnfach am Gewölb gebrochen
Wälzt der vermischten Stimmen Schall
Sich brausend fort im Widerhall,
Laut fordern selbst des Ordens Söhne,
Dass man die Heldenstirne kröne,
Und dankbar im Triumphgepräng
Will ihn das Volk dem Volke zeigen,
Da faltet seine Stirne streng
Der Meister und gebietet Schweigen.

Und spricht: »Den Drachen, der dies Land
Verheert, schlugst du mit tapfrer Hand,
Ein Gott bist du dem Volke worden,
Ein Feind kommst du zurück dem Orden,
Und einen schlimmern Wurm gebar
Dein Herz, als dieser Drache war.
Die Schlange, die das Herz vergiftet,
Die Zwietracht und Verderben stiftet,
Das ist der widerspenstge Geist,
Der gegen Zucht sich frech empöret,
Der Ordnung heilig Band zerreißt,
Denn der ists, der die Welt zerstöret.

Mut zeiget auch der Mameluck*,
Gehorsam ist des Christen Schmuck;
Denn wo der Herr in seiner Größe
Gewandelt hat in Knechtes Blöße,
Da stifteten, auf heilgem Grund,
Die Väter dieses Ordens Bund,
Der Pflichten schwerste zu erfüllen:
Zu bändigen den eignen Willen!
Dich hat der eitle Ruhm bewegt,
Drum wende dich aus meinen Blicken,
Denn wer des Herren Joch nicht trägt,
Darf sich mit seinem Kreuz nicht schmücken.«

Da bricht die Menge tobend aus,
Gewaltger Sturm bewegt das Haus,
Um Gnade flehen alle Brüder,
Doch schweigend blickt der Jüngling nieder,
Still legt er von sich das Gewand
Und küsst des Meisters strenge Hand
Und geht. Der folgt ihm mit dem Blicke,
Dann ruft er liebend ihn zurücke
Und spricht: »Umarme mich, mein Sohn!
Dir ist der härtre Kampf gelungen.
Nimm dieses Kreuz: Es ist der Lohn
Der Demut, die sich selbst bezwungen.«

Mamelucken: Sklaven, die im Mittelalter in Ägypten als Leibwächter der Herrscher große Macht erlangten.

◇◇◇

Immer wieder beschäftigen sich Balladendichter mit den dunklen Mächten des Schicksals, die den Menschen bedrohen und vor denen er sich ängstigt. Besonders Agnes Miegel hat dieses Motiv gern aufgegriffen. *Die Nibelungen* erzielen ihre Wirkung dadurch, dass der Leser die Schicksale der Betroffenen kennt, während diese von Ahnungen gepeinigt werden. Ganz anders die *Mär vom Ritter Manuel.* Hier verschwimmen in künstlerischem Spiel Gegenwart, Vergangenheit und Zukunft. Die Deutung des Geschehens entzieht sich unserer nüchternen Vorstellung und die »Mär«, also die alte Kunde, wird letztendlich zum Märchen.

◇◇◇

Agnes Miegel

Die Nibelungen

In der dunkelnden Halle saßen sie,
Sie saßen geschart um die Flammen,
Hagen Tronje zur Linken, sein Schwert auf dem Knie,
Die Könige saßen zusammen.

Schön Kriemhild kauerte nah der Glut.
Von ihren schmalen Händen
Zuckte der Schein wie Gold und Blut
Und sprang hinauf an den Wänden.

König Gunter sprach: »Mein Herz geht schwer,
Hör ich den Ostwind klagen!
Spielmann, lang deine Fiedel her,
Sing uns von frohen Tagen!«

Aufflog ein jubelnder Bogenstrich
Und flatterte an den Balken,
Herr Volker sang: »Einst zähmte ich
Einen edelen Falken …«

Die blonde Kriemhild blickte auf
Und sprach mit Tränen und leise:
»Spielmann, hör mit dem Liede auf,
Sing eine andre Weise!«

Die braune Fiedel raunte alsbald
Träumend und ganz versonnen,
Herr Volker sang: »Im Odenwald
Da fließt ein kühler Bronnen ...«

Die blonde Kriemhild wandte sich
Und sprach mit Tränen und bange:
»Mein Herz schlägt laut und fürchtet sich
Und bebt bei deinem Sange ...«

Anhub die Fiedel zum dritten Mal
Aufweinend in Gram und Leide,
Herrn Volkers Stimme sang im Saal,
Wie ein Vogel auf nächtiger Heide:

»Es glimmt empor aus ewiger Nacht
Heißer als alle Feuersglut,
Gelb wie das Aug der Zwergenbrut,
Das gierig seinen Glanz bewacht, –
O weh der Lust, die mich gezeugt!

Wie Brunft nach Brunft im Forste schreit,
Wie nach der Lohe lechzt die Glut,
So treibt die Gier nach Menschenblut
Ans Licht den Hort der Dunkelheit, –
O weh dem Schoß, der mich gebar!

Es ruft den Neid, es weckt den Mord,
Stört auf die Drachen Trug und List,
Hetzt Rachsucht, die die Rache frisst,
Und immer röter glüht der Hort, –
O weh der Brust, die mich gesäugt!

Es treibt und schwimmt im Purpurquell,
Es trinkt den Quell und lechzt nach mehr,
Es braust und schäumt, die Flut steigt schnell,
Breit wie die Donau strömt es her, –
O weh der Lieb, die lieb mir war!

Es schäumt und braust, atmet und steigt,
Schon brandet's draußen an die Tür,
Es klopft und pocht, der Riegel weicht,
Nun flutet's heiß und rot herfür, –
Weh über mich, weh über euch!«

Jäh bei dem letzten Bogenstrich
Sprangen die Saiten und schrieen,
Hagen von Tronje neigte sich
Und wiegte sein Schwert auf den Knieen.

Die Könige saßen bleich und verstört,
Doch die schöne Kriemhild lachte,
Sie sprach: »Nie hab ich ein Lied gehört,
Das mich lustiger machte!«

Sie kniete nieder und schürte die Glut.
Von ihren schmalen Händen
Zuckte der Schein wie Gold und Blut
Und sprang hinauf an den Wänden.

Agnes Miegel

Die Mär vom Ritter Manuel

Das ist die Mär vom Ritter Manuel,
Der auf des fremden Magiers Geheiß
Sein Haupt in eine Zauberschale bog.
Und als ers wieder aus dem Wasser zog,
Da seufzte er und sprach: »Mein Haar ist weiß,
Gebrochen meine Kraft. O allzu lange
Qualvolle Wanderschaft!« Die Höflingsschar,
Die ringsum stand, rief: »Dunkel ist dein Haar,
Frage den König!«

Staunend sprach und bange
Da der Verzauberte: »O Herr, die Zeit
Ist hold und spurlos dir vorbeigeglitten!
Als ich vor zwanzig Jahren fortgeritten
Warst du wie heut. An dem gestickten Kleid
Trugst du den Gürtel mit den Pantherschließen
Und an der Hand den gleichen Amethyst*.«
»Erzähle«, sprach der Fürst und sprachs voll List,
»Was dir begegnet, seit wir uns verließen!«

Der Arme sann und seine Augen waren
Wie Kinderaugen, noch vom Traum befangen.
»König, ich bin so weit von Euch gegangen,
So vieles sah ich! Und in späten Jahren,
An dunklen Wintertagen und in schwülen
Hochsommernächten will ich dir erzählen
Von allem. Und vor deinen stillen Sälen
Soll meines bunten Lebens Brandung spülen.
Nur jetzt noch lasst mich schweigen.
Denn ein Gram
Durchrüttelt mich, den nie ein Mensch gekannt.
Sieh, ich verließ mein Weib in jenem Land
Und weiß es nicht mehr, welchen Weg ich kam,
Und weiß den Namen jenes Landes nicht,
Wo sie im Fenster kauernd, kinderschmal,
Aus dem Kastell hinabspäht in das Tal,
Bis jäh die Felsen glühn im Abendlicht
Und jäh erbleichen.
Durch das samtne Dunkel
Der Nacht strahlt freundlich einer Ampel Schein,
Um Führer meiner Wanderschaft zu sein,
Und purpurn glänzt wie ein Rubingefunkel
In ihrem Licht des Bergstroms dunkle Flut.
Sein Name nur? Sehr seltsam klang er, wie
Der Felsen Name, uralt auch wie sie.

Amethyst: Halbedelstein, der gern als Schmuckstein verwendet wird.

Johann Gottfried Herder: *Das Mädchen am Ufer*

Und jene Frau, die mir im Arm geruht, –
Weh, meine Liebe kann sie nicht mehr rufen,
Der süße Laut entglitt mir, wie im Tann
Dem Schlafenden entglitt der Talisman
Den sie mir umhing auf des Schlosses Stufen!« – –

Dann schrie er auf und hielt des Königs Knie
Wie ein um Hilfe Flehender umklammert.
Der sprach, – und er war bleich und ernst –: »Mich jammert
Der Qual des armen Narrn, die zu mir schrie.
Magier, tritt vor, zerbrich des Zaubers Bann!«
Der König wartete. Die Diener liefen
In allen Gängen hin und her und riefen,
Die Ritter sahn sich groß, verwundert an.
Denn keiner fand den Magier. Einge schwuren,
Sie hätten an dem Springbrunn ihn gesehn
Murmelnd die goldne Zauberschale drehn, –
Doch in dem Sande sah man kein Spuren.

Und wie die Stürme auf dem hohen Meer
Das längst verlassne Wrack des Seglers jagen,
So trieb durch Jahre voller Sorg und Fragen
Erinnerungsqual den Grübelnden umher,
Bis ihn beim Jagen einst ein fremd Geschoss,
Vielleicht aus Mitleid, in die Schläfe traf.
Still wie ein Kind sank er ins Moos zum Schlaf
Und stammelte, eh er die Augen schloss:
»Tamara!« Und er starb.
Die Zeit verrann.

Doch einmal abends klang im Hof Geklirr
Von vielen Waffen und ein bunt Geschwirr
Landfremder Sprachen. Und ein brauner Mann,
Sehr alt und fürstlich, dessen welke Hand
Auf seidnem Kissen trug der Herrschaft Zeichen,
Trat vor den König wie vor seinesgleichen
Und rief: »Wo ist, nach dem wir ausgesandt,
Mein König Manuel, Tamaras Gatte,
Den sie in ihrem Felsenschloss beweint?
Westwärts ging ich, so weit die Sonne scheint,
Bis ich zu deinem Reich gefunden hatte.

Hier, sprach der sternenkundige Magier, werde
Ich meinen Herren finden. – Weise mich
Dass ich ihn krönen kann!«
                                        Da neigte sich
Der König still, griff eine Hand voll Erde
Aus einer Schale, drin die Rosen blühten,
Und wies sie stumm dem Suchenden.
                                        Der stand
Ganz lange still. Dann schlug er sein Gewand
Weit um den Kronreif, dessen Steine sprühten,
So schritt er aus dem Saal.
                                        Ein Klaggesang
Kam lang gezogen, trostlos durch die Nacht.
Dann ein Geklirr und Hufgetrappel, sacht
Und langsam, – bis auch das im Sturm verklang.

In jener Nacht, bei seiner Kerzen Qualmen
Saß lang der König auf. Sein Page schlief
Und schrak empor, denn eine Stimme rief:
»Sieh, keine Antwort find ich in den Psalmen,
Erbarmer aller Welt, sprich, was ist Schein?« – –
Und lange vor dem Kruzifixe stand
Der König starr, mit ausgestreckter Hand.

So sagt der Page. Doch er ist noch klein,
Furchtsam, und hat den Kopf voll Märchenflausen –

◇◇◇

Heinrich Heine ist ein Meister der Form und versteht es wie kaum ein anderer, den Ton seiner Balladen dem Motiv anzupassen. Hier erzählt er in der Manier eines volkstümlichen Votivbildes von einem liebeskranken jungen Mann, der auf unerwartet wunderbare Weise von seinem Leid erlöst wird.

◇◇◇

Heinrich Heine

Die Wallfahrt nach Kevlaar

1

Am Fenster stand die Mutter,
Im Bette lag der Sohn.
»Willst du nicht aufstehn, Wilhelm,
Zu schaun die Prozession?«

»Ich bin so krank, o Mutter,
Dass ich nicht hör und seh;
Ich denk an das tote Gretchen,
Da tut das Herz mir weh.« –

»Steh auf, wir wollen nach Kevlaar*,
Nimm Buch und Rosenkranz;
Die Mutter Gottes heilt dir
Dein krankes Herze ganz.«

Es flattern die Kirchenfahnen,
Es singt im Kirchenton;
Das ist zu Köllen am Rheine,
Da geht die Prozession.

Die Mutter folgt der Menge,
Den Sohn, den führet sie,
Sie singen beide im Chore:
»Gelobt seist du, Marie!«

2

Die Mutter Gottes zu Kevlaar
Trägt heut ihr bestes Kleid;
Heut hat sie viel zu schaffen,
Es kommen viel kranke Leut.

Die kranken Leute bringen
Ihr dar, als Opferspend,
Aus Wachs gebildete Glieder,
Viel wächserne Füß und Händ.

Und wer eine Wachshand opfert,
Dem heilt an der Hand die Wund;
Und wer einen Wachsfuß opfert,
Dem wird der Fuß gesund.

Nach Kevlaar ging mancher auf Krücken,
Der jetzo tanzt auf dem Seil,
Gar mancher spielt jetzt die Bratsche,
Dem dort kein Finger war heil.

Die Mutter nahm ein Wachslicht,
Und bildete draus ein Herz.
»Bring das der Mutter Gottes,
Dann heilt sie deinen Schmerz.«

Kevlaar: Wallfahrtsort am Niederrhein.

Der Sohn nahm seufzend das Wachsherz,
Ging seufzend zum Heiligenbild;
Die Träne quillt aus dem Auge,
Das Wort aus dem Herzen quillt:

»Du Hochgebenedeite,
Du reine Gottesmagd,
Du Königin des Himmels,
Dir sei mein Leid geklagt!

Ich wohnte mit meiner Mutter
Zu Köllen in der Stadt,
Der Stadt, die viele hundert
Kapellen und Kirchen hat.

Und neben uns wohnte Gretchen,
Doch die ist tot jetzund –
Marie, dir bring ich ein Wachsherz,
Heil du meine Herzenswund.

Heil du mein krankes Herze –
Ich will auch spät und früh
Inbrünstiglich beten und singen:
Gelobt seist du, Marie!«

3

Der kranke Sohn und die Mutter,
Die schliefen im Kämmerlein;
Da kam die Mutter Gottes
Ganz leise geschritten herein.

Sie beugte sich über den Kranken
Und legte ihre Hand
Ganz leise auf sein Herze
Und lächelte mild und schwand.

Die Mutter schaut alles im Traume,
Und hat noch mehr geschaut;
Sie erwachte aus dem Schlummer,
Die Hunde bellten so laut.

Da lag dahingestrecket
Ihr Sohn, und der war tot;
Es spielt auf den bleichen Wangen
Das lichte Morgenrot.

Die Mutter faltet die Hände,
Ihr war, sie wusste nicht wie;
Andächtig sang sie leise:
»Gelobt seist du, Marie!«

◇◇◇

In alten Zeiten, als es noch keine gut funktionierende Polizei und keine Kriminaltechnik gab, blieben viele Verbrechen ungesühnt. Umso mehr hofften die Menschen auf die göttliche Gerechtigkeit oder auf schicksalhafte Vergeltung und Strafe. Davon hören wir in zahlreichen Sagen und Geschichten, die verschiedentlich auch als Vorlage für Balladen dienten. (Vgl. auch *Der Glockenguss zu Breslau*, S. 65)

◇◇◇

Adelbert von Chamisso

Die Sonne bringt es an den Tag

Gemächlich in der Werkstatt saß
Zum Frühtrunk Meister Nikolas,
Die junge Hausfrau schenkt' ihm ein,
Es war im heitern Sonnenschein. –
Die Sonne bringt es an den Tag.

Die Sonne blinkt von der Schale Rand,
Malt zitternde Kringeln an die Wand,
Und wie den Schein er ins Auge fasst,
So spricht er für sich, indem er erblasst:
»Du bringst es doch nicht an den Tag.« –

»Wer nicht? Was nicht?«, die Frau fragt gleich,
»Was stierst du so an? Was wirst du so bleich?«
Und er darauf: »Sei still, nur still!
Ich's doch nicht sagen kann noch will.
Die Sonne bringt's nicht an den Tag.«

Die Frau nur dringender forscht und fragt,
Mit Schmeicheln ihn und Hadern plagt,
Mit süßem und mit bitterm Wort;
Sie fragt und plagt ihn fort und fort:
»Was bringt die Sonne nicht an den Tag?«

»Nein, nimmermehr!« – »Du sagst es mir noch.« –
»Ich sag es nicht.« – »Du sagst es mir doch.« –
Da ward zuletzt er müd und schwach
Und gab der Ungestümen nach. –
  Die Sonne bringt es an den Tag.

»Auf der Wanderschaft, 's sind zwanzig Jahr,
Da traf es mich einst gar sonderbar;
Ich hatt nicht Geld, nicht Ranzen, noch Schuh,
War hungrig und durstig und zornig dazu. –
  Die Sonne bringt's nicht an den Tag.

Da kam mir just ein Jud in die Quer,
Ringsher war's still und menschenleer;
›Du hilfst mir, Hund, aus meiner Not!
Den Beutel her, sonst schlag ich dich tot!‹
  Die Sonne bringt's nicht an den Tag.

Und er: ›Vergieße nicht mein Blut,
Acht Pfennige sind mein ganzes Gut!‹
Ich glaubt ihm nicht und fiel ihn an;
Er war ein alter, schwacher Mann –
  Die Sonne bringt's nicht an den Tag.

So rücklings lag er blutend da;
Sein brechendes Aug in die Sonne sah;
Noch hob er zuckend die Hand empor,
Noch schrie er röchelnd mir ins Ohr:
  ›Die Sonne bringt es an den Tag!‹

Ich macht ihn schnell noch vollends stumm
Und kehrt ihm die Taschen um und um:
Acht Pfenn'ge, das war das ganze Geld.
Ich scharrt ihn ein auf selbigem Feld –
  Die Sonne bringt's nicht an den Tag.

Dann zog ich weit und weiter hinaus,
Kam hier ins Land, bin jetzt zu Haus. –
Du weißt nun meine Heimlichkeit,
So halte den Mund und sei gescheit!
Die Sonne bringt's nicht an den Tag.

Wann aber sie so flimmernd scheint,
Ich merk es wohl, was sie da meint,
Wie sie sich müht und sich erbost, –
Du, schau nicht hin und sei getrost:
Sie bringt es doch nicht an den Tag.«

So hatte die Sonn eine Zunge nun,
Der Frauen Zungen ja nimmer ruhn. –
»Gevatterin, um Jesus Christ!
Lasst Euch nicht merken, was Ihr nun wisst!« –
Nun bringt's die Sonne an den Tag.

Die Raben ziehen krächzend zumal
Nach dem Hochgericht, zu halten ihr Mahl.
Wen flechten sie aufs Rad zur Stund?
Was hat er getan? Wie ward es kund?
Die Sonne bracht es an den Tag.

Annette von Droste-Hülshoff

Die Vergeltung

1.

Der Kapitän steht an der Spiere,
Das Fernrohr in gebräunter Hand,
Dem schwarz gelockten Passagiere
Hat er den Rücken zugewandt.
Nach einem Wolkenstreif in Sinnen
Die beiden wie zwei Pfeiler sehn,
Der Fremde spricht: »Was braut da drinnen?«
»Der Teufel«, brummt der Kapitän.

Da hebt von morschen Balkens Trümmer
Ein Kranker seine feuchte Stirn,
Des Äthers Blau, der See Geflimmer,
Ach, alles quält sein fiebernd Hirn!
Er lässt die Blicke, schwer und düster,
Entlängs dem harten Pfühle gehn,
Die eingegrabnen Worte liest er,
»*Batavia**. *Fünfhundertzehn.*«

Die Wolke steigt, zur Mittagsstunde
Das Schiff ächzt auf der Wellen Höhn.
Gezisch, Geheul aus wüstem Grunde,
Die Bohlen weichen mit Gestöhn.
»Jesus, Marie! Wir sind verloren!«
Vom Mast geschleudert der Matros',
Ein dumpfer Krach in aller Ohren,
Und langsam löst der Bau sich los.

Noch liegt der Kranke am Verdecke,
Um seinen Balken fest geklemmt,
Da kommt die Flut, und eine Strecke
Wird er ins wüste Meer geschwemmt.
Was nicht gelang der Kräfte Sporne,
Das leistet ihm der starre Krampf,
Und wie ein Narwal mit dem Horne
Schießt fort er durch der Wellen Dampf.

Wie lange so? – Er weiß es nimmer,
Dann trifft ein Strahl des Auges Ball,
Und langsam schwimmt er mit der Trümmer
Auf ödem glitzerndem Kristall.
Das Schiff! – Die Mannschaft! – Sie versanken.
Doch nein, dort auf der Wasserbahn,
Dort sieht den Passagier er schwanken
In einer Kiste morschem Kahn.

Batavia: ehemalige holländische Kolonie auf Westjava, heute Jakarta.

Armsel'ge Lade! Sie wird sinken,
Er strengt die heisre Stimme an:
»Nur grade! Freund, du drückst zur Linken!«
Und immer näher schwankt's heran,
Und immer näher treibt die Trümmer,
Wie ein verwehtes Möwennest;
»Courage!«, ruft der kranke Schwimmer,
»Mich dünkt, ich sehe Land im West!«

Nun rühren sich der Fähren Ende,
Er sieht des fremden Auges Blitz,
Da plötzlich fühlt er starke Hände,
Fühlt wütend sich gezerrt vom Sitz.
»Barmherzigkeit! Ich kann nicht kämpfen.«
Er klammert dort, er klemmt sich hier;
Ein heisrer Schrei, den Wellen dämpfen,
Am Balken schwimmt der Passagier.

Dann hat er kräftig sich geschwungen
Und schaukelt durch das öde Blau,
Er sieht das Land wie Dämmerungen
Enttauchen und zergehn in Grau.
Noch lange ist er so geschwommen,
Umflattert von der Möwe Schrei,
Dann hat ein Schiff ihn aufgenommen,
Viktoria! Nun ist er frei!

2.

Drei kurze Monde sind verronnen,
Und die Fregatte* liegt am Strand,
Wo mittags sich die Robben sonnen,
Und Burschen klettern übern Rand,
Den Mädchen ist's ein Abenteuer,
Es zu erschaun vom fernen Riff,
Denn noch zerstört ist nicht geheuer
Das gräuliche Korsarenschiff.

Fregatte: schnelles dreimastiges Kriegsschiff.

Und vor der Stadt, da ist ein Waten,
Ein Wühlen durch das Kiesgeschrill,
Da die verrufenen Piraten
Ein jeder sterben sehen will.
Aus Strandgebälken, morsch, zertrümmert,
Hat man den Galgen, dicht am Meer,
In wüster Eile aufgezimmert.
Dort dräut er von der Düne her!

Welch ein Getümmel an den Schranken! –
»Da kommt der Frei – der Hessel jetzt –
Da bringen sie den schwarzen Franken,
Der hat geleugnet bis zuletzt.« –
»Schiffbrüchig sei er hergeschwommen«,
Höhnt eine Alte, »ei, wie kühn!
Doch keiner sprach zu seinem Frommen,
Die ganze Bande gegen ihn.«

Der Passagier, am Galgen stehend,
Hohläugig, mit zerbrochnem Mut,
Zu jedem Räuber flüstert flehend:
»Was tat dir mein unschuldig Blut?
Barmherzigkeit! – So muss ich sterben
Durch des Gesindels Lügenwort,
O, mög die Seele euch verderben!«
Da zieht ihn schon der Scherge fort.

Er sieht die Menge wogend spalten –
Er hört das Summen im Gewühl –
Nun weiß er, dass des Himmels Walten
Nur seiner Pfaffen Gaukelspiel!
Und als er in des Hohnes Stolze
Will starren nach den Ätherhöhn,
Da liest er an des Galgens Holze:
»Batavia. Fünfhundertzehn.«

◇◇◇

Ein trauriges Lied« schreibt Hans Leip im *Lied vom Schutt* und das gilt für viele Balladen, von denen wir hier zwei Beispiele kennen lernen. Tiefe Trauer und Wehmut beherrschen das Geschehen. Bei Uhland ist der Grund für das Leid nur mit wenigen Worten angedeutet. Anders bei Leip, bei dem der Blick zurück in die Vergangenheit zur Anklage wird, die das schlechte Gewissen anspricht. Aber wie so oft schaffen räumliche und zeitliche Entfernung dann doch Milderung, Verklärung und sogar neue Hoffnung.

◇◇◇

Ludwig Uhland

Das Schloss am Meere

»Hast du das Schloss gesehen,
Das hohe Schloss am Meer?
Golden und rosig wehen
Die Wolken drüber her.

Es möchte sich niederneigen
In die spiegelklare Flut,
Es möchte streben und steigen
In der Abendwolken Glut.« –

»Wohl hab' ich es gesehen,
Das hohe Schloss am Meer
Und den Mond darüber stehen
Und Nebel weit umher.« –

»Der Wind und des Meeres Wallen,
Gaben sie frischen Klang?
Vernahmst du aus hohen Hallen
Saiten und Festgesang?« –

»Die Winde, die Wogen alle
Lagen in tiefer Ruh';
Einem Klagelied aus der Halle
Hört' ich mit Tränen zu.« –

»Sahest du oben gehen
Den König und sein Gemahl,
Der roten Mäntel Wehen,
Der goldnen Kronen Strahl?

Führten sie nicht mit Wonne
Eine schöne Jungfrau dar,
Herrlich wie eine Sonne,
Strahlend im goldnen Haar?« –

»Wohl sah ich die Eltern beide,
Ohne der Kronen Licht,
Im schwarzen Trauerkleide –
Die Jungfrau sah ich nicht.«

Hans Leip

Lied im Schutt

Und als ich über die Brücke kam,
Schutt, nichts als Schutt,
Als ich über die tote Brücke kam,
Da stand mein Vater und drohte mir,
Als wollt er sagen: Das dank ich dir!
Und suchte und suchte, was er nicht fand,
Und hob gegen mich die alte Hand,
Der ich im Wege stand.

Und als ich über die Straße kam,
Schutt, nichts als Schutt,
Als ich über die tote Straße kam,
Da stand meine Mutter und sah mich an
Und huschte und wischte hin und her,
Als wenn's in den alten Stuben wär,
Und weinte sehr.

Und als ich über den Torweg kam,
Schutt, nichts als Schutt,
Als ich über den toten Torweg kam,
Da stand mein Bruder und lachte mich aus
Und war von den Flammen ganz klein und kraus
Und sang von unserer Kindheit ein Lied,
Von der Zeiten Glück und Unterschied
Ein trauriges Lied.

Und als ich über den Garten kam,
Schutt, nichts als Schutt,
Als ich über den toten Garten kam,
Da standen meine Schwestern drei
Und fragten, ob ich es wirklich sei
Oder nur die Vergangenheit,
Und trugen alle ein schwarzes Kleid
Wegen der toten Vergangenheit.

Und als ich über den Schulhof kam,
Schutt, nichts als Schutt,
Als ich über den toten Schulhof kam,
Da stand mein alter Lehrer so grau
Und wusste das Gute und Böse genau
Und wies mit dem Finger nach hier und dort
In der Menschheit Irrsinn und Brand und Mord
Und fand kein Wort.

Und als ich über den Kirchplatz kam,
Schutt, nichts als Schutt,
Als ich über den toten Kirchplatz kam,
Da stand am zerschmetterten Turme gebückt
Meine Liebste und hatte ein Kränzlein gepflückt
Aus verkohltem Gebälk und zerborstenem Stein
Und lächelte selig und lud mich ein,
Ihr Bräutigam zu sein.

Und als ich über das tote Ufer kam,
Schutt, nichts als Schutt,
Als ich über das tote Ufer kam,
Da sah ich mich selber im Wasser stehn
Und sah mich selber von dannen gehn,
So leicht, so frei, so ohne Beschwer,
Und glaubte es nicht und ging hinterher,
Als ob es im Traume wär.

Und als ich über die Ferne kam,
Schutt, nichts als Schutt,
Als ich über die tote Ferne kam,
Da sah ich die tote Stadt von fern
Und sah sie aufleuchten wie einen Stern
Und sah ihre Not und Trübsal vergehn
Und sah die Erschlagene auferstehn
Schöner, als je ich gesehn.

Welchen Ruhm und Preis
Forderst du, unerforschliches Walten?
Wie weit
Sind wir gekommen,
Was hast du uns genommen,
Ungeheuerlichkeit!
Bist du noch das ewige Licht?
So mach uns wieder jung!
O schmales grünes Reis,
Das unsere Hände halten,
Welke nicht,
Hoffnung!

◇◇◇

Es ist der alte Gegensatz von Geist und Macht, der in diesen beiden Balladen besungen wird. In der ersten achtet der Fürst den Sänger. Goethe erzählt gleichsam aus dem eigenen Leben, wurde doch auch er als junger Dichter vom Herzog freundlich aufgenommen und an den Hof nach Weimar gerufen. Ganz anders im Gegensatz dazu die zweite Ballade. Der Sänger will das Herz des Königs rühren, der aber glaubt nur, dass ihm durch den Gesang sein Volk entfremdet würde, und reagiert mit brutaler Gewalt. Jetzt aber trifft ihn der Fluch, dass sein Andenken vor der Geschichte in Vergessenheit geraten soll. Eine zeitlose Mahnung an alle Mächtigen.

◇◇◇

Johann Wolfgang von Goethe

Der Sänger

»Was hör' ich draußen vor dem Tor,
Was auf der Brücke schallen?
Lass den Gesang vor unserm Ohr
Im Saale widerhallen!«
Der König sprach's, der Page lief;
Der Knabe kam, der König rief:
»Lasst mir herein den Alten!«

»Gegrüßet seid mir, edle Herrn,
Gegrüßt ihr, schöne Damen!
Welch reicher Himmel! Stern bei Stern!
Wer kennet ihre Namen?
Im Saal voll Pracht und Herrlichkeit
Schließt, Augen, euch; hier ist nicht Zeit,
Sich staunend zu ergetzen.«

Der Sänger drückt' die Augen ein
Und schlug in vollen Tönen;
Die Ritter schauten mutig drein
Und in den Schoß die Schönen.
Der König, dem das Lied gefiel,
Ließ, ihn zu ehren für sein Spiel,
Eine goldne Kette holen.

»Die goldne Kette gib mir nicht,
Die Kette gib den Rittern,
Vor deren kühnem Angesicht
Der Feinde Lanzen splittern!
Gib sie dem Kanzler, den du hast,
Und lass ihn noch die goldne Last
Zu andern Lasten tragen!

Ich singe, wie der Vogel singt,
Der in den Zweigen wohnet;
Das Lied, das aus der Kehle dringt,
Ist Lohn, der reichlich lohnet.
Doch darf ich bitten, bitt' ich eins:
Lass mir den besten Becher Weins
In purem Golde reichen!«

Er setzt' ihn an, er trank ihn aus:
»O Trank voll süßer Labe!
O wohl dem hoch beglückten Haus,
Wo das ist kleine Gabe!
Ergeht's Euch wohl, so denkt an mich,
Und danket Gott so warm, als ich
Für diesen Trunk Euch danke.«

Ludwig Uhland

Des Sängers Fluch

Es stand in alten Zeiten ein Schloss so hoch und her,
Weit glänzt' es über die Lande bis an das blaue Meer,
Und rings von duft'gen Gärten ein blütenreicher Kranz,
Drin sprangen frische Brunnen in Regenbogenglanz.

Dort saß ein stolzer König, an Land und Siegen reich,
Er saß auf seinem Throne so finster und so bleich;
Denn was er sinnt, ist Schrecken, und was er blickt, ist Wut,
Und was er spricht, ist Geißel, und was er schreibt, ist Blut.

Einst zog nach diesem Schlosse ein edles Sängerpaar,
Der ein' in goldnen Locken, der andre grau von Haar;
Der Alte mit der Harfe, der saß auf schmuckem Ross,
Es schritt ihm frisch zur Seite der blühende Genoss.

Der Alte sprach zum Jungen: »Nun sei bereit, mein Sohn!
Denk' unsrer tiefsten Lieder, stimm' an den vollsten Ton!
Nimm alle Kraft zusammen, die Lust und auch den Schmerz!
Es gilt uns heut', zu rühren des Königs steinern Herz.«

Schon stehn die beiden Sänger im hohen Säulensaal,
Und auf dem Throne sitzen der König und sein Gemahl;
Der König furchtbar prächtig wie blut'ger Nordlichtschein,
Die Königin süß und milde, als blickte Vollmond drein.

Da schlug der Greis die Saiten, er schlug sie wundervoll,
Dass reicher, immer reicher der Klang zum Ohre schwoll,
Dann strömte himmlisch helle des Jünglings Stimme vor,
Des Alten Sang dazwischen wie dumpfer Geisterchor.

Sie singen von Lenz und Liebe, von sel'ger, goldner Zeit,
Von Freiheit, Männerwürde, von Treu' und Heiligkeit;
Sie singen von allem Süßen, was Menschenbrust durchbebt,
Sie singen von allem Hohen, was Menschenherz erhebt.

Die Höflingsschar im Kreise verlernet jeden Spott,
Des Königs trotz'ge Krieger, sie beugen sich vor Gott,
Die Königin, zerflossen in Wehmut und in Lust,
Sie wirft den Sängern nieder die Rose von ihrer Brust.

»Ihr habt mein Volk verführet, verlockt ihr nun mein Weib?«
Der König schreit es wütend, er bebt am ganzen Leib.
Er wirft sein Schwert, das blitzend des Jünglings Brust durchdringt,
Draus statt der goldnen Lieder ein Blutstrahl hochauf springt.

Und wie vom Sturm zerstoben ist all der Hörer Schwarm,
Der Jüngling hat verröchelt in seines Meisters Arm,
Der schlägt um ihn den Mantel und setzt ihn auf das Ross,
Er bind't ihn aufrecht feste, verlässt mit ihm das Schloss.

Doch vor dem hohen Tore, da hält der Sängergreis,
Da fasst er seine Harfe, sie, aller Harfen Preis,
An einer Marmorsäule, da hat er sie zerschellt,
Dann ruft er, dass es schaurig durch Schloss und Gärten gellt:

Arno Holz: *Een Boot is noch buten!*

»Weh' euch, ihr stolzen Hallen! Nie töne süßer Klang
Durch eure Räume wieder, nie Saite noch Gesang,
Nein! Seufzer nur und Stöhnen und scheuer Sklavenschritt,
Bis euch zu Schutt und Moder der Rachegeist zertritt!

Weh' euch, ihr duft'gen Gärten im holden Maienlicht!
Euch zeig' ich dieses Toten entstelltes Angesicht,
Dass ihr darob verdorret, dass jeder Quell versiegt,
Dass ihr in künft'gen Tagen versteint, verödet liegt.

Weh' dir, verruchter Mörder, du Fluch des Sängertums!
Umsonst sei all dein Ringen nach Kränzen blut'gen Ruhms,
Dein Name sei vergessen, in ew'ge Nacht getaucht,
Sei, wie ein letztes Röcheln, in leere Luft verhaucht!«

Der Alte hat's gerufen, der Himmel hat's gehört,
Die Mauern liegen nieder, die Hallen sind zerstört,
Noch *eine* hohe Säule zeugt von verschwund'ner Pracht:
Auch diese, schon geborsten, kann stürzen über Nacht.

Und rings statt duft'ger Gärten ein ödes Heideland,
Kein Baum verstreuet Schatten, kein Quell durchdringt den Sand,
Des Königs Namen meldet kein Lied, kein Heldenbuch;
Versunken und vergessen! Das ist des Sängers Fluch.

◇◇◇

Angst und Furcht beeinflussen und bedrohen unser Denken und Fühlen von der Kindheit bis zum Tode. Kein Wunder, dass die Balladendichter immer wieder dieses Motiv aufgreifen. Es begegnet uns in vielen Geisterballaden, aber auch in Balladen von menschlichen Schicksalen. Der »Knabe im Moor« wird gepeinigt von tausend Ängsten. Meisterhaft ist geschildert, wie diese aus der Begegnung mit der Natur erwachsen. Aber der Weg des Jungen endet glücklich. Ganz anders ergeht es dem »Heideknaben«. Auch ihn bedrücken Ängste und böse Vorahnungen. Seinem dunklen Schicksal kann er aber nicht entrinnen und wird zum Opfer, wie er es geträumt hat.

Der Reiter, der da nachts den zugefrorenen Bodensee überquert, weiß nichts von Angst, aber als er erfährt, welcher furchtbaren Gefahr er entronnen ist, holt sie ihn ein und erfasst ihn so heftig, dass er zu Tode erschrickt.

◇◇◇

Annette von Droste-Hülshoff

Der Knabe im Moor

O schaurig ist's, übers Moor zu gehn,
Wenn es wimmelt vom Heiderauche,
Sich wie Phantome die Dünste drehn
Und die Ranke häkelt am Strauche,
Unter jedem Tritte ein Quellchen springt,
Wenn aus der Spalte es zischt und singt,
O schaurig ist's, übers Moor zu gehn,
Wenn das Röhricht knistert im Hauche!

Fest hält die Fibel das zitternde Kind
Und rennt, als ob man es jage;
Hohl über die Fläche sauset der Wind –
Was raschelt drüben am Hage*?
Das ist der gespenstische Gräberknecht,
Der dem Meister die besten Torfe verzecht;
Hu, hu, es bricht wie ein irres Rind!
Hinducket das Knäblein zage.

Hag: Hain, kleiner Wald.

Vom Ufer starret Gestumpf hervor,
Unheimlich nicket die Föhre*,
Der Knabe rennt, gespannt das Ohr,
Durch Riesenhalme wie Speere;
Und wie es rieselt und knittert darin!
Das ist die unselige Spinnerin,
Das ist die gebannte Spinnlenor',
Die den Haspel* dreht im Geröhre!

Voran, voran! Nur immer im Lauf,
Voran, als woll es ihn holen!
Vor seinem Fuße brodelt es auf,
Es pfeift ihm unter den Sohlen
Wie eine gespenstige Melodei;
Das ist der Geigemann ungetreu,
Das ist der diebische Fiedler Knauf,
Der den Hochzeitheller gestohlen!

Da birst das Moor, ein Seufzer geht
Hervor aus der klaffenden Höhle;
Weh, weh, da ruft die verdammte Margret:
»Ho, ho, meine arme Seele!«
Der Knabe springt wie ein wundes Reh;
Wär nicht Schutzengel in seiner Näh,
Seine bleichenden Knöchelchen fände spät
Ein Gräber im Moorgeschwele.

Da mählich gründet der Boden sich,
Und drüben, neben der Weide,
Die Lampe flimmert so heimatlich,
Der Knabe steht an der Scheide.
Tief atmet er auf, zum Moor zurück
Noch immer wirft er den scheuen Blick:
Ja, im Geröhre war's fürchterlich,
O schaurig war's in der Heide!

Föhre: Kiefer.
Haspel: Rolle, Gerät zum Abwickeln des Garns.

Friedrich Hebbel

Der Heideknabe

Der Knabe träumt, man schicke ihn fort
Mit dreißig Talern zum Heideort,
Er ward drum erschlagen am Wege
Und war doch nicht langsam und träge.

Noch liegt er im Angstschweiß, da rüttelt ihn
Sein Meister und heißt ihm, sich anzuziehn,
Und legt ihm das Geld auf die Decke
Und fragt ihn, warum er erschrecke.

»Ach Meister, mein Meister, sie schlagen mich tot,
Die Sonne, sie ist ja wie Blut so rot!« –
»Sie ist es für dich nicht alleine,
Drum schnell, sonst mach ich dir Beine!« –

»Ach Meister, mein Meister, so sprachst du schon,
Das war das Gesicht, der Blick, der Ton,
Gleich greifst du« – zum Stock, will er sagen,
Er sagt's nicht, er wird schon geschlagen.

»Ach Meister, mein Meister, ich geh, ich geh,
Bring meiner Frau Mutter das letzte Ade!
Und sucht sie nach allen vier Winden,
Am Weidenbaum bin ich zu finden!«

Hinaus aus der Stadt! Und da dehnt sie sich,
Die Heide, nebelnd, gespenstiglich,
Die Winde darüber sausend.
»Ach, wär' hier *ein* Schritt wie tausend!«

Und alles so still, und alles so stumm,
Man sieht sich umsonst nach Lebendigem um,
Nur hungrige Vögel schießen
Aus Wolken, um Würmer zu spießen.

Er kommt ans einsame Hirtenhaus,
Der alte Hirt schaut eben heraus,
Des Knaben Angst ist gestiegen,
Am Wege bleibt er noch liegen.

»Ach, Hirte, du bist ja von frommer Art,
Vier gute Groschen hab ich erspart,
Gib deinen Knecht mir zur Seite,
Dass er bis zum Dorf mich begleite.

Ich will sie ihm geben, er trinke dafür
Am nächsten Sonntag ein gutes Bier;
Dies Geld hier, ich trag es mit Beben,
Man nahm mir im Traum drum das Leben!«

Der Hirt, der winkte dem langen Knecht,
Er schnitt sich eben den Stecken zurecht,
Jetzt trat er hervor – wie graute
Dem Knaben, als er ihn schaute!

»Ach Meister Hirte, ach nein, ach nein,
Es ist doch besser, ich geh allein!«
Der Lange spricht grinsend zum Alten:
»Er will die vier Groschen behalten.« –

»Da sind die vier Groschen!« Er wirft sie hin
Und eilt hinweg mit verstörtem Sinn.
Schon kann er die Weide erblicken,
Da klopft ihn der Knecht in den Rücken.

»Du hältst es nicht aus, du gehst zu geschwind,
Ei, eile mit Weile, du bist ja noch Kind,
Auch muss das Geld dich beschweren;
Wer kann dir das Ausruhn verwehren?

Komm, setz dich unter den Weidenbaum,
Und dort erzähl mir den hässlichen Traum;
Mir träumte – Gott soll mich verdammen,
Trifft's nicht mit deinem zusammen!«

Er fasst den Knaben wohl bei der Hand,
Der leistet auch nimmermehr Widerstand,
Die Blätter flüstern so schaurig,
Das Wässerlein rieselt so traurig!

»Nun sprich, du träumtest« – »Es kam ein Mann –«
»War ich das? Sieh mich doch näher an,
Ich denke, du hast mich gesehen!
Nun weiter, wie ist es geschehen?«

»Er zog ein Messer!« – »War das wie dies?« –
»Ach ja, ach ja!« – »Er zog's?« – »Und stieß –« –
»Er stieß dir's wohl so durch die Kehle?
Was hilft es auch, dass ich dich quäle!«

Und fragt ihr, wie's weiter gekommen sei?
So fragt zwei Vögel, sie saßen dabei,
Der Rabe verweilte gar heiter,
Die Taube konnte nicht weiter!

Der Rabe erzählt, was der Böse noch tat,
Und auch, wie's der Henker gerochen* hat;
Die Taube erzählt, wie der Knabe
Geweint und gebetet habe.

gerochen: gerächt.

Gustav Schwab

Der Reiter und der Bodensee

Der Reiter reitet durchs helle Tal,
Auf Schneefeld schimmert der Sonne Strahl.

Er trabet im Schweiß durch den kalten Schnee,
Er will noch heut an den Bodensee;

Noch heut mit dem Pferd in den sichern Kahn,
Will drüben landen vor Nacht noch an.

Auf schlimmem Weg, über Dorn und Stein,
Er braust auf rüstigem Ross feldein.

Aus den Bergen heraus, ins ebene Land,
Da sieht er den Schnee sich dehnen wie Sand.

Weit hinter ihm schwinden Dorf und Stadt,
Der Weg wird eben, die Bahn wird glatt.

In weiter Fläche kein Bühl, kein Haus,
Die Bäume gingen, die Felsen aus;

So flieget er hin eine Meil', und zwei,
Er hört in den Lüften der Schneegans Schrei;

Es flattert das Wasserhuhn empor,
Nicht anderen Laut vernimmt sein Ohr;

Keinen Wandersmann sein Auge schaut,
Der ihm den rechten Pfad vertraut.

Fort gehts, wie auf Samt, auf dem weichen Schnee,
Wann rauscht das Wasser, wann glänzt der See?

Da bricht der Abend, der frühe, herein:
Von Lichtern blinket ein ferner Schein.

Es hebt aus dem Nebel sich Baum an Baum,
Und Hügel schließen den weiten Raum.

Er spürt auf dem Boden Stein und Dorn,
Dem Rosse gibt er den scharfen Sporn.

Und Hunde bellen empor am Pferd,
Und es winkt im Dorf ihm der warme Herd.

»Willkommen am Fenster, Mägdelein,
An den See, an den See, wie weit mags sein?«

Die Maid, sie staunet den Reiter an:
»Der See liegt hinter dir und der Kahn,

Und deckt' ihn die Rinde von Eis nicht zu,
Ich spräch', aus dem Nachen stiegest du.«

Der Fremde schaudert, er atmet schwer:
»Dort hinten die Eb'ne, die ritt ich her!«

Da recket die Magd die Arm' in die Höh':
»Herr Gott! So rittest du über den See:

An den Schlund, an die Tiefe bodenlos,
Hat gepocht des rasenden Hufes Stoß!

Und unter dir zürnten die Wasser nicht?
Nicht krachte hinunter die Rinde dicht?

Und du wardst nicht die Speise der stummen Brut?
Der hungrigen Hecht' in der kalten Flut?«

Sie rufet das Dorf herbei zu der Mär',
Es stellen die Knaben sich um ihn her;

Die Mütter, die Greise, sie sammeln sich:
»Glückseliger Mann, ja, segne du dich!

Herein zum Ofen, zum dampfenden Tisch,
Brich mit uns das Brot und iss vom Fisch!«

Der Reiter erstarret auf seinem Pferd,
Er hat nur das erste Wort gehört.

Es stocket sein Herz, es sträubt sich sein Haar,
Dicht hinter ihm grinst noch die grause Gefahr.

Es siehet sein Blick nur den grässlichen Schlund,
Sein Geist versinkt in den schwarzen Grund.

Im Ohr ihm donnerts, wie krachend Eis,
Wie die Well' umrieselt ihn kalter Schweiß.

Da seufzt er, da sinkt er vom Ross herab,
Da ward ihm am Ufer ein trocken Grab.

◇◇◇

Volkslieder und Balladen besingen gleichermaßen gern und häufig Liebesleid und Liebesfreud'. Die Ballade vom Herrn von Falkenstein stammt schon aus dem 14. Jahrhundert und berichtet von einem Mädchen, das in stolzer Art einem Burgherrn den gefangenen Geliebten abtrotzt. In der Manier einer solchen alten Volksballade erzählt auch Mörike von der Liebe eines Knappen zu einer Königstochter. Der junge Mann kennt die Standesunterschiede und weiß, dass ihm die Erfüllung seiner Liebe versagt bleibt, aber der Augenblick eines einzigen flüchtigen Kusses ist ihm Erfüllung genug.

◇◇◇

Volksballade

Der Herr von Falkenstein

Es reit der Herr von Falkenstein
Wohl über ein breite Haide.
Was sieht er an dem Wege stehn?
Ein Maidel mit weißem Kleide.

»Wohin, wonaus, du schöne Magd,
Was machen ihr hier alleine?
Wollen ihr die Nacht mein Schlafbule sein,
So reiten ihr mit mir heime.«

»Mit euch heimreiten, das tu ich nicht,
Kann euch doch nicht erkennen.«
»Ich bin der Herr von Falkenstein,
Und tu mich selber nennen.«

»Seid ihr Herr von Falkenstein,
Derselbe edle Herre,
So will ich euch beten um 'en Gefangnen mein,
Den will ich haben zur Ehe.«

»Den Gefangnen mein, den geb ich dir nicht,
Im Turn muss er verfaulen;
Zu Falkenstein steht ein tiefer Turn,
Wohl zwischen zwo hohen Mauern.«

»Steht zu Falkenstein ein tiefer Turn,
Wohl zwischen zwei hohen Mauern,
So will ich an die Mauern stehn
Und will ihm helfen trauern.«

Sie ging den Turn wohl um und wieder um:
»Feinslieb, bist du darinnen?
Und wenn ich dich nicht sehen kann,
So komm ich von meinen Sinnen.«

Sie ging den Turn wohl um und wieder um,
Den Turn wollt sie aufschließen:
»Und wenn die Nacht ein Jahr lang wär,
Keine Stund tät mich verdrießen.

Ei, dürft ich scharfe Messer tragen,
Wie unsers Herrn sein Knechten,
So tät ich mi'm Herrn von Falkenstein
Um meinen Herzliebsten fechten.«

»Mit einer Jungfrau fecht ich nicht,
Das wär mir immer ein Schande;
Ich will dir deinen Gefangenen geben,
Zieh mit ihm aus dem Lande.«

»Wohl aus dem Land da zieh ich nicht,
Hab niemand was gestohlen,
Und wenn ich was hab liegen lahn,
So darf ich's wieder holen.«

Eduard Mörike

Schön-Rohtraut

Wie heißt König Ringangs Töchterlein?
   Rohtraut, Schön-Rohtraut.
Was tut sie denn den ganzen Tag,
Da sie wohl nicht spinnen und nähen mag?
   Tut fischen und jagen.
O dass ich doch ihr Jäger wär!
Fischen und jagen freute mich sehr.
   – Schweig stille, mein Herze!

Und über eine kleine Weil',
   Rohtraut, Schön-Rohtraut,
So dient der Knab' auf Ringangs Schloss
In Jägertracht und hat ein Ross,
   Mit Rohtraut zu jagen.
O dass ich doch ein Königssohn wär'!
Rohtraut, Schön-Rohtraut lieb ich so sehr.
   – Schweig stille, mein Herze!

Einstmals sie ruhten am Eichenbaum,
  Da lacht Schön-Rohtraut:
»Was siehst mich an so wunniglich?
Wenn du das Herz hast, küsse mich!«
  Ach!, erschrak der Knabe!
Doch denket er: Mir ist's vergunnt,
Und küsset Schön-Rohtraut auf den Mund.
  – Schweig stille, mein Herze!

Darauf sie ritten schweigend heim,
  Rohtraut, Schön-Rohtraut;
Es jauchzt der Knab' in seinem Sinn:
Und würdst du heute Kaiserin,
  Mich sollt's nicht kränken:
Ihr tausend Blätter im Walde wisst,
Ich hab' Schön-Rohtrauts Mund geküsst!
  – Schweig stille, mein Herze!

◇◇◇

Die Ballade soll auf eine wahre Begebenheit zurückgehen, die sich am Hofe Kaiser Rudolfs II. in Prag abspielte, doch ist das letztlich unwichtig. Von Bedeutung ist nur die zeitlos gültige Demaskierung von Eitelkeit und Besitz ergreifender Verliebtheit, die mit echter Liebe nichts zu tun hat und entsprechend bestraft wird.

◇◇◇

Friedrich Schiller

Der Handschuh

Vor seinem Löwengarten,
Das Kampfspiel zu erwarten,
Saß König Franz,
Und um ihn die Großen der Krone,
Und rings auf hohem Balkone
Die Damen in schönem Kranz.

Und wie er winkt mit dem Finger,
Auf tut sich der weite Zwinger,
Und hinein mit bedächtigem Schritt
Ein Löwe tritt,
Und sieht sich stumm
Rings um,
Mit langem Gähnen,
Und schüttelt die Mähnen,
Und streckt die Glieder,
Und legt sich nieder.

Und der König winkt wieder,
Da öffnet sich behänd
Ein zweites Tor,
Daraus rennt
Mit wildem Sprunge
Ein Tiger hervor,
Wie der den Löwen erschaut,
Brüllt er laut,
Schlägt mit dem Schweif
Einen furchtbaren Reif,
Und recket die Zunge,
Und im Kreise scheu
Umgeht er den Leu*
Grimmig schnurrend,
Drauf streckt er sich murrend
Zur Seite nieder.

Und der König winkt wieder,
Da speit das doppelt geöffnete Haus
Zwei Leoparden auf einmal aus,
Die stürzen mit mutiger Kampfbegier
Auf das Tigertier,
Das packt sie mit seinen grimmigen Tatzen,
Und der Leu mit Gebrüll
Richtet sich auf, da wirds still,

Leu: Löwe.

Und herum im Kreis,
Von Mordsucht heiß,
Lagern sich die gräulichen Katzen.

Da fällt von des Altans* Rand
Ein Handschuh von schöner Hand
Zwischen den Tiger und den Leun
Mitten hinein.

Und zu Ritter Delorges spottenderweis
Wendet sich Fräulein Kunigund:
»Herr Ritter, ist Eure Lieb so heiß,
Wie Ihr mirs schwört zu jeder Stund,
Ei, so hebt mir den Handschuh auf.«

Und der Ritter in schnellem Lauf
Steigt hinab in den furchtbaren Zwinger
Mit festem Schritte,
Und aus der Ungeheuer Mitte
Nimmt er den Handschuh mit keckem Finger.

Und mit Erstaunen und mit Grauen
Sehens die Ritter und Edelfrauen,
Und gelassen bringt er den Handschuh zurück.
Da schallt ihm sein Lob aus jedem Munde,
Aber mit zärtlichem Liebesblick –
Er verheißt ihm sein nahes Glück –
Empfängt ihn Fräulein Kunigunde.
Und er wirft ihr den Handschuh ins Gesicht:
»Den Dank, Dame, begehr ich nicht«,
Und verlässt sie zur selben Stunde.

Altan: eine Art Balkon.

◇◇◇

Da Goethe kein geeigneter Titel für dieses Gedicht einfiel, nannte er es einfach »Ballade«. Er erzählt breit ausmalend und doch ungemein dramatisch die märchenhafte Geschichte von einem vertriebenen Grafen, der unerkannt in sein rechtmäßiges Eigentum zurückkehrt, aus Liebe zu seiner Tochter und den Enkeln aber edelmütig seinem alten Feind und nunmehrigen Schwiegersohn verzeiht.

◇◇◇

Johann Wolfgang von Goethe

Ballade

»Herein, o du Guter! Du Alter, herein!
Hier unten im Saale, da sind wir allein,
Wir wollen die Pforte verschließen.
Die Mutter, sie betet, der Vater im Hain
Ist gangen, die Wölfe zu schießen.
O sing uns ein Märchen, o sing es uns oft,
Dass ich und der Bruder es lerne,
Wir haben schon längst einen Sänger gehofft,
Die Kinder, sie hören es gerne.«

»Im nächtlichen Schrecken, im feindlichen Graus
Verlässt er das hohe, das herrliche Haus.
Die Schätze, die hat er vergraben.
Der Graf nun so eilig zum Pförtchen hinaus,
Was mag er im Arme denn haben?
Was birget er unter dem Mantel geschwind?
Was tragt er so rasch in die Ferne?
Ein Töchterlein ist es, da schläft nun das Kind.« –
Die Kinder, sie hören es gerne.

»Nun hellt sich der Morgen, die Welt ist so weit,
In Tälern und Wäldern die Wohnung bereit,
In Dörfern erquickt man den Sänger.
So schreitet und heischt er undenkliche Zeit,
Der Bart wächst ihm länger und länger;
Doch wächst in dem Arme das liebliche Kind,
Wie unter dem glücklichsten Sterne,
Geschützt in dem Mantel vor Regen und Wind.« –
Die Kinder, sie hören es gerne.

»Und immer sind weiter die Jahre gerückt,
Der Mantel entfärbt sich, der Mantel zerstückt,
Er könnte sie länger nicht fassen.
Der Vater, er schaut sie, wie ist er beglückt!
Er kann sich für Freude nicht lassen;
So schön und so edel erscheint sie zugleich,
Entsprossen aus tüchtigem Kerne,
Wie macht sie den Vater, den teuren, so reich!«
Die Kinder, sie hören es gerne.

»Da reitet ein fürstlicher Ritter heran,
Sie recket die Hand aus, der Gabe zu nahn,
Almosen will er nicht geben.
Er fasset das Händchen so kräftiglich an:
›Die will ich‹, so ruft er, ›aufs Leben!‹
›Erkennst du‹, erwidert der Alte, ›den Schatz,
Erhebst du zur Fürstin sie gerne;
Sie sei dir verlobet auf grünendem Platz.‹« –
Die Kinder, sie hören es gerne.

»Sie segnet der Priester am heiligen Ort,
Mit Lust und mit Unlust nun ziehet sie fort,
Sie möchte vom Vater nicht scheiden.
Der Alte, er wandelt nun hier und bald dort,
Er träget in Freuden sein Leiden.
So hab' ich mir Jahre die Tochter gedacht,
Die Enkelein wohl in der Ferne;
Sie segn' ich bei Tage, sie segn' ich bei Nacht.« -
Die Kinder, sie hören es gerne.

Er segnet die Kinder; da poltert's am Tor,
Der Vater, da ist er! Sie springen hervor,
Sie können den Alten nicht bergen –
»Was lockst du die Kinder! Du Bettler! Du Tor!
Ergreift ihn, ihr eisernen Schergen!
Zum tiefsten Verlies den Verwegenen fort!«
Die Mutter vernimmt's in der Ferne,
Sie eilet, sie bittet mit schmeichelndem Wort –
Die Kinder, sie hören es gerne.

Annette von Droste-Hülshoff: *Der Knabe im Moor*

Die Schergen, sie lassen den Würdigen stehn,
Und Mutter und Kinder, sie bitten so schön;
Der fürstliche Stolze verbeißet
Die grimmige Wut, ihn entrüstet das Flehn,
Bis endlich sein Schweigen zerreißet:
»Du niedrige Brut! Du vom Bettlergeschlecht!
Verfinsterung fürstlicher Sterne!
Ihr bringt mir Verderben! Geschieht mir doch recht …« –
Die Kinder, sie hören's nicht gerne.

Noch stehet der Alte mit herrlichem Blick,
Die eisernen Schergen, sie treten zurück,
Es wächst nur das Toben und Wüten:
»Schon lange verflucht' ich mein eh'liches Glück,
Das sind nun die Früchte der Blüten!
Man leugnete stets, und man leugnet mit Recht,
Dass je sich der Adel erlerne,
Die Bettlerin zeugte mir Bettlergeschlecht.« –
Die Kinder, sie hören's nicht gerne.

»Und wenn euch der Gatte, der Vater verstößt,
Die heiligsten Bande verwegentlich löst,
So kommt zu dem Vater, dem Ahnen!
Der Bettler vermag, so ergraut und entblößt,
Euch herrliche Wege zu bahnen.
Die Burg, die ist meine! Du hast sie geraubt,
Mich trieb dein Geschlecht in die Ferne;
Wohl bin ich mit köstlichen Siegeln beglaubt!« –
Die Kinder, sie hören es gerne.

»Rechtmäßiger König, er kehret zurück,
Den Treuen verleiht er entwendetes Glück,
Ich löse die Siegel der Schätze.«
So rufet der Alte mit freundlichem Blick:
»Euch künd' ich die milden Gesetze.
Erhole dich, Sohn! Es entwickelt sich gut,
Heut einen sich selige Sterne,
Die Fürstin, sie zeugte dir fürstliches Blut.« –
Die Kinder, sie hören es gerne.

◇◇◇

J. G. Seume wusste, worüber er schrieb, gehörte er doch zu jenen Unglücklichen, die von Soldatenwerbern aufgegriffen und vom hessischen Landgrafen an England verkauft wurden, um in Nordamerika gegen die aufständischen Kolonisten zu kämpfen. Dort lernte er auch Indianer kennen, beschäftigte sich mit ihrer Lebensweise und nahm Anteil an ihren Schicksalen. Seine Idealisierung der Naturmenschen im Geiste des französischen Philosophen Rousseau muss aus der Zeit heraus gesehen und verstanden werden, aber sie basiert auf tatsächlichem Verhalten der Indianer, denen die Gastfreundschaft besonders heilig war.

◇◇◇

Johann Gottfried Seume

Der Wilde

Ein Kanadier, der noch Europens
Übertünchte Höflichkeit nicht kannte
Und ein Herz, wie Gott es ihm gegeben,
Von Kultur noch frei, im Busen fühlte,
Brachte, was er mit des Bogens Sehne
Fern in Quebecs* übereisten Wäldern
Auf der Jagd erbeutet, zum Verkaufe.
Als er ohne schlaue Rednerkünste,
So wie man ihm bot, die Felsenvögel
Um ein Kleines hingegeben hatte,
Eilt' er froh mit dem geringen Lohne
Heim zu seinen tief verdeckten Horden
In die Arme seiner braunen Gattin.

Aber ferne noch von seiner Hütte
Überfiel ihn unter freiem Himmel
Schnell der schrecklichste der Donnerstürme.
Aus dem langen, rabenschwarzen Haare
Troff der Guss herab auf seinen Gürtel,
Und das grobe Haartuch seines Kleides
Klebte rund an seinem hagern Leibe.
Schaurig zitternd unter kaltem Regen
Eilte der gute, wackre Wilde
In ein Haus, das er von fern erblickte.

* Quebec: Stadt in Kanada.

»Herr, ach lasst mich, bis der Sturm sich leget«,
Bat er mit der herzlichsten Gebärde
Den gesittet feinen Eigentümer,
»Obdach hier in euerm Hause finden!« –
»Willst du missgestaltes Ungeheuer«,
Schrie ergrimmt der Pflanzer ihm entgegen,
»Willst du Diebsgesicht mir aus dem Hause!«,
Und ergriff den schweren Stock im Winkel.

Traurig schritt der ehrliche Hurone*
Fort von dieser unwirtbaren Schwelle,
Bis durch Sturm und Guss der späte Abend
Ihn in seine friedliche Behausung
Und zu seiner braunen Gattin brachte.
Nass und müde setzt' er bei dem Feuer
Sich zu seinen nackten Kleinen nieder
Und erzählte von den bunten Städtern
Und den Kriegern, die den Donner tragen,
Und dem Regensturm, der ihn ereilte,
Und der Grausamkeit des weißen Mannes.
Schmeichelnd hingen sie an seinen Knieen,
Schlossen schmeichelnd sich um seinen Nacken,
Trockneten die langen, schwarzen Haare
Und durchsuchten seine Weidmannstasche,
Bis sie die versprochnen Schätze fanden.

Kurze Zeit darauf hatt' unser Pflanzer
Auf der Jagd im Walde sich verirret.
Über Stock und Stein, durch Tal und Bäche
Stieg er schwer auf manchen jähen Felsen,
Um sich umzusehen nach dem Pfade,
Der ihn tief in diese Wildnis brachte.
Doch sein Spähn und Rufen war vergebens;
Nichts vernahm er als das hohle Echo
Längs den hohen schwarzen Felsenwänden.
Ängstlich ging er bis zur zwölften Stunde,
Wo er an dem Fuß des nächsten Berges
Noch ein kleines, schwaches Licht erblickte.

Huronen: Indianerstamm der Irokesen.

Furcht und Freude schlug in seinem Herzen,
Und er fasste Mut und nahte leise.
»Wer ist draußen?«, brach mit Schreckentone
Eine Stimme tief her aus der Höhle,
Und ein Mann trat aus der kleinen Wohnung.
»Freund, im Walde hab' ich mich verirret«,
Sprach der Europäer furchtsam schmeichelnd;
»Gönnet mir, die Nacht hier zuzubringen,
Und zeigt nach der Stadt, ich werd' Euch danken,
Morgen früh mir die gewissen Wege.«

»Kommt herein«, versetzt der Unbekannte,
»Wärmt Euch; noch ist Feuer in der Hütte!«
Und er führt ihn auf das Binsenlager*,
Schreitet finster trotzig in den Winkel,
Holt den Rest von seinem Abendmahle,
Hummer, Lachs und frischen Bärenschinken,
Um den späten Fremdling zu bewirten.
Mit dem Hunger eines Weidmanns speiste,
Festlich wie bei einem Klosterschmause,
Neben seinem Wirt der Europäer.
Fest und ernsthaft schaute der Hurone
Seinem Gaste spähend auf die Stirne,
Der mit tiefem Schnitt den Schinken trennte,
Und mit Wollust trank vom Honigtranke,
Den in einer großen Muschelschale
Er ihm freundlich zu dem Mahle reichte.
Eine Bärenhaut auf weichem Moose
War des Pflanzers gute Lagerstätte,
Und er schlief bis in die hohe Sonne.

Wie der wilden Zone wildster Krieger,
Schrecklich stand mit Köcher, Pfeil und Bogen
Der Hurone jetzt vor seinem Gaste
Und erweckt ihn, und der Europäer
Griff bestürzt nach seinem Jagdgewehre;
Und der Wilde gab ihm eine Schale
Angefüllt mit süßem Morgentranke.

Binsen: grasähnliche Pflanzen.

Als er lächelnd seinen Gast gelabet,
Bracht' er ihn durch manche lange Windung,
Über Stock und Stein, durch Tal und Bäche,
Durch das Dickicht auf die rechte Straße.
Höflich dankte fein der Europäer;
Finster blickend blieb der Wilde stehen,
Sahe starr dem Pflanzer in die Augen,
Sprach mit voller, fester, ernster Stimme:
»Haben wir vielleicht uns schon gesehen?«
Wie vom Blitz getroffen stand der Jäger
Und erkannte nun in seinem Wirte
Jenen Mann, den er vor wenig Wochen
In dem Sturmwind aus dem Hause jagte,
Stammelte verwirrt Entschuldigungen.
Ruhig lächelnd sagte der Hurone:
»Seht, ihr fremden, klugen weißen Leute,
Seht, wir Wilden sind doch bessre Menschen!«
Und er schlug sich seitwärts in die Büsche.

◇◇◇

Meyers ungemein dramatische Ballade führt zurück in das Frankreich des 17. Jahrhunderts, als dort die Protestanten (Hugenotten) brutal verfolgt wurden. In die Geschichte ist rückblickend eine ältere eingeblendet, die uns eine Rache des Hausherrn sogar verständlich erscheinen ließe. Sein Edelmut erwächst aber nicht aus gütigem Herzen, sondern er folgt vielmehr den Worten des Alten Testaments.

◇◇◇

Conrad Ferdinand Meyer

Die Füße im Feuer

Wild zuckt der Blitz. In fahlem Lichte steht ein Turm.
Der Donner rollt. Ein Reiter kämpft mit seinem Ross,
Springt ab und pocht ans Tor und lärmt. Sein Mantel saust
Im Wind. Er hält den scheuen Fuchs am Zügel fest.
Ein schmales Gitterfenster schimmert goldenhell
Und knarrend öffnet jetzt das Tor ein Edelmann …

»Ich bin ein Knecht des Königs, als Kurier geschickt
Nach Nîmes*. Herbergt mich! Ihr kennt des Königs Rock!«
»Es stürmt. Mein Gast bist du. Dein Kleid, was kümmert's mich?
Tritt ein und wärme dich! Ich sorge für dein Tier!«
Der Reiter tritt in einen dunkeln Ahnensaal,
Von eines weiten Herdes Feuer schwach erhellt,
Und je nach seines Flackerns launenhaftem Licht
Droht hier ein Hugenott im Harnisch, dort ein Weib,
Ein stolzes Edelweib aus braunem Ahnenbild …
Der Reiter wirft sich in den Sessel vor dem Herd
Und starrt in den lebendgen Brand. Er brütet, gafft …
Leis sträubt sich ihm das Haar. Er kennt den Herd, den Saal …
Die Flamme zischt. Zwei Füße zucken in der Glut.

Den Abendtisch bestellt die greise Schaffnerin
Mit Linnen blendend weiß. Das Edelmägdlein hilft.
Ein Knabe trug den Krug mit Wein. Der Kinder Blick
Hangt schreckensstarr am Gast und hangt am Herd entsetzt …
Die Flamme zischt. Zwei Füße zucken in der Glut.
»Verdammt! Dasselbe Wappen! Dieser selbe Saal!
Drei Jahre sind's … Auf einer Hugenottenjagd …
Ein fein, halsstarrig Weib … ›Wo steckt der Junker? Sprich!‹
Sie schweigt. ›Bekenn!‹ Sie schweigt. ›Gib ihn heraus!‹ Sie schweigt.
Ich werde wild. *Der* Stolz! Ich zerre das Geschöpf …
Die nackten Füße pack ich ihr und strecke sie
Tief mitten in die Glut … ›Gib ihn heraus!‹ … Sie schweigt …
Sie windet sich … Sahst du das Wappen nicht am Tor?
Wer hieß dich hier zu Gaste gehen, dummer Narr?
Hat er nur einen Tropfen Bluts, erwürgt er dich.«
Eintritt der Edelmann. »Du träumst! Zu Tische, Gast …«

Da sitzen sie. Die drei in ihrer schwarzen Tracht
Und er. Doch keins der Kinder spricht das Tischgebet.
Ihn starren sie mit aufgerissnen Augen an –
Den Becher füllt und übergießt er, stürzt den Trunk,

Nîmes: Stadt in Südfrankreich.

Springt auf: »Herr, gebet jetzt mir meine Lagerstatt!
Müd bin ich wie ein Hund!« Ein Diener leuchtet ihm,
Doch auf der Schwelle wirft er einen Blick zurück
Und sieht den Knaben flüstern in des Vaters Ohr …
Dem Diener folgt er taumelnd in das Turmgemach.

Fest riegelt er die Tür. Er prüft Pistol und Schwert.
Gell pfeift der Sturm. Die Diele bebt. Die Decke stöhnt.
Die Treppe kracht … Dröhnt hier ein Tritt? … Schleicht dort ein Schritt? …
Ihn täuscht das Ohr. Vorüber wandelt Mitternacht.
Auf seinen Lidern lastet Blei und schlummernd sinkt
Er auf das Lager. Draußen plätschert Regenflut.

Er träumt. »Gesteh!« Sie schweigt. »Gib ihn heraus!« Sie schweigt.
Er zerrt das Weib. Zwei Füße zucken in der Glut.
Aufsprüht und zischt ein Feuermeer, das ihn verschlingt …
»Erwach! Du solltest längst von hinnen sein! Es tagt!«
Durch die Tapetentür in das Gemach gelangt,
Vor seinem Lager steht des Schlosses Herr – ergraut,
Dem gestern dunkelbraun sich noch gekraust das Haar.

Sie reiten durch den Wald. Kein Lüftchen regt sich heut.
Zersplittert liegen Ästetrümmer quer im Pfad.
Die frühsten Vöglein zwitschern, halb im Traume noch.
Friedsel'ge Wolken schwimmen durch die klare Luft,
Als kehrten Engel heim von einer nächt'gen Wacht.
Die dunkeln Schollen atmen kräft'gen Erdgeruch.
Die Ebne öffnet sich. Im Felde geht ein Pflug.
Der Reiter lauert aus den Augenwinkeln: »Herr,
Ihr seid ein kluger Mann und voll Besonnenheit
Und wisst, dass ich dem größten König eigen bin.
Lebt wohl. Auf Nimmerwiedersehn!« Der andre spricht:
»Du sagst's! Dem größten König eigen! Heute ward
Sein Dienst mir schwer … Gemordet hast du teuflisch mir
Mein Weib! Und lebst! … Mein ist die Rache, redet Gott.«

◇◇◇

Die Geschichte von den beiden Freunden Damon und Phintias soll sich tatsächlich so abgespielt haben, wie sie Schiller in der Ballade darstellt. Jedenfalls wird sie mehrfach von antiken Schriftstellern erzählt. Sie ereignete sich im 4. vorchristlichen Jahrhundert am Hofe des Tyrannen Dionysos II. von Syrakus. Die Bitte des Herrschers um Aufnahme in das Freundschaftsbündnis blieb allerdings – so die antiken Gewährsleute – unerfüllt.

◇◇◇

Friedrich Schiller

Die Bürgschaft

Zu Dionys*, dem Tyrannen, schlich
Damon, den Dolch im Gewande;
Ihn schlugen die Häscher in Bande.
»Was wolltest du mit dem Dolche, sprich!«
Entgegnet ihm finster der Wüterich.
»Die Stadt vom Tyrannen befreien!«
»Das sollst du am Kreuze bereuen.«

»Ich bin«, spricht jener, »zu sterben bereit
Und bitte nicht um mein Leben,
Doch willst du Gnade mir geben,
Ich flehe dich um drei Tage Zeit,
Bis ich die Schwester dem Gatten gefreit,
Ich lasse den Freund dir als Bürgen,
Ihn magst du, entrinn ich, erwürgen.«

Da lächelt der König mit arger List
Und spricht nach kurzem Bedenken:
»Drei Tage will ich dir schenken.
Doch wisse! Wenn sie verstrichen, die Frist,
Eh du zurück mir gegeben bist,
So muss er statt deiner erblassen,
Doch dir ist die Strafe erlassen.«

Dionys: Tyrann auf Syrakus, Sizilien (430–367 v. Chr.).

Und er kommt zum Freunde: »Der König gebeut*,
Dass ich am Kreuz mit dem Leben
Bezahle das frevelnde Streben,
Doch will er mir gönnen drei Tage Zeit,
Bis ich die Schwester dem Gatten gefreit,
So bleib du dem König zum Pfande,
Bis ich komme, zu lösen die Bande.«

Und schweigend umarmt ihn der treue Freund
Und liefert sich aus dem Tyrannen,
Der andere ziehet von dannen.
Und ehe das dritte Morgenrot scheint,
Hat er schnell mit dem Gatten die Schwester vereint,
Eilt heim mit sorgender Seele,
Damit er die Frist nicht verfehle.

Da gießt unendlicher Regen herab,
Von den Bergen stürzen die Quellen,
Und die Bäche, die Ströme schwellen.
Und er kommt ans Ufer mit wanderndem Stab,
Da reißet die Brücke der Strudel hinab,
Und donnernd sprengen die Wogen
Des Gewölbes krachenden Bogen.

Und trostlos irrt er an Ufers Rand,
Wie weit er auch spähet und blicket
Und die Stimme, die rufende, schicket,
Da stößet kein Nachen vom sichern Strand,
Der ihn setze an das gewünschte Land,
Kein Schiffer lenket die Fähre,
Und der wilde Strom wird zum Meere.

Da sinkt er ans Ufer und weint und fleht,
Die Hände zum Zeus erhoben:
»O hemme des Stromes Toben!
Es eilen die Stunden, im Mittag steht
Die Sonne, und wenn sie niedergeht
Und ich kann die Stadt nicht erreichen,
So muss der Freund mir erbleichen.«

gebeut: gebietet.

Doch wachsend erneut sich des Stromes Wut
Und Welle auf Welle zerrinnet,
Und Stunde an Stunde entrinnet.
Da treibt ihn die Angst, da fasst er sich Mut
Und wirft sich hinein in die brausende Flut
Und teilt mit gewaltigen Armen
Den Strom, und ein Gott hat Erbarmen.

Und gewinnt das Ufer und eilet fort
Und danket dem rettenden Gotte,
Da stürzet die raubende Rotte
Hervor aus des Waldes nächtlichem Ort,
Den Pfad ihm sperrend, und schnaubet Mord
Und hemmet des Wanderers Eile
Mit drohend geschwungener Keule.

»Was wollt ihr?«, ruft er für Schrecken bleich,
»Ich habe nichts als mein Leben,
Das muss ich dem Könige geben!«
Und entreißt die Keule dem nächsten gleich:
»Um des Freundes willen erbarmet euch!«
Und drei mit gewaltigen Streichen
Erlegt er, die andern entweichen.

Und die Sonne versendet glühenden Brand,
Und von der unendlichen Mühe
Ermattet sinken die Kniee.
»O hast du mich gnädig aus Räubershand,
Aus dem Strom mich gerettet ans heilige Land,
Und soll hier verschmachtend verderben,
Und der Freund mir, der liebende, sterben!«

Und horch! Da sprudelt es silberhell,
Ganz nahe, wie rieselndes Rauschen,
Und stille hält er zu lauschen,
Und sieh, aus dem Felsen, geschwätzig, schnell,
Springt murmelnd hervor ein lebendiger Quell,
Und freudig bückt er sich nieder
Und erfrischet die brennenden Glieder.

Und die Sonne blickt durch der Zweige Grün
Und malt auf den glänzenden Matten
Der Bäume gigantische Schatten;
Und zwei Wanderer sieht er die Straße ziehn,
Will eilenden Laufes vorüberfliehn,
Da hört er die Worte sie sagen:
»Jetzt wird er ans Kreuz geschlagen.«

Und die Angst beflügelt den eilenden Fuß,
Ihn jagen der Sorge Qualen,
Da schimmern in Abendrots Strahlen
Von ferne die Zinnen von Syrakus*,
Und entgegen kommt ihm Philostratus,
Des Hauses redlicher Hüter,
Der erkennet entsetzt den Gebieter:

»Zurück! Du rettest den Freund nicht mehr,
So rette das eigene Leben!
Den Tod erleidet er eben.
Von Stunde zu Stunde gewartet' er
Mit hoffender Seele der Wiederkehr,
Ihm konnte den mutigen Glauben
Der Hohn des Tyrannen nicht rauben.«

»Und ist es zu spät und kann ich ihm nicht
Ein Retter willkommen erscheinen,
So soll mich der Tod ihm vereinen.
Des rühme der blutge Tyrann sich nicht,
Dass der Freund dem Freunde gebrochen die Pflicht,
Er schlachte der Opfer zweie
Und glaube an Liebe und Treue.«

Und die Sonne geht unter, da steht er am Tor
Und sieht das Kreuz schon erhöhet,
Das die Menge gaffend umstehet,
An dem Seile schon zieht man den Freund empor,
Da zertrennt er gewaltig den dichten Chor:
»Mich, Henker!«, ruft er, »erwürget!
Da bin ich, für den er gebürget!«

Syrakus: Stadt auf Sizilien.

Und Erstaunen ergreifet das Volk umher,
In den Armen liegen sich beide
Und weinen vor Schmerzen und Freude.
Da sieht man kein Auge tränenleer,
Und zum Könige bringt man die Wundermär,
Der fühlt ein menschliches Rühren,
Lässt schnell vor den Thron sie führen.

Und blicket sie lange verwundert an.
Drauf spricht er: »Es ist euch gelungen,
Ihr habt das Herz mir bezwungen,
Und die Treue, sie ist doch kein leerer Wahn,
So nehmet auch mich zum Genossen an,
Ich sei, gewährt mir die Bitte,
In eurem Bunde der Dritte.«

◇◇◇

Heinrich Heine wandte sich in seinen Gedichten und Balladen immer wieder gegen Heuchelei und Intoleranz. Mit der adelsstolzen Spanierin Donna Clara schuf er geradezu das Musterbeispiel eines in seine Dünkel verstrickten Menschen, der eine böse Lehre erhält.

◇◇◇

Heinrich Heine

Donna Clara

In dem abendlichen Garten
Wandelt des Alkaden* Tochter;
Pauken- und Trommetenjubel*
Klingt herunter von dem Schlosse.

»Lästig werden mir die Tänze
Und die süßen Schmeichelworte,
Und die Ritter, die so zierlich
Mich vergleichen mit der Sonne.

Alkade: Alkalde, Stadtoberhaupt oder Richter.
Trommete: Trompete.

Überlästig wird mir alles,
Seit ich sah, beim Strahl des Mondes,
Jenen Ritter, dessen Laute
Nächtens mich ans Fenster lockte.

Wie er stand so schlank und mutig,
Und die Augen leuchtend schossen
Aus dem edelblassen Antlitz,
Glich er wahrlich Sankt Georgen.«

Also dachte Donna Clara,
Und sie schaute auf den Boden;
Wie sie aufblickt, steht der schöne,
Unbekannte Ritter vor ihr.

Händedrückend, liebeflüsternd
Wandeln sie umher im Mondschein,
Und der Zephir* schmeichelt freundlich,
Märchenartig grüßen Rosen.

Märchenartig grüßen Rosen,
Und sie glühn wie Liebesboten. –
Aber sage mir, Geliebte,
Warum du so plötzlich rot wirst;

»Mücken stachen mich, Geliebter,
Und die Mücken sind, im Sommer,
Mir so tief verhasst, als wärens
Langenasge Judenrotten.«

Lass die Mücken und die Juden,
Spricht der Ritter, freundlich kosend.
Von den Mandelbäumen fallen
Tausend weiße Blütenflocken.

Tausend weiße Blütenflocken
Haben ihren Duft ergossen. –
Aber sage mir, Geliebte,
Ist dein Herz mir ganz gewogen?

»Ja, ich liebe dich, Geliebter,
Bei dem Heiland seis geschworen,
Den die gottverfluchten Juden
Boshaft tückisch einst ermordet.«

Lass den Heiland und die Juden,
Spricht der Ritter, freundlich kosend.
In der Ferne schwanken traumhaft
Weiße Lilien, lichtumflossen.

Weiße Lilien, lichtumflossen,
Blicken nach den Sternen droben. –
Aber sage mir, Geliebte,
Hast du auch nicht falsch geschworen?

»Falsch ist nicht in mir, Geliebter,
Wie in meiner Brust kein Tropfen
Blut ist von dem Blut der Mohren
Und des schmutzgen Judenvolkes.«

Lass die Mohren und die Juden,
Spricht der Ritter, freundlich kosend;
Und nach einer Myrtenlaube
Führt er die Alkadentochter.

Mit den weichen Liebesnetzen
Hat er heimlich sie umflochten;
Kurze Worte, lange Küsse,
Und die Herzen überflossen.

* Zephir: leichter Westwind.

Wie ein schmelzend süßes Brautlied
Singt die Nachtigall, die holde;
Wie zum Fackeltanze hüpfen
Feuerwürmchen auf dem Boden.

In der Laube wird es stiller,
Und man hört nur, wie verstohlen,
Das Geflüster kluger Myrten
Und der Blumen Atemholen.

Aber Pauken und Trommeten
Schallen plötzlich aus dem Schlosse,
Und erwachend hat sich Clara
Aus des Ritters Arm gezogen.

»Horch!, da ruft es mich, Geliebter;
Doch, bevor wir scheiden, sollst du
Nennen deinen lieben Namen,
Den du mir so lang verborgen.«

Und der Ritter, heiter lächelnd,
Küsst die Finger seiner Donna,
Küsst die Lippen und die Stirne,
Und er spricht zuletzt die Worte:

Ich, Sennora, Eur Geliebter,
Bin der Sohn des viel belobten,
Großen, schriftgelehrten Rabbi
Israel von Saragossa.

◇◇◇

Der Mutterwitz der so genannten einfachen Leute half und hilft ihnen oft verfahrene Situationen und scheinbar schwierige Probleme auf überraschende Art zu lösen und – wie im Fall des Krämers – auch gegenüber den »Großen« und ihrer Willkür zu bestehen.

◇◇◇

Friedrich Rückert

Der Krämer von Ispahan

In Ispahan, ein Zoll, ein neuer,
Ist auferlegt der Krämerschaft;
Ein Krämer aber meint, die Steuer
Geh' über seines Beutels Kraft.

Er zählte, rechnet' und verglich es,
Dann macht er rasch sich auf den Weg
Dahin, wo eben öffentliches
Gehör erteilt der Beglerbeg*.

Beglerbeg: »Fürst der Fürsten«, Titel des Statthalters im türkischen Reich.

Er drängt sich durch die dichten Gassen:
»Herr, ich entrichte nicht den Zoll.«
»So musst du diese Stadt verlassen«,
Erwidert jener ruhevoll.

»Herr, hier kann ich den Zoll nicht geben,
Und wohin soll ich in der Welt?«
»Nach Schiras* oder Kaschan* eben,
Wo es am besten dir gefällt.«

»In Schiras ist dein jüngrer Bruder,«
Der Krämer wagt das kühne Wort,
»In Kaschan ist dein Neff' am Ruder;
Was kann ich hoffen da und dort?«

»So magst du dich nach Hofe wenden,
Und klagen, Unrecht tu man dir.«
»Am Hofe hat die Macht in Händen
Dein ältrer Bruder, der Wesir.«

»So geh' zur Höll' und lass dein Äffen!«
Der Krämer spricht: »Dort ist vielleicht
Dein Vater selig anzutreffen;
Wie schwer ist's, dass man euch entweicht!«

»So geh' mit Gott, ich will's bedenken,
Dass auf mein ganz Geschlecht nicht fällt
Der Vorwurf: dich am Recht zu kränken
In dieser und in jener Welt.«

Anastasius Grün

Botenart

Der Graf kehrt heim vom Festturnei,
Da wallt an ihm sein Knecht vorbei.

»Hallo, woher des Wegs, sag an!
Wohin, mein Knecht, geht deine Bahn?«

»Ich wandle, dass der Leib gedeih',
Ein Wohnhaus such' ich mir nebenbei.«

»Ein Wohnhaus? Nun, sprich grad' heraus,
Was ist geschehn bei uns zu Haus?«

»Nichts sonderlich's! Nur todeswund
Liegt Euer kleiner weißer Hund.«

Schiras und Kaschan: Hauptstädte persischer Provinzen.

»Mein treues Hündchen todeswund!
Sprich, wie begab sich's mit dem Hund?«

»Im Schreck Eu'r Leibross auf ihn sprang,
Drauf lief's in den Strom, der es verschlang.«

»Mein schönes Ross, des Stalles Zier!
Wovon erschrak das arme Tier?«

»Besinn' ich recht mich, erschrak's davon,
Als von dem Fenster stürzt' Eu'r Sohn.«

»Mein Sohn? Doch blieb er unverletzt?
Wohl pflegt mein süßes Weib ihn jetzt?«

»Die Gräfin rührte stracks der Schlag,
Als vor ihr des Herrleins Leichnam lag.«

»Warum bei solchem Jammer und Graus,
Du Schlingel, hütest du nicht das Haus?«

»Das Haus? Ei, welches meint Ihr wohl?
Das Eure liegt in Asch' und Kohl'!

Die Leichenfrau schlief ein an der Bahr,
Und Feuer fing ihr Kleid und Haar.

Und Schloss und Stall verlodert' im Wind,
Dazu das ganze Hausgesind'!

Nur mich hat das Schicksal aufgespart,
Euch's vorzubringen auf gute Art.«

Gustav Schwab: *Der Reiter und der Bodensee*

◇◇◇

Nicht immer stehen große und düstere Ereignisse im Mittelpunkt der Balladen. Manchmal erwächst innere Spannung auch aus den einfachsten Alltagsschicksalen, wie die folgenden drei Beispiele beweisen. Da ist der Kaufmannslehrling Fritz, der sich aus dem grauen Alltag in die Welt der Dichtung flüchtet, da ist der kleine Junge, dessen abgrundtiefe Verzweiflung über den Verlust des anvertrauten Geldes nicht einmal die Liebe der Mutter zu mindern mag, und da ist der immer wieder zitierte »kleine Mann«, der in der Pflicht und in der grauen Alltagswelt zu ersticken droht, aber es gar nicht mehr merkt, weil er sich mit eben dieser Alltagswelt längst abgefunden hat …

◇◇◇

Theodor Fontane

Fritz Katzfuß

Fritz Katzfuß war ein siebzehnjähr'ger Junge,
Rothaarig, sommersprossig, etwas faul,
Und stand in Lehre bei der Witwe Marzahn,
Die geizig war und einen Laden hatte,
Drin Hering, Schlackwurst, Datteln, Schweizerkäse,
Samt Pumpernickel, Lachs und Apfelsinen
Ein friedlich Dasein miteinander führten.
Und auf der hohen, etwas schmalen Leiter
Mit ihren halb schon weggetretnen Sprossen
Sprang unser Katzfuß, wenn die Mädchen kamen
Und Soda, Waschblau, Grieß, Korinthen wollten,
Geschäftig hin und her.

Ja, sprang er wirklich?
Die Wahrheit zu gestehn, das war die Frage.
Die Mädchen, deren Schatz oft draußen passte,
Vermeinten ganz im Gegenteil, er »nöle«,
Sei wie verbiestert und durchaus kein ›Katzfuß‹.
Im Laden, wenn Frau Marzahn auf ihn passe,
Da ging es noch, wenn auch nicht grad aufs Beste,
Das Schlimme käm' erst, wenn er wegen Selter-
Und Sodawasser in den Keller müsse,
Da sei's dann manchmal gradzu zum Verzweifeln,

Und wär' er nicht solch herzensguter Junge,
Der nie was sage, nie zu wenig gebe,
Ja, meistens, dass die Waagschal überklappe,
So wär's nicht zu beleben.

Und nicht besser
Klang, was die Herrin selber von ihm sagte,
Die Witwe Marzahn. »Wo der dumme Junge
Nur immer steckt? Hier vorne muss er flink sein,
Doch soll er übern Hof und auf den Boden,
So dauert's ewig, und ist gar Geburtstag
Von Kaiser Wilhelm oder Sedanfeier*
Und soll der Stock raus mit der preuß'schen Fahne
(Mein sel'ger Marzahn war nicht für die deutsche),
Fritz darf nicht rauf – denn bis dreiviertel Stunden
Ist ihm das Mindste.«

So sprach Witwe Marzahn,
Und kurz und gut, Fritz Katzfuß war ein Rätsel,
Und nur das eine war noch rätselvoller:
Dass, wie's auch drohn und donnerwettern mochte,
Ja, selbst wenn Blitz und Schlag zusammenfielen,
Dass Fritz nie maulte, greinte, wütend wurde;
Nein, unverändert blieb sein stilles Lächeln
Und schien zu sagen: ›Arme Kreaturen,
Ihr glaubt mich dumm, ich bin der Überlegne.
Kramladenlehrling! Eure Welt ist Kram,
Und wenn ihr Waschblau fordert oder Stärke,
Blaut zu, so viel ihr wollt. Mein Blau der Himmel.‹

So ging die Zeit, und Fritz war wohl schon siebzehn;
Ein Oxhoft* Apfelwein war angekommen
Und lag im Hof. Von da sollt's in den Keller.

Sedanfeier: Feiern anlässlich des Jahrestages der Kapitulation Sedans im dt.-franz. Krieg von 1870/71.
Oxhoft: altes Wein- und Spirituosen-Maß, ca. 200 Liter.

Fritz schlang ein Tau herum, und weil die Hitze
Groß war und drückend, was er wenig liebte,
So warf er seinen Shirting-Rock beiseite,
Nicht recht geschickt, so dass der Kragenhängsel
Nach unten hing. Und aus der Vordertasche
Glitt was heraus und fiel zur Erde. Lautlos.
Fritz merkt' es nicht. Die Witwe Marzahn aber
Schlich sich heran und nahm ein Buch – das war es –
Vom Boden auf und sah hinein: ›Gedichte.
Gedichte, erster Teil, von Wolfgang Goethe.‹
Zerlesen war's und schlecht und abgestoßen
Und Zeichen eingelegt: ein Endchen Strippe,
Briefmarkenränder, und als dritt und Letztes,
Zu glauben kaum, ein Streifen Schlackwurstpelle,
Die Seiten links und rechts befleckt, befettet,
Und oben stand, nun was?, stand, ›Mignonlieder‹.
Und Witwe Marzahn las: ›Dahin, dahin,
Möcht' ich mit dir, o mein Geliebter, ziehn.‹
Nun war es klar. Um so was träg und langsam,
Um Goethe, Verse, Mignon.

Armer Lehrling,
Ich weiß dein Schicksal nicht, nur eines weiß ich:
Wie dir die Lehrzeit hinging bei Frau Marzahn,
Ging mir das Leben hin. Ein Band von Goethe
Blieb mir bis heut mein bestes Wehr und Waffen,
Und wenn die Witwe Marzahn mich gepeinigt
Und dumme Dinger, die nach Waschblau kamen,
Mich langsam fanden, kicherten und lachten –
Ich lächelte, grad so wie du gelächelt,
Fritz Katzfuß, du mein Ideal, mein Vorbild.
Der Band von Goethe gab mir Kraft und Leben,
Vielleicht auch Dünkel … All genau dasselbe,
Nur andres Haar und – keine Sommersprossen.

Erich Kästner

Verzweiflung Nr. 1

Ein kleiner Junge lief durch die Straßen
Und hielt eine Mark in der heißen Hand.
Es war schon spät, und die Kaufleute maßen
Mit Seitenblicken die Uhr an der Wand.

Er hatte es eilig. Er hüpfte und summte:
»Ein halbes Brot. Und ein Viertelpfund Speck.«
Das klang wie ein Lied. Bis es plötzlich verstummte.
Er tat die Hand auf. Das Geld war weg.

Da blieb er stehen und stand im Dunkeln.
In den Ladenfenstern erlosch das Licht.
Es sieht zwar gut aus, wenn die Sterne funkeln.
Doch zum Suchen von Geld reicht das Funkeln nicht.

Als wolle er immer stehen bleiben,
Stand er. Und war, wie noch nie, allein.
Die Rollläden klapperten über die Scheiben.
Und die Laternen nickten ein.

Er öffnete immer wieder die Hände.
Und drehte sie langsam hin und her.
Dann war die Hoffnung endlich zu Ende.
Er öffnete seine Fäuste nicht mehr …

Der Vater wollte zu essen haben.
Die Mutter hatte ein müdes Gesicht.
Sie saßen und warteten auf den Knaben.
Der stand im Hof. Sie wussten es nicht.

Der Mutter wurde allmählich bange.
Sie ging ihn suchen. Bis sie ihn fand.
Er lehnte still an der Teppichstange
Und kehrte das kleine Gesicht zur Wand

Sie fragte erschrocken, wo er denn bliebe.
Da brach er in lautes Weinen aus.
Sein Schmerz war größer als ihre Liebe.
Und beide traten traurig ins Haus.

Josef Weinheber

Ballade vom kleinen Mann

Wie jeden Tag durch die zwanzig Jahr,
Die er dient in seinem Büro,
Steht er auf, streicht mit den Fingern durchs Haar,
Wärmt Kaffee sich auf dem Rechaud*,

Wäscht Händ und Gesicht, fährt rasch in den Rock,
(Nur im Amt nicht unpünktlich sein!),
Streicht sich sein Brot, nimmt Hut und Stock
Und lässt sein Zimmer allein.

Um die Groschen für die Straßenbahn
Krampft er wichtig die Hand,
Eh er hält beim Tor einen Augenblick an,
Um zu schaun nach dem Wetterstand,

Geht ein wenig müd, denn er schläft nicht gut,
Bis zur Straßenbahn die paar Schritt;
Mit Gesichtern, ihm vertraut wie sein Hut,
Fährt er verdrossen mit.

Vor dem Amtshaus zupft er an Kragen und Rock,
Verhält sich, ein weniges nur,
Und vor seinem Schreibtisch im dritten Stock
Sitzt er punkt acht Uhr.

Er nimmt seine lausigen Akten vor,
Schreibt »zufolge« und »auftragsgemäß«,
Macht Pause punkt zehn, und die Feder am Ohr
Isst er sein Brot indes.

Rechaud: Gaskocher, Warmhalteplatte.

Dann schreibt er wieder »indem« und »hieraus«,
Bis Zeit ist zum Mittagstisch.
Die Gemeinschaftsküche ist gleich im Haus,
Und es stinkt nach Rüben und Fisch –

Er würgt am Schreibtisch den Fraß wie ein Mann,
Der zu Hause Besseres hat.
Dann raucht er sich eine Pfeife an
Und gibt der Verdauung statt.

Er leiht sich dazu eine Zeitung aus
Vom nächsten Kollegen und liest,
Dass eine Dame aus gräflichem Haus
Eines Knaben genesen ist.

Dann schreibt er von neuem »mithin« und »anbei«,
Ganz pflicht- und schweigenumweht,
Und endlich ist es auch heute drei,
Und er nimmt seinen Hut und geht.

Die Sonne scheint blank, also fährt er nicht
Wie sonst auf der Straßenbahn.
Er schlendert langsam, mit stillem Gesicht,
Sieht sich die Schaufenster an,

Weicht ängstlich einem Betrunkenen aus
Und staunt nur: Gibt es das auch?
Schaut ihm kopfschüttelnd nach, bis ans letzte Haus,
Und spürt den Fuselhauch.

Er sieht den Mädchen scheu nach der Brust
Und denkt: Ist nichts für mich.
Lang ist die Ehe und teuer die Lust
Und spuckt und räuspert sich.

Jetzt kommt der Uhrmacherladen am Eck.
Hier verweilt er, wie manchen Tag.
Und verschlingt mit dem Blick »seinen« Ring, der am Fleck
Liegt, wo er immer lag.

Er geht durch den Park, und die Lindenblüh
Duftet süß und schwül.
Ein heller Tag aus der Kindheit früh
Steht auf einmal vor seinem Gefühl.

Es zerstiebt gleich wieder. Er denkt der Schuld,
Die noch beim Schneider steht,
Wischt sich den Schweiß mit Ungeduld,
Schiebt den Hut ins Genick und geht.

Zuhause empfangen die Wände ihn,
Wie er sie morgens verließ.
Er muss die Kissen frisch überziehn,
Lüften, und jenes und dies.

Der Staubwedel rührt mit leichtem Schwung
An die Lautensaiten; der Klang
Weckt halb verwehte Erinnerung
An die Zeit, wo er jung war und sang.

Du mein Gott, die Jugendeseleien,
Die waren gründlich vorbei …
Schnell holt er Eier und Wurstzeug ein
Und brät sich »Schinken mit Ei«.

Er isst aus der Pfanne (wer sieht es denn!)
Lang, schwelgend und ohne Gier
Und putzt nachher das Geschirr wieder schön
Mit vielem Zeitungspapier.

Dann streicht er sich mehrmals über den Bauch,
Sein Leiblied kommt ihm zu Sinn:
»Ja, die alten Deutschen tranken ja auch –«
Und er brummt es so halb vor sich hin,

Zieht die Uhr und schaut eine Zeit an die Wand,
Denn die Zeit läuft schrecklich leer,
Wenn kein Ding und Tun die Minute bannt
Und kein Mensch ist um einen her –

Und rekelt sich und zählt zweimal sein Geld:
Der Stammtisch wartet schon.
Dort ist das Leben, dort ist die Welt,
Dort verebbt der Tag und die Fron.

Er genießt seine üblichen drei Achtel Wein
Wie ein Bürger: gehalten, adrett.
Und fällt mit einem Seufzer klein
Punkt zehn in sein einsames Bett.

◇◇◇

Der Arbeiterdichter Paul Zech, der 1933 vor den Nationalsozialisten aus Deutschland fliehen musste, verwendet die Stilelemente der alten Schauerballade für seine soziale Anklage. Hier triumphiert der Mensch nicht mehr mit der Technik oder über sie, sondern er wird zu ihrem Opfer. Er lehnt sich nicht mehr auf, sondern resigniert.

◇◇◇

Paul Zech

Die Ballade von den Kesselheizern

Sie lag vor dem herbstlichen Wald,
Die Fabrik, schwarz wie ein Felsenriff.
Und der Wind fegte eiskalt
Um die Mauern herum und pfiff.

Da tanzte in den Bäumen der Tod
Mit einem roten betrunkenen Mond.
Aber die Männer aßen ruhig ihr Brot,
Weil der Tod auch im Kesselhaus wohnt.

Aus den drei glutroten Löchern schlug
Der giftige Atem wie Blut heraus,
Und wer ihn länger als eine Nacht ertrug,
Der sah wie ein Aussätziger aus.

Vor den Feuerlöchern die drei
Dachten in ihrem Schweiß:
Dass es in der Welt überall so sei
Für die armen Leute, rußig und heiß.

Oft wurde es einem nach Mitternacht
Speiübel im Mund.
Und die anderen haben gedacht:
Jetzt will er sich drücken, der Hund!

Und sie bliesen ihm schnell
Einen Marsch mit der Faust.
In seinem Kopf aber wurde es nie mehr hell,
Wo die Räder donnern und der Treibriemen saust.

Da haben die beiden allein
Alle drei Öfen beschickt,
Und der blutrote Schein
Hat den Toten groß angeblickt.

Ein schönes Begräbnis bekam er wohl auch,
Mit Trompeten und Feuerwehr.
Und aus dem Schornstein der schwarze Rauch
Trug eine stolze Fahne vor ihm her.

Der Herbst hat ihn warm zugedeckt
Mit dem roten, rostigen Laub.
Und bald sind auch die andern verreckt
Zu Wurm und Staub.

… vor den Kesselfeuern da hockt der Tod
Jede Nacht groß und rot wie ein Mond.
Und die Männer essen ruhig ihr Brot,
Weil das Leben überall sich nicht lohnt.

◇◇◇

Vielfältig ist die Begegnung von Mensch und Tier. Sie wird geprägt durch menschliche Charaktereigenschaften wie Liebe, Treue, Abneigung auf beiden Seiten. Warum also soll das nicht auch Stoff für Balladen geben? In seinem von Mitleid und Liebe bestimmten Handeln achtet das kleine Kind in Hebbels Ballade nicht auf die drohenden Gefahren. Aber auch anderes Verhalten wie Rohheit, Bosheit und letztlich doch ganz selbstverständliche Hilfsbereitschaft spiegelt sich in der kleinen Geschichte.

◇◇◇

Friedrich Hebbel

Aus der Kindheit

»Ja, das Kätzchen hat gestohlen,
Und das Kätzchen wird ertränkt.
Nachbars Peter sollst du holen,
Dass er es im Teich versenkt!«

Nachbars Peter hat's vernommen,
Ungerufen kommt er schon;
»Ist die Diebin zu bekommen,
Gebe ich ihr gern den Lohn!«

»Mutter, nein, er will sie quälen,
Gestern warf er schon nach ihr,
Bleibt nichts andres mehr zu wählen,
So ertränk ich selbst das Tier.

Sieh, das Kätzchen kommt gesprungen
Wie es glänzt im Morgenstrahl!«
Lustig hüpft's dem kleinen Jungen
Auf den Arm zu seiner Qual.

»Mutter, lass das Kätzchen leben;
Jedes Mal, wenn's dich bestiehlt,
Sollst du mir kein Frühstück geben;
Sieh nur, wie es artig spielt!«

»Nein, der Vater hat's geboten,
Hundertmal ist ihr verziehn!« –
»Hat sie doch vier weiße Pfoten!« –
»Einerlei! Ihr Tag erschien!« –

»Nachbarin, ich folg ihm leise,
Ob er es auch wirklich tut!«
Peter spricht es häm'scher Weise,
Und der Knabe hört's mit Wut.

Unterwegs auf manchem Platze
Bietet er sein Liebchen aus,
Aber keiner will die Katze,
Jeder hat sie längst im Haus.

Ach, da ist er schon am Teiche,
Und sein Blick, sein scheuer, schweift,
Ob ihn Peter noch umschleiche –
Ja, er steht von fern und pfeift.

»Nun, wir alle müssen sterben,
Großmama ging dir vorauf,
Und du wirst den Himmel erben,
Kratze nur, sie macht dir auf!«

Jetzt, um sie recht tief zu betten,
Wirft er sie mit aller Macht,
Doch zugleich, um sie zu retten,
Springt er nach, als er's vollbracht.

Eilte Peter nicht, der lange,
Gleich im Augenblick herzu,
Fände er – es ist mir bange –
Hier im Teich die ewge Ruh'.

In das Haus zurückgetragen,
Hört er auf die Mutter nicht,
Schweigt auf alle ihre Fragen,
Schließt die Augen trotzig dicht.

Von dem Zucker, den sie brachte,
Nimmt er zwar zerstreut ein Stück,
Doch den Tee, den sie ihm machte,
Weist er ungestüm zurück.

Welch ein Ton! Er dreht sich stutzend,
Und auf einer Fensterbank,
Spinnend und sich emsig putzend,
Sitzt sein Kätzchen blink und blank.

»Lebt sie, Mutter?« – »Dem Verderben
Warst du näher, Kind, als sie!« –
»Und sie soll auch nicht mehr sterben?« –
»Trinke nur, so soll sie's nie!«

◇◇◇

Ganz anders ist das Verhältnis von Mensch und Tier in der Ballade von M. L. Kaschnitz. Hier wird die Katze zur gleichberechtigten, zur unberechenbaren, ja vielleicht sogar überlegenen Partnerin des Menschen.

◇◇◇

Marie Luise Kaschnitz

Die Katze

Die Katze, die einer fand, in der Baugrube saß sie und schrie.
Die erste Nacht, und die zweite, die dritte Nacht.
Das erste Mal ging er vorüber, dachte an nichts
Trug das Geschrei in den Ohren, fuhr auf aus dem Schlaf.
Das zweite Mal beugte er sich in die verschneite Grube
Lockte vergeblich den Schatten, der dort umherschlich.
Das dritte Mal sprang er hinunter, holte das Tier.
Nannte es Katze, weil ihm kein Name einfiel.
Und die Katze war bei ihm sieben Tage lang.

Ihr Pelz war gesträubt, ließ sich nicht glätten.
Wenn er heimkam, abends, sprang sie ihm auf die Brust, ohrfeigte ihn.
Der Nerv ihres linken Auges zuckte beständig.
Sie sprang auf den Vorhang im Korridor, krallte sich fest
Schwang hin und her, dass die eisernen Ringe klirrten.
Alle Blumen, die er heimbrachte, fraß sie auf.
Sie stürzte die Vasen vom Tisch, zerfetzte die Blütenblätter.
Sie schlief nicht des Nachts, saß am Fuß seines Bettes
Sah ihn mit glühenden Augen an.
Nach einer Woche waren seine Gardinen zerfetzt
Seine Küche lag voll von Abfall. Er tat nichts mehr
Las nicht mehr, spielte nicht mehr Klavier
Der Nerv seines linken Auges zuckte beständig.
Er hatte ihr eine Kugel aus Silberpapier gemacht
Die sie lange gering schätzte. Aber am siebenten Tag
Legte sie sich auf die Lauer, schoss hervor
Jagte die silberne Kugel. Am siebenten Tag
Sprang sie auf seinen Schoß, ließ sich streicheln und schnurrte.
Da kam er sich vor wie einer, der große Macht hat.
Er wiegte sie, bürstete sie, band ihr ein Band um den Hals.
Doch in der Nacht entsprang sie, drei Stockwerke tief
Und lief, nicht weit, nur dorthin, wo er sie
Gefunden hatte. Wo die Weidenschatten
Im Mondlicht wehten. An der alten Stelle
Flog sie von Stein zu Stein im rauen Felle
Und schrie.

◇◇◇

Auch in dieser Ballade könnte wie in der vorangegangenen das Tier durch einen Menschen ersetzt werden. »Krieg schlägt jede Wunde« ist dabei der entscheidende Satz. Der Einzelne steht fassungslos vor der Sinnlosigkeit des Krieges, der gleichermaßen Mensch wie Tier als seine Opfer fordert.

◇◇◇

Karl Kraus

Der Bauer, der Hund und der Soldat

(Wolhynien)*

»Der Hund ist krank! Was fehlt dem armen Hunde?«
»Er ist verwundet, Herr. Das ist der Krieg,
Und davon eben hat er seine Wunde.«
Der Bauer sprach's und streichelt' ihn und schwieg.

»Wie aber, wann und wo empfing die Wunde
Der arme Hund? Er kann ja gar nicht gehn!«
»Herr, es ist Krieg und da ist es dem Hunde,
Er stand so da, da ist es ihm geschehn.

Der Hund stand da und da kam ein Soldat,
Der ging vorbei und stach nach meinem Hunde,
Der keinem Menschen was zu Leide tat,
Nie biss er wen, nun hat er seine Wunde.

Seht ihn nur an, es war ein gutes Tier,
Er dient mir lang', und in der weiten Runde
Der beste Schäferhund, er führte mir
Das Vieh allein, nun hat er seine Wunde.

Seht, wie er hinkt. Das tut er seit der Stunde,
Da der Soldat vorbeikam, der Soldat,
Der stach nach meinem alten Schäferhunde,
Der keinen Menschen noch gebissen hat.«

Wolhynien: Landschaft in der Ukraine.

»Und warum, glaubt ihr, bracht' er ihm die Wunde,
Der Mann dem Hund die schwere Wunde bei?
Der Hund ist stumm, sein Blick befiehlt dem Munde
Für ihn zu sprechen, sprecht nur frank und frei.«

»Wir wissen's nicht. Doch wisst ihr's selbst wie wir,
Dass Krieg ist. Mir und meinem armen Hunde
Und Gott und jedem Kind und auch dem Tier
Ist es bekannt, und Krieg schlägt jede Wunde.

Ich sagt's euch Herr, der Mann war ein Soldat,
Und wer die Waffe hat, der schlägt die Wunde.
Wisst ihr denn nicht, wie viel's geschlagen hat
In dieser gottgesandten Zeit und Stunde?«

»So solltet ihr, dass er vom Schmerz gesunde,
Das arme Tier sogleich mit Gift vergeben.
Erschießt ihr ihn, wisst ihr, dass eine Wunde
Auch Wohltat sei, und helft ihm aus dem Leben!«

»Ach Herr, ich ließ' es nimmermehr geschehn,
Ich kann nur leiden mit dem armen Hunde.
's ist Krieg, ich kann ein Huhn nicht sterben sehn,
's ist Krieg, da, wisst ihr, gibt es manche Wunde.

Der Hund war gut, vorbei ist's mit dem Hunde,
Seit der Soldat vorbeiging. 's ist der Krieg.
Man muss es nehmen, was sie bringt die Stunde.«
Der Bauer sprach's und streichelt' ihn und schwieg.

Es wollt' ein Schneider wandern

Schwänke und Schnurren

Durch die Schmunzelballaden führt Otfried Preußler

Wie im Leben und in den Künsten insgemein trennt auch im besonderen Fall der Ballade oft nur ein winziger Schritt das Erhaben-Tragische vom Grotesken und Komischen. Wer in alten Balladenbüchern herumstöbert, wird alle nasenlang auf ursprünglich völlig ernst und bieder gemeinte Schicksalsballaden stoßen, die uns heute in ihrer weihevollen Gestelztheit, ihrem hohlen Pathos höchst lächerlich anmuten – eine Wirkung, die von den wertgeschätzten Herren Dichtern gewiss nicht beabsichtigt war.

Andererseits haben seit jeher gerade auch Meisterballaden, an deren literarischem Rang nicht zu zweifeln ist, die Spaßvögel auf den Plan gerufen, die Spötter und Parodisten. Man denke nur, beispielsweise, an die zahllosen Jux-Versionen vom *Erlkönig* oder von Schillers *Taucher*, dessen verböhmakelte Fassung ich noch von meiner Schulzeit her lebhaft im Ohr habe:

Und droben, Wadl an Wadl,
Steht sich gesamtes bemmisches Adl …

Wir müssen hier leider auf solche Parodien ebenso verzichten wie auf die unfreiwillig komischen Balladen, wenn sie auch für ein dickes Buch ausreichen würden. Was in diesem Buch unter dem Oberbegriff »Schmunzelballaden« zusammengefasst wird, sind Originalstücke, die von vornherein ausdrücklich humoristisch gemeint waren.

Manche von ihnen bedienen sich anekdotischer Stoffe, darin ähneln sie der Geschichtsballade, nur mit dem Unterschied, dass sie nicht heroisches Geschehen, sondern denkwürdige Begebenheiten lustiger Art zum Gegenstand haben.

Viele dieser Balladen gehen auf schwankhafte Überlieferungen von langer Hand zurück. Das Wort »Schwank« stammt aus dem Mittelhochdeutschen, aus der Sprache der Fechtkämpfer. Ein »swanc« war ein schwungvoller, wohl gezielter Hieb mit der blanken Waffe – ein Hieb, der beim Gegner »saß«. Auch Hiebe mit Worten können »sitzen« wie überraschend geführte Fechthiebe: In unserem Fall sind es kurze, witzige Histörchen, die weniger auf einen tatsächlichen Kontrahenten als auf die Leser und Zuhörer zielen.

Neben dem Lustig-Schwankhaften liebt die Schmunzelballade auch (und dies ganz besonders) das Listige. Pfiffige Gesellen, die, mit einer tüchtigen Portion Mutterwitz ausgestattet, furchtlos ihre Gegner überlisten und sich als die scheinbar Schwächeren gegenüber den Mächtigen durchzusetzen verstehen, gehören zu ihren bevorzugten Helden. Hans Bendix, der Schäfer, der die kniffligen Fragen des Kaisers stellvertretend für seinen Abt beantwortet, ist einer von ihnen, ebenso wie der Schneiderjunge von Krippstedt, wie Chamissos furchtloser Barbier.

Freilich beschränkt sich die Kunstballade keineswegs auf den Schwank des Possenreißers, der mit lautem oder befreiendem Gelächter quittiert wird: Oftmals ist es dem Balladendichter weit mehr um ein vergnügtes, wohl auch besinnliches Schmunzeln bei Zuhörern und Lesern zu tun. Goethes *Hochzeitlied* ist ein besonders schönes Beispiel dafür, wie Fröhlichkeit auch mit leisen Tönen erzeugt werden kann.

Manche – für meinen Geschmack die besten – unter den Balladen dieser Art halten jene ganz merkwürdige Schwebe zwischen Lachen und Weinen, zwischen Übermut und Verhängnis, zwischen Lebensfreude und Grauen, der es zu danken ist, wenn ein verehrliches Publikum mit den Mitteln der Poesie nicht nur zum Schmunzeln verlockt, sondern gleichzeitig auch in Stand gesetzt wird, das eigene Erdendasein einschließlich aller damit verbundenen Unbill ein wenig leichter zu nehmen.

Conrad Ferdinand Meyer: *Die Füße im Feuer*

◇◇◇

Im frühesten Altertum hat Viktor von Scheffel seine *Altassyrische Ballade* angesiedelt – und doch ist sie weiter nichts als eine übermütige Maskerade. Der Dichter erzählt die simple Geschichte eines Gastes, der mehr trinkt, als sein Beutel hergibt. Der Witz liegt darin, dass er sie ins alte Assyrien zurückverlegt, wobei Wohlbekanntes (»der Hausknecht«) mit Exotischem (»aus Nubierland«) eine drollige Verbindung eingeht. Ebenso hält er es mit den Namen der Gasthäuser oder »mit der Kellner Schar«, die dem Gast die Rechnung »in Keilschrift auf sechs Ziegelstein« präsentiert.

◇◇◇

Joseph Victor von Scheffel

Altassyrische Ballade

Im Schwarzen Walfisch zu Askalon*,
Da trank ein Mann drei Tag,
Bis dass er steif wie ein Besenstiel,
Am Marmortische lag.

Im Schwarzen Walfisch zu Askalon,
Da sprach der Wirt: »Halt an!
Der trinkt von meinem Dattelsaft
Mehr, als er zahlen kann.«

Im Schwarzen Walfisch zu Askalon,
Da bracht' der Kellner Schar
In Keilschrift auf sechs Ziegelstein
Dem Gast die Rechnung dar.

Im Schwarzen Walfisch zu Askalon,
Da sprach der Gast: »O weh!
Mein bares Geld ging alles drauf
Im Lamm zu Ninive*!«

Im Schwarzen Walfisch zu Askalon,
Da schlug die Uhr halb vier,
Da warf der Hausknecht aus Nubierland*
Den Fremdling vor die Tür.

Im Schwarzen Walfisch zu Askalon
Wird kein Prophet geehrt,
Und wer vergnügt dort leben will,
Zahlt bar, was er verzehrt.

Askalon: Stadt in Israel.
Ninive: altmesopotamische Stadt am Tigris.
Nubierland: Gebiet im Nordosten Afrikas (Süd-Ägypten und Nord-Sudan).

◇◇◇

Noch weiter, bis in graue Urwelten, greift der Dichter mit seiner herzerweichenden Mähr aus der Jura- und Kreidezeit zurück.

◇◇◇

Joseph Victor von Scheffel

Der Ichthyosaurus

Es rauscht in den Schachtelhalmen,
Verdächtig leuchtet das Meer,
Da schwimmt mit Tränen im Auge
Ein Ichthyosaurus* daher.

Ihn jammert der Zeiten Verderbnis,
Denn ein sehr bedenklicher Ton
War neuerlich eingerissen
In der Liasformation.

»Der Plesiosaurus*, der alte,
Er jubelt in Saus und Braus,
Der Pterodaktylus* selber
Flog neulich betrunken nach Haus.

Der Iguanodon*, der Lümmel,
Wird frecher zu jeglicher Frist,
Schon hat er am hellen Tage
Die Ichthyosaura geküsst.

Mir ahnt eine Weltkatastrophe,
So kann es ja länger nicht gehn;
Was soll aus dem Lias noch werden,
Wenn solche Dinge geschehn?«

So klagte der Ichthyosaurus,
Da ward es ihm kreidig zumut';
Sein letzter Seufzer verhallte
Im Qualmen und Zischen der Flut.

Es starb zu derselbigen Stunde
Die ganze Saurierei,
Sie kamen zu tief in die Kreide,
Da war es natürlich vorbei.

Und der uns hat gesungen
Dies petrefaktische* Lied,
Der fand's als fossiles* Albumblatt
Auf einem Koprolith*.

Ichthyosaurus: Fischsaurier.
Plesiosaurus: ausgestorbener, bis 14 m langer Saurier.
Pterodaktylus: ausgestorbene Gattung der Flugsaurier.
Iguanodon: Gattung der Dinosaurier, bis zu 8 m lange und 5 m hohe Pflanzenfresser.
Petrefakten: Versteinerungen.
fossil: versteinert.
Koprolith: fossile Exkremente von Fischen und Sauriern.

◇◇◇

Auch Matthias Claudius, der »Wandsbeker Bote«, verbindet Altüberliefertes mit Kostüm und Lebensart seiner Zeit, indem er das biblische Thema von David und Goliath in gespielter Naivität abhandelt. Den Riesen Goliath lässt er als einen großmäuligen Offizier seines, des 18. Jahrhunderts, auftreten: mit Tressen auf dem Hut, den ein falscher Edelstein ziert, im silberglitzernden Seidenrock. Selbst die Sprüche, mit denen Goliath das Volk Israel herausfordert, sind von zeitgenössisch grobianischem Zuschnitt. Alles in allem macht Claudius aus der biblischen Szene eine Art Rüpel- und Schäferspiel mit tödlichem Ausgang, das er einschließlich der moralischen Nutzanwendung betont treuherzig in höchst kunstvolle Reime bringt.

◇◇◇

Matthias Claudius

Die Geschichte von Goliath und David, in Reime bracht

War einst ein Riese Goliath
Gar ein gefährlich Mann!
Er hatte Tressen* auf dem Hut
Mit einem Klunker dran,
Und einen Rock von Drap d'argent*
Und alles so nach advenant*.

An seinen Schnurrbart sah man nur
Mit Gräsen und mit Graus,
Und dabei sah er von Natur
Pur wie der – aus.
Sein Sarras* war, man glaubt es kaum,
So groß schier als ein Weberbaum.

Tresse: Besatz, Borte an Kleidungsstücken.
Drap d'argent: silberdurchwirkter Stoff.
advenant: bedeutet hier so viel wie: Komme was da wolle!
Sarras: polnischer großer Säbel.

Er hatte Knochen wie ein Gaul,
Und eine freche Stirn,
Und ein entsetzlich großes Maul,
Und nur ein kleines Hirn;
Gab jedem einen Rippenstoß,
Und flunkerte und prahlte groß.

So kam er alle Tage her,
Und sprach Israel Hohn.
»Wer ist der Mann? Wer wagt's mit mir?
Sei Vater oder Sohn,
Er komme her der Lumpenhund,
Ich bax'n nieder auf den Grund.«

Da kam in seinem Schäferrock
Ein Jüngling zart und fein;
Er hatte nichts als seinen Stock,
Als Schleuder und den Stein,
Und sprach: »Du hast viel Stolz und Wehr,
Ich komm im Namen Gottes her.«

Und damit schleudert' er auf ihn,
Und traf die Stirne gar;
Da fiel der große Esel hin,
So lang und dick er war.
Und David haut' in guter Ruh
Ihm nun den Kopf noch ab dazu.

Trau nicht auf deinen Tressenhut,
Noch auf den Klunker dran!
Ein großes Maul es auch nicht tut:
Das lern vom langen Mann;
Und von dem kleinen lerne wohl:
Wie man mit Ehren fechten soll.

◇◇◇

Als »biblische Romanze« bezeichnet Georg Weerth seine Ballade vom ägyptischen Joseph und der liebeslüsternen Frau des Kämmerers Potiphar. Bei näherem Hinsehen ist es eine parodistische Variation auf das wohl bekannte Thema. Auch hier, als Stilmittel bewusst eingesetzt, immer wieder der überraschende Kurzschluss zwischen Geschichte und Gegenwart: die Pyramiden als »Kirchtürme jener Lande«; auch hier die listig-lustige Verwendung zeitgenössischen Jargons: »Bei Gott, du bist nicht ohne!«; dazu ein von leichter Hand arrangiertes Durcheinander von teils pathetischem, teils banalem Reimgeklingel, das Autor und Leser sogar darüber hinweghüpfen lässt, ob es sich in der fünften Strophe tatsächlich um die Pharaonin oder lediglich um einen Flüchtigkeitsfehler handelt, weil hier eigentlich die mannstolle Frau Potiphar gemeint sein müsste.

◇◇◇

Georg Weerth

Herr Joseph und Frau Potiphar

(Eine biblische Romanze)

Als dazumal Herr Potiphar
Im schönen Land Ägypten
Noch königlicher Kämmrer war:
Da bot man den betrübten,
Den Joseph, ihm als Sklaven an
Und kam nach vielem Schwatzen
Drin überein, der fremde Mann
Sei wert ein Zwanzig Batzen*.

Und Potiphar war schlau genug,
Ihn balde zu erstehen,
Denn schön war Joseph, rasch und jung
Und freundlich anzusehen.
»Du sollst«, so sprach der Kämmerling,
»In meinem Haus regieren
Ob Brot und Fleisch und ander Ding
Und mir die Wirtschaft führen.«

Und übel war's nicht, was er tat.
Es folgte allerwegen
Dem jungen Joseph früh und spat
Nur Gottes eitler Segen.
Er war beliebt bei seinem Herrn
Wie bei der gnäd'gen Frauen,
Und wie man sagt, sie mochte gern
Den Judenjungen schauen.

Er war so frisch, er war so rot,
Er hatte schlanke Glieder.
Sie schlug, wenn guten Tag er bot,
Auch stets die Augen nieder;
Und träumerisch sah man oft sie gehn
Am schönen Nilesstrande,
Allwo die Pyramiden stehn –
Kirchtürme jener Lande.

* Batzen: alte Münze.

Wenn drauf der kühle Nachttau fiel
Auf Palmen und auf Tannen
Und Vogel Strauß und Krokodil
Ihr Abendlied begannen:
Da setzte sich die Königin,
Geschmückt mit goldnen Franzen,
An ein idyllisch Plätzchen hin
Und dichtete Romanzen.

Von Liebe sang sie, das ist wahr,
Von Rosen und von Küssen,
Von schwarzen Augen, lock'gem Haar,
In glühenden Ergüssen.
Den Redakteur des Wochenblatts
Ließ morgens sie zitieren,
Der musste den poet'schen Schatz
In Eile publizieren.

Doch wie's der Liebe wundersam
Im Leben pflegt zu gehen,
Der Joseph wollte ihren Gram
Noch immer nicht verstehen.
Von Liebe lag sein Herz so fern
Wie Rom von Flachsenfingen,
Auch wollte er den gnäd'gen Herrn
Nicht gern in Schande bringen.

Da tobte die Ägypterin,
Sie rang die weißen Hände.
Schwarz flutete ihr Haupthaar hin,
Und los um Brust und Lende
Flog wild ihr purpurnes Gewand –
So trat sie liebedürstend
Herein, wo unser Joseph stand,
Den Sonntagsrock sich bürstend.

Das Auge Glut, die Lippe Brand,
Die Wangen wie im Fieber,
Wie eine Bombe hergesandt
Aus größestem Kaliber.
Im Wonnerausch zu Füßen sank
Sie Jakobs edlem Sohne,
Und ächzend ihre Stimme klang:
»Bei Gott, du bist nicht ohne!

Sei mir gegrüßt! Ich liebe dich,
Du bräunlicher Hebräer.
O sieh mich an, sieh her und sprich:
Kann Dichter oder Seher
Ein schöner Weib im Traume sehn,
Als du zu deinen Füßen
Sich winden siehst mit brünst'gem Flehn
Um deinen Kuss, den süßen?

Sieh meine Schultern weiß und rund
Von dunklem Haar umflossen;
Sieh, wie die Ros auf meinen Mund
All ihren Glanz ergossen,
Wie diese Brust sich wallend hebt,
Von Tränen sanft befeuchtet,
Wie dir mein Herz entgegenbebt,
Wie dir mein Auge leuchtet!

Mein Lied erklingt so sehnsuchtschwer
Wie Murmeln einer Quelle;
Ich eile flüchtiger daher
Als Panter und Gazelle.
Und wilder meine Küsse glühn
Als Sonn- und Wettergluten,
Wenn zischend sie herniedersprühn
Und durch die Wolken fluten.

Ich wiege dich an meiner Brust
Zu wundersamen Träumen;
Ich lasse dir zu höchster Lust
Den vollen Becher schäumen;
Und rollt dein Blut und pocht dein Herz
In immer wildern Schlägen:
Sanft will ich dann den süßen Schmerz
Mit neuen Küssen pflegen!«

So sprach Madame Potiphar
Und konnt ihn nicht erweichen.
Der Stockphilister* Joseph war
Ein Esel sondergleichen.
Er schritt wohl auf die Hausvogtei
Und hat sich sehr verwundert:
Wie alsosehr verderbet sei
Sein lasterhaft Jahrhundert.

◇◇◇

Im Sagenkreis, der sich um Kaiser Karl den Großen und seine Kampfgefährten, die Paladine, rankt, sind neben vielen Heldentaten auch handfeste Schwänke überliefert worden. Die Spielleute, als Unterhaltungskünstler des Mittelalters, haben sich ihrer bedient, um heldisches Pathos auf menschliche Maße zurückzuführen. Nicht nur zum Gaudium des Publikums, auch zur Würze des Vortrags und, wie wir heute sagen würden, als Kontrastprogramm. Ludwig Uhland verwendet solche schwankhaften Motive der Spielmannsdichtung in seiner Ballade, die von den ersten Waffentaten des nachmals hochgerühmten Recken und schier übermenschlich getreuen Paladins Roland berichtet. Es ist die alte, ewig neue Geschichte vom gründlichst verkannten Wunderknaben.

◇◇◇

Ludwig Uhland

Roland Schildträger

Der König Karl saß einst zu Tisch
Zu Aachen mit den Fürsten.
Man stellte Wildbret auf und Fisch
Und ließ auch keinen dürsten;
Viel Goldgeschirr von klarem Schein,
Manch roten, grünen Edelstein
Sah man im Saale leuchten.

Philister: engstirniger Mensch, Spießbürger.

Da sprach Herr Karl, der starke Held:
»Was soll der eitle Schimmer?
Das beste Kleinod dieser Welt,
Das fehlet uns noch immer:
Dies Kleinod, hell wie Sonnenschein,
Ein Riese trägt's im Schilde sein,
Tief im Ardennerwalde.«

Graf Richard, Erzbischof Turpin,
Herr Haimon, Naims von Baiern,
Milon von Anglant, Graf Garin,
Die wollten da nicht feiern:
Sie haben Stahlgewand begehrt
Und hießen satteln ihre Pferd',
Zu reiten nach dem Riesen.

Jung Roland, Sohn des Milon, sprach:
»Lieb Vater, hört! Ich bitte:
Vermeint Ihr mich zu jung und schwach,
Dass ich mit Riesen stritte,
Doch bin ich nicht zu winzig mehr,
Euch nachzutragen Euern Speer
Samt Eurem guten Schilde.«

Die sechs Genossen ritten bald
Vereint nach den Ardennen,
Doch als sie kamen in den Wald,
Da täten sie sich trennen.
Roland ritt hinterm Vater her:
Wie wohl ihm war, des Helden Speer,
Des Helden Schild zu tragen!

Bei Sonnenschein und Mondenlicht
Streiften die kühnen Degen,
Doch fanden sie den Riesen nicht
In Felsen noch Gehegen.
Zur Mittagsstund am vierten Tag
Der Herzog Milon schlafen lag
In einer Eiche Schatten.

Roland sah in der Ferne bald
Ein Blitzen und ein Leuchten,
Davon die Strahlen in dem Wald
Die Hirsch und Reh aufscheuchten.
Er sah, es kam von einem Schild,
Den trug ein Riese groß und wild,
Vom Berge niedersteigend.

Roland gedacht im Herzen sein:
»Was ist das für ein Schrecken!
Soll ich den lieben Vater mein
Im besten Schlaf erwecken?
Es wachet ja sein gutes Pferd,
Es wacht sein Speer, sein Schild und Schwert,
Es wacht Roland der junge.«

Roland das Schwert zur Seite band,
Herrn Milons starkes Waffen,
Die Lanze nahm er in die Hand
Und tät den Schild aufraffen.
Herrn Milons Ross bestieg er dann
Und ritt erst sachte durch den Tann,
Den Vater nicht zu wecken.

Und als er kam zur Felsenwand,
Da sprach der Ries' mit Lachen:
»Was will doch dieser kleine Fant
Auf solchem Rosse machen?
Sein Schwert ist zwier so lang als er,
Vom Rosse zieht ihn schier der Speer,
Der Schild will ihn erdrücken.«

Jung Roland rief: »Wohlauf zum Streit!
Dich reuet noch dein Necken.
Hab' ich die Tartsche* lang und breit,
Kann sie mich besser decken;
Ein kleiner Mann, ein großes Pferd,
Ein kurzer Arm, ein langes Schwert
Muss eins dem andern helfen.«

Tartsche: mittelalterlicher Schild.

Der Riese mit der Stange schlug,
Auslangend in die Weite;
Jung Roland schwenkte schnell genug
Sein Ross noch auf die Seite.
Die Lanz' er auf den Riesen schwang,
Doch von dem Wunderschilde sprang
Auf Roland sie zurücke.

Jung Roland nahm in großer Hast
Das Schwert in beide Hände;
Der Riese nach dem seinen fasst',
Er war zu unbehände;
Mit flinkem Hiebe schlug Roland
Ihm unterm Schild die linke Hand,
Dass Hand und Schild entrollten.

Dem Riesen schwand der Mut dahin,
Wie ihm der Schild entrissen;
Das Kleinod, das ihm Kraft verliehn,
Musst er mit Schmerzen missen.
Zwar lief er gleich dem Schilde nach,
Doch Roland in die Knie ihn stach,
Dass er zu Boden stürzte.

Roland ihn bei den Haaren griff,
Hieb ihm das Haupt herunter,
Ein großer Strom von Blute lief
Ins tiefe Tal hinunter;
Und aus des Toten Schild hernach
Roland das lichte Kleinod brach
Und freute sich am Glanze.

Dann barg er's unterm Kleide gut
Und ging zu einer Quelle;
Da wusch er sich von Staub und Blut
Gewand und Waffen helle.
Zurücke ritt der jung Roland
Dahin, wo er den Vater fand
Noch schlafend bei der Eiche.

Er legt' sich an des Vaters Seit',
Vom Schlafe selbst bezwungen,
Bis in der kühlen Abendzeit
Herr Milon aufgesprungen:
»Wach auf, wach auf, mein Sohn Roland!
Nimm Schild und Lanze schnell zur Hand,
Dass wir den Riesen suchen!«

Sie stiegen auf und eilten sehr,
Zu schweifen in der Wilde.
Roland ritt hinterm Vater her
Mit dessen Speer und Schilde.
Sie kamen bald zu jener Stätt',
Wo Roland jüngst gestritten hätt';
Der Riese lag im Blute.

Roland kaum seinen Augen glaubt',
Als nicht mehr war zu schauen
Die linke Hand, dazu das Haupt,
So er ihm abgehauen,
Nicht mehr des Riesen Schwert und Speer,
Auch nicht sein Schild und Harnisch mehr,
Nur Rumpf und blut'ge Glieder.

Milon besah den großen Rumpf:
»Was ist das für 'ne Leiche?
Man sieht noch am zerhaunen Stumpf,
Wie mächtig war die Eiche.
Das ist der Riese! Frag' ich mehr?
Verschlafen hab' ich Sieg und Ehr',
Drum muss ich ewig trauern.«

Zu Aachen vor dem Schlosse stund
Der König Karl gar bange:
»Sind meine Helden wohl gesund?
Sie weilen allzu lange.
Doch seh' ich recht, auf Königswort,
So reitet Herzog Haimon dort,
Des Riesen Haupt am Speere.«

Herr Haimon ritt in trübem Mut,
Und mit gesenktem Spieße
Legt' er das Haupt, besprengt mit Blut,
Dem König vor die Füße:
»Ich fand den Kopf im wilden Hag,
Und fünfzig Schritte weiter lag
Des Riesen Rumpf am Boden.«

Bald auch der Erzbischof Turpin
Den Riesenhandschuh brachte,
Die ungefüge Hand noch drin;
Er zog sie aus und lachte:
»Das ist ein schön Reliquienstück!
Ich bring' es aus dem Wald zurück,
Fand es schon zugehauen.«

Der Herzog Naims von Baierland
Kam mit des Riesen Stange:
»Schaut an, was ich im Walde fand!
Ein Waffen, stark und lange.
Wohl schwitz' ich von dem schweren Druck;
Hei!, bairisch Bier, ein guter Schluck,
Sollt mir gar köstlich munden!«

Graf Richard kam zu Fuß daher,
Ging neben seinem Pferde;
Das trug des Riesen schwere Wehr,
Den Harnisch samt dem Schwerte:
»Wer suchen will im wilden Tann,
Manch Waffenstück noch finden kann,
Ist mir zu viel gewesen.«

Der Graf Garin tät ferne schon
Den Schild des Riesen schwingen.
»Der hat den Schild, des ist die Kron',
Der wird das Kleinod bringen.« –
»Den Schild hab' ich, ihr lieben Herrn
Das Kleinod hätt' ich gar zu gern,
Doch das ist ausgebrochen.«

Zuletzt tät man Herrn Milon sehn,
Der nach dem Schlosse lenkte;
Er ließ das Rösslein langsam gehn,
Das Haupt er traurig senkte.
Roland ritt hinterm Vater her
Und trug ihm seinen starken Speer
Zusamt dem festen Schilde.

Doch wie sie kamen vor das Schloss
Und zu den Herrn geritten,
Macht' er von Vaters Schilde los
Den Zierrat in der Mitten;
Das Riesenkleinod setzt' er ein,
Das gab so wunderklaren Schein
Als wie die liebe Sonne.

Und als nun diese helle Glut
Im Schilde Milons brannte,
Da rief der König frohgemut:
»Heil, Milon von Anglante!
Der hat den Riesen übermannt,
Ihm abgeschlagen Haupt und Hand,
Das Kleinod ihm entrissen.«

Herr Milon hatte sich gewandt,
Sah staunend all die Helle:
»Roland, sag an, du junger Fant*!
Wer gab dir das, Geselle?«
»Um Gott, Herr Vater, zürnt mir nicht,
Dass ich erschlug den groben Wicht,
Derweil Ihr eben schliefet!«

Fant: unreifer, junger Bursche.

◇◇◇

Als Junge habe ich übermäßig lange Balladen nicht besonders gemocht, daran hat sich bis heute nichts geändert. Trotzdem kommt man um die eine oder andere nicht herum. Die 39 Strophen der folgenden Ballade stammen immerhin von Gottfried August Bürger. Die Geschichte vom einfachen Mann aus dem Volke, der einer hoch gestellten Persönlichkeit mit Schlagfertigkeit und Mutterwitz aus der Patsche hilft, ist ein weit verbreiteter, oft und gern abgewandelter Stoff. Auch das schwankhafte Motiv von der pfiffigen Beantwortung ausgefallen schwieriger, im Grunde unbeantwortbarer Fragen ist ebenso alt wie beliebt – man denke nur, beispielsweise, an Till Eulenspiegels Auftritt vor den Herren Professores der Hohen Schule zu Prag.

Man kann Bürgers ellenlange, im streng durchgehaltenen Rhythmus verfasste Ballade schulmäßig herunterskandieren (also im genau festgelegten Wechsel betonter und unbetonter Silben vortragen); man kann versuchen, sich bei der Wiedergabe über den Rhythmus der Verse völlig hinwegzusetzen, zu Gunsten einer ausschließlich »sinngemäßen Betonung«, man kann aber auch, was aller Mühe wert ist, beide Möglichkeiten miteinander kombinieren: bei sinngemäßer Betonung das Versmaß durchklingen lassen, und sei es ironisch.

◇◇◇

Gottfried August Bürger

Der Kaiser und der Abt

Ich will euch erzählen ein Märchen gar schnurrig:
Es war mal ein Kaiser; der Kaiser war kurrig*;
Auch war mal ein Abt, ein gar stattlicher Herr;
Nur schade! Sein Schäfer war klüger als er.

Dem Kaiser ward's sauer in Hitz' und in Kälte.
Oft schlief er bepanzert im Kriegesgezelte;
Oft hatt' er kaum Wasser zu Schwarzbrot und Wurst;
Und öfter noch litt er gar Hunger und Durst.

Das Pfäfflein, das wusste sich besser zu hegen,
Und weidlich am Tisch und im Bette zu pflegen.
Wie Vollmond glänzte sein feistes Gesicht.
Drei Männer umspannten den Schmerbauch ihm nicht.

* kurrig: leicht reizbar.

Drob suchte der Kaiser am Pfäfflein oft Hader.
Einst ritt er mit riesigem Kriegesgeschwader
In brennender Hitze des Sommers vorbei.
Das Pfäfflein spazierte vor seiner Abtei.

»Ha«, dachte der Kaiser, »zur glücklichen Stunde!«
Und grüßte das Pfäfflein mit höhnischem Munde:
»Knecht Gottes, wie geht's dir? Mir deucht wohl ganz recht,
Das Beten und Fasten bekomme nicht schlecht.

Doch deucht mir daneben, Euch plage viel Weile.
Ihr dankt mir's wohl, wenn ich Euch Arbeit erteile,
Man rühmet, Ihr wäret der pfiffigste Mann,
Ihr höret das Gräschen fast wachsen, sagt man.

So geb' ich denn Euren zwei tüchtigen Backen
Zur Kurzweil drei artige Nüsse zu knacken.
Drei Monden von nun an bestimm' ich zur Zeit.
Dann will ich auf diese drei Fragen Bescheid.

Zum Ersten: Wann hoch ich im fürstlichen Rate
Zu Throne mich zeige im Kaiserornate*,
Dann sollt Ihr mir sagen, ein treuer Wardein*,
Wie viel ich wohl wert bis zum Heller* mag sein?

Zum Zweiten sollt Ihr mir berechnen und sagen,
Wie bald ich zu Rosse die Welt mag umjagen?
Um keine Minute zu wenig und viel!
Ich weiß, der Bescheid darauf ist Euch nur Spiel.

Zum Dritten noch sollst du, o Preis der Prälaten*,
Aufs Härchen mir meine Gedanken verraten.
Die will ich dann treulich bekennen: Allein
Es soll auch kein Titelchen Wahres dran sein.

Ornat: feierliche Amtstracht.
Wardein: ein Münzenprüfer im Mittelalter.
Heller: Silberpfennig.
Prälat: hoher kirchlicher Amtsträger.

Und könnt Ihr mir diese drei Fragen nicht lösen,
So seid Ihr die längste Zeit Abt hier gewesen!
So lass' ich Euch führen zu Esel durchs Land,
Verkehrt, statt des Zaumes den Schwanz in der Hand.« –

Drauf trabte der Kaiser mit Lachen von hinnen.
Das Pfäfflein zerriss und zerspliss sich mit Sinnen.
Kein armer Verbrecher fühlt mehr Schwulität,
Der vor hochnotpeinlichem Halsgericht steht.

Er schickte nach ein, zwei, drei, vier Un'vers'täten,
Er fragte bei ein, zwei, drei, vier Fakultäten,
Er zahlte Gebühren und Sportuln* vollauf:
Doch löste kein Doktor die Fragen ihm auf.

Schnell wuchsen bei herzlichem Zagen und Pochen
Die Stunden zu Tagen, die Tage zu Wochen,
Die Wochen zu Monden; schon kam der Termin!
Ihm ward's vor den Augen bald gelb und bald grün.

Nun sucht' er, ein bleicher hohlwangiger Werther*,
In Wäldern und Feldern die einsamsten Örter.
Da traf ihn, auf selten betretener Bahn,
Hans Bendix, sein Schäfer, am Felsenhang an.

»Herr Abt«, sprach Hans Bendix, »was mögt Ihr Euch grämen?
Ihr schwindet ja wahrlich dahin wie ein Schemen.
Maria und Joseph! Wie hotzelt Ihr ein!
Mein Sixchen! Es muss Euch was angetan sein.« –

»Ach, guter Hans Bendix, so muss sich's wohl schicken.
Der Kaiser will gern mir am Zeuge was flicken,
Und hat mir drei Nüss' auf die Zähne gepackt,
Die schwerlich Beelzebub* selber wohl knackt.

Sportuln: Verwaltungsgebühren, aus dem Lateinischen.
Werther: Romanfigur Goethes, scheidet aus Liebeskummer aus dem Leben.
Beelzebub: Teufel.

Friedrich Schiller: *Die Bürgschaft*

Zum Ersten: Wann hoch er im fürstlichen Rate
Zu Throne sich zeiget im Kaiserornate,
Dann soll ich ihm sagen, ein treuer Wardein,
Wie viel er wohl wert bis zum Heller mag sein?

Zum Zweiten soll ich ihm berechnen und sagen:
Wie bald er zu Rosse die Welt mag umjagen?
Um keine Minute zu wenig und viel!
Er meint, der Bescheid darauf wäre nur Spiel.

Zum Dritten, ich ärmster von allen Prälaten,
Soll ich ihm gar seine Gedanken erraten;
Die will er mir treulich bekennen; allein
Es soll auch kein Titelchen Wahres dran sein.

Und kann ich ihm diese drei Fragen nicht lösen,
So bin ich die längste Zeit Abt hier gewesen;
So lässt er mich führen zu Esel durchs Land,
Verkehrt, statt des Zaumes den Schwanz in der Hand.« –

»Nichts weiter?«, erwidert Hans Bendix mit Lachen,
»Herr, gebt Euch zufrieden! Das will ich schon machen.
Nur borgt mir Eu'r Käppchen, Eu'r Kreuzchen und Kleid;
So will ich schon geben den rechten Bescheid.

Versteh' ich gleich nichts von lateinischen Brocken,
So weiß ich den Hund doch vom Ofen zu locken.
Was ihr euch, Gelehrte, für Geld nicht erwerbt,
Das hab' ich von meiner Frau Mutter geerbt.«

Da sprang wie ein Böcklein der Abt vor Behagen.
Mit Käppchen und Kreuzchen, mit Mantel und Kragen
Ward stattlich Hans Bendix zum Abte geschmückt
Und hurtig zum Kaiser nach Hofe geschickt.

Hier thronte der Kaiser im fürstlichen Rate,
Hoch prangt' er, mit Zepter und Kron' im Ornate:
»Nun sagt mir, Herr Abt, als ein treuer Wardein,
Wie viel ich itzt wert, bis zum Heller, mag sein?« –

»Für dreißig Reichsgulden ward Christus verschachert,
Drum gäb' ich, so sehr Ihr auch pochet und prachert*,
Für Euch keinen Deut mehr als zwanzig und neun,
Denn einen müsst Ihr doch wohl minder wert sein.« –

»Hm«, sagte der Kaiser, »der Grund lässt sich hören
Und mag den durchlauchtigen Stolz wohl bekehren.
Nie hätt' ich, bei meiner hochfürstlichen Ehr'!
Geglaubet, dass so spottwohlfeil ich wär'.

Nun aber sollst du mir berechnen und sagen:
Wie bald ich zu Rosse die Welt mag umjagen?
Um keine Minute zu wenig und viel!
Ist dir der Bescheid darauf auch nur ein Spiel?«

»Herr, wenn mit der Sonn' Ihr früh sattelt und reitet,
Und stets sie in einerlei Tempo begleitet,
So setz' ich mein Kreuz und mein Käppchen daran,
In zweimal zwölf Stunden ist alles getan.« –

»Ha«, lachte der Kaiser, »vortrefflicher Haber!
Ihr füttert die Pferde mit Wenn und mit Aber.
Der Mann, der das Wenn und das Aber erdacht,
Hat sicher aus Häckerling* Gold schon gemacht.

Nun aber zum Dritten, nun nimm dich zusammen!
Sonst muss ich dich dennoch zum Esel verdammen.
Was denk' ich, das falsch ist? Das bringe heraus!
Nur bleib mir mit Wenn und mit Aber zu Haus!« –

»Ihr denket, ich sei der Herr Abt von St. Gallen?« –
»Ganz recht! Und das kann von der Wahrheit nicht fallen.« –
»Sein Diener, Herr Kaiser! Euch trüget Eu'r Sinn:
Denn wisst, dass ich Bendix, sein Schäfer, nur bin!« –

»Was Henker! Du bist nicht der Abt von St. Gallen?«,
Rief hurtig, als wär' er vom Himmel gefallen,
Der Kaiser mit frohem Erstaunen darein;
»Wohlan denn, so sollst du von nun an es sein!

prachern: betteln.
Häckerling: Spreu.

Ich will dich belehnen mit Ring und mit Stabe.
Dein Vorfahr besteige den Esel und trabe!
Und lerne fortan erst quid iuris* verstehn!
Denn wenn man will ernten, so muss man auch sä'n.«

»Mit Gunsten, Herr Kaiser! Das lasst nur hübsch bleiben!
Ich kann ja nicht lesen, noch rechnen und schreiben;
Auch weiß ich kein sterbendes Wörtchen Latein.
Was Hänschen versäumet, holt Hans nicht mehr ein.« –

»Ach, guter Hans Bendix, das ist ja recht schade!
Erbitte dir demnach ein' andere Gnade!
Sehr hat mich ergötzet dein lustiger Schwank:
Drum soll dich auch wieder ergötzen mein Dank.« –

»Herr Kaiser, groß hab' ich so eben nichts nötig:
Doch seid Ihr im Ernst mir zu Gnaden erbötig,
So will ich mir bitten zum ehrlichen Lohn
Für meinen hochwürdigen Herren Pardon.« –

»Ha bravo! Du trägst, wie ich merke, Geselle,
Das Herz, wie den Kopf, auf der richtigen Stelle.
Drum sei der Pardon ihm in Gnaden gewährt,
Und obendrein dir ein Panisbrief* beschert:

Wir lassen dem Abt von St. Gallen entbieten:
Hans Bendix soll ihm nicht die Schafe mehr hüten.
Der Abt soll sein pflegen, nach unserm Gebot,
Umsonst, bis an seinen sanftseligen Tod.«

quid iuris: was recht ist.
Panisbrief: Brotbrief; königliche Anweisung an ein Kloster, einen Laien auf Lebzeit zu unterhalten (14.–18. Jh.).

◇◇◇

Noch heute kennen wir die Redensart vom Streit um des Kaisers Bart als Bezeichnung für heftig geführte Auseinandersetzungen, die sich an nebensächlichen Dingen entfachen. Ein Schulbeispiel dafür gibt Emanuel Geibel in der nun folgenden Ballade von den drei Freunden, dem Jäger, dem fahrenden Schüler und dem Soldaten: Sie zerstreiten sich buchstäblich wegen der Farbe »von des Kaisers Bart«, bis es blutige Köpfe gibt.

◇◇◇

Emanuel Geibel

Von des Kaisers Bart

Im Schank zur goldnen Traube
Da saßen im Monat Mai
In blühender Rosenlaube
Guter Gesellen drei.

Ein frischer Bursch war jeder,
Der Erst' am Gurt das Horn,
Der Zweit' am Hut die Feder,
Der Dritte mit Koller* und Sporn.

Es trug in funkelnden Kannen
Der Wirt den Wein auf den Tisch;
Lustige Reden sie spannen
Und sangen und tranken frisch.

Da war auch einer drunter,
Der grüne Jägersmann,
Vom Kaiser Rotbart munter
Zu sprechen hub er an:

»Ich habe den Herrn gesehen
Am Rebengestade des Rheins,
Zur Messe wollt' er gehen
Wohl in den Dom nach Mainz.

Das war ein Bild, der Alte,
Fürwahr von Kaiserart!
Bis auf die Brust ihm wallte
Der lange braune Bart.«

Ins Wort fiel ihm der Zweite,
Der mit dem Federhut:
»Ei, Bursch, bist du gescheite?
Dein Märlein ist nicht gut.

Auch ich hab' ihn gesehen
Auf seiner Burg im Harz,
Am Söller tät er stehen,
Sein Bart, sein Bart war schwarz!«

Da fuhr vom Sitz der Dritte,
Der Mann mit Koller und Sporn,
Und in der Zänker Mitte
Rief er in hellem Zorn:

»So geht mir doch zur Höllen,
Ihr Lügner! Glück zur Reis'! –
Ich sah den Kaiser zu Köllen,
Sein Bart war weiß, war weiß!«

Koller: Halskragen, Wams.

Das gab ein grimmes Zanken
Um Weiß und Schwarz und Braun;
Es sprangen die Klingen, die blanken,
Und wurde scharf gehaun.

Verschüttet aus den Kannen
Floss der vieledle Wein,
Blutige Tropfen rannen
Aus leichten Wunden drein.

Und als es kam zum Wandern,
Ging jeder in zornigem Mut,
Sah keiner nach dem andern,
Und waren sich jüngst so gut. –

Ihr Brüder, lernt das eine
Aus dieser schlimmen Fahrt:
»Zankt, wenn ihr sitzt beim Weine,
Nicht um des Kaisers Bart.«

◇◇◇

Ein verliebter Page, eine Hofdame (»die schönste der Frauen«), die das Pech hat, ihr Gewand mit Sorbet zu beflecken – und die Spuren des vergossenen Trankes auf der Weste des Edelknaben, der sich zur Zeit des Missgeschicks eigentlich am anderen Ende des Schlosses befinden müsste: Alle Anwesenden können sich denken, wie das zustande gekommen ist. Aber die Königin ist die Königin. Wenn sie augenzwinkernd verkündet, es handle sich hier um den Beweis dafür, dass »der Geist« auf geheimnisvolle Weise »in die Weite« zu wirken vermöge, dann widerspricht man ihr selbstverständlich nicht, sondern man denkt sich seins … Johann Wolfgang von Goethe, selbst lange Jahre Angehöriger des Weimarer Fürstenhofes, erzählt das höfische Historchen in elegant dahintändelnden Versen.

◇◇◇

Johann Wolfgang von Goethe

Wirkung in die Ferne

Die Königin steht im hohen Saal,
Da brennen der Kerzen so viele;
Sie spricht zum Pagen: »Du läufst einmal
Und holst mir den Beutel zum Spiele.
Er liegt zur Hand
Auf meines Tisches Rand.«
Der Knabe, der eilt so behände,
War bald an Schlosses Ende.

Und neben der Königin schlürft zur Stund'
Sorbet* die schönste der Frauen.
Da brach ihr die Tasse so hart an dem Mund,
Es war ein Gräuel zu schauen.
Verlegenheit! Scham!
Ums Prachtkleid ist's getan!
Sie eilt und fliegt so behände
Entgegen des Schlosses Ende.

Der Knabe zurück zu laufen kam
Entgegen der Schönen in Schmerzen,
Es wusst' es niemand, doch beide zusamm',
Sie hegten einander im Herzen;
Und o des Glücks,
Des günst'gen Geschicks!
Sie warfen mit Brust sich zu Brüsten
Und herzten und küssten nach Lüsten.

Doch endlich beide sich reißen los;
Sie eilt in ihre Gemächer;
Der Page drängt sich zur Königin groß
Durch alle die Degen und Fächer.
Die Fürstin entdeckt
Das Westchen befleckt:
Für sie war nichts unerreichbar,
Der Königin von Saba* vergleichbar.

Und sie die Hofmeisterin rufen lässt:
»Wir kamen doch neulich zu Streite,
Und Ihr behauptetet steif und fest,
Nicht reiche der Geist in die Weite;
Die Gegenwart nur,
Die lasse wohl Spur;
Doch niemand wirk' in die Ferne,
Sogar nicht die himmlischen Sterne.

Sorbet: eisgekühltes süßes Getränk.
Königin von Saba: Sie stellte die Weisheit König Salomons mit Rätselfragen auf die Probe.

Nun seht! Soeben ward mir zur Seit'
Der geistige Süßtrank verschüttet,
Und gleich darauf hat er dort hinten so weit
Dem Knaben die Weste zerrüttet. –
Besorg' dir sie neu!
Und weil ich mich freu',
Dass sie mir zum Beweise gegolten,
Ich zahl' sie! Sonst wirst du gescholten.«

◇◇◇

Was Robert Prutz (1845 immerhin, wenngleich in anderem Zusammenhang, der Majestätsbeleidigung angeklagt) ganz bewusst als bissige Satire auf königliche Willkür und höfische Liebedienerei gemeint haben mag, lesen wir heute eher als eine vergnügliche Parabel auf die Macht der Gewohnheit. So oder so, in der Ballade von der Pumpe, die nicht mehr hat piepen wollen, erweist sich der Autor als exzellenter Spaßvogel und gewandter Verseschmied. Ich stelle mir vor, dass bei dieser Ballade das abschließende Reimpaar jeder Strophe vom Chor der Hofschranzen zu intonieren wäre: bald in flüsternder Geschäftigkeit, bald des Jammers voll, bald im schmetternden Jubelton …

◇◇◇

Robert Eduard Prutz

Von der Pumpe, die nicht mehr hat piepen wollen

Das war der Oberhofmarschall
Mit seiner Diener Tross und Schwall,
Der fegt heut in des Königs Haus
Geschäftig alle Winkel aus,
Dieweil des Königs Töchterlein
Wird nächstens einen Prinzen frein:

Auf Flur und Treppe, Bank und Tisch,
Mit Haderlump* und Flederwisch*,
Ihr Knecht' und Mägde, immer frisch!
Dass nirgendwo ein Stäubchen klebt,
Auch nirgend eine Spinne webt,
Kein Fenster klappert, keine Tür
Im ganzen fürstlichen Revier,
Und dass, so ihr euer Leben liebt,
Mir nirgends eine Pumpe piept!
  Nirgend, nirgend, nirgend, nirgend,
  Nirgend eine Pumpe piept!

Horch, diese hier – potz Blitz noch mal –
Die pfeift ja wirklich zum Skandal!
Und steht auch just – o Scham und Schmach! –
Just vor des Königs Schlafgemach?!
Und jeden Morgen Punkt Schlag vier
Füllt der Lakai den Eimer hier,
Und wie der Brunnen Wasser gibt,
Das ächzt und stöhnt, das knirscht und piept
Wie eine Katze, die verliebt?!
O toller Frevel, unerhört!
So wird des Königs Schlaf gestört?!
Der Morgenschlaf – o heiliger Christ,
Der just der allerbeste ist?!
Schnell Öl und Seife, Talg und Schmer* –
Gottlob, nun piept sie schon nicht mehr:
  Freude, Freude, Freude, Freude,
  Unsere Pumpe piept nicht mehr!

Allein, allein, am Morgen drauf,
Herr Gott, wie steht der König auf!
Er, sonst so mild gesinnt und gut,
Schnaubt wie ein Tiger jetzt in Wut;

Hader: Lappen.
Flederwisch: Federbesen zum Staubwischen.
Schmer: Fett, Schweineschmalz.

Umsonst wird ihm der Tisch gedeckt:
Kein Trüffelhahn*, kein Ungar* schmeckt,
Das ist ein Keifen, ein Gebrumm!
Und weiß doch selber nicht, warum –
Und geht zu Bett und liegt und wacht
Und brummt die liebe lange Nacht;
Bis dass es endlich viere schlägt
Und der Lakai das Wasser trägt –
Da plötzlich wird's hell um ihn her:
Verdammt! Die Pumpe piept nicht mehr!
  Ja die Pumpe, ja die Pumpe,
  Ja die Pumpe piept nicht mehr!

So geht's der Tage drei, auch vier,
Des Königs Auge leuchtet stier:
Schon auf der Zung' schwebt ihm das Wort,
Dann scheucht der Groll es wieder fort –
Bald steht die Staatsmaschine still,
Weil er von nichts mehr hören will.
Prinzessin Tochter ringt die Hand,
Der Eidam* steht, bleich wie die Wand,
Es weint und klagt das ganze Land: –
Bis mit des fünften Morgens Licht
Er endlich jetzt sein Schweigen bricht
Und murrt und knurrt: Hm – Neuerung –
Das kommt davon – noch viel zu jung –
Kein Schlaf mehr nachts – geht alles quer –
Die Pumpe – hm – piept auch nicht mehr –
  Meine Pumpe, meine Pumpe,
  Meine Pumpe piept nicht mehr!

Und alsogleich beim ersten Wort
Der Hofmarschall wie närrisch fort,
Der ganze Hofstaat hinterdrein,
Schon wird der Schlosshof fast zu klein,

Trüffelhahn: mit Trüffeln garniertes Hähnchen.
Ungar: ungarischer Wein, meistens Tokayer.
Eidam: Schwiegersohn.

Mit Kratzen, Bürsten aller Art,
Der braucht die Finger, der den Bart,
Und wischt und wetzt und scharrt und nagt
Und dreht und biegt und zerrt und plagt
Am Pumpenschwengel unverzagt!
Nun wird es sein, nun kommt es schon –
Umsonst! Kein Laut, kein kleinster Ton!
Die Pumpe geht so leis, so sacht,
Wie Elfentritt in Maiennacht,
Wie Mondesstrahl auf glattem Meer –
Umsonst, die Pumpe piept nicht mehr!
  Jammer, Jammer, Jammer, Jammer,
  Unsre Pumpe piept nicht mehr!

Und weil der König sichtbarlich
Mit jedem Tag verschlimmert sich,
So fasst zuletzt, in höchstem Schmerz,
Das Ministerium sich ein Herz
Und schickt mit kräftigem Entschluss
Zum Oberhofmechanikus:
O Oberhofmechanice,
Sieh unsre Not, sieh unser Weh,
Und hilf, o hilf citissime*!
Der Hofmarschall nahm zu viel Schmer,
Die Pumpe, horch, sie piept nicht mehr,
Der König welkt dem Grabe zu,
Die einz'ge Hoffnung noch bist du,
Bedenk, wer Lohn und Brot dir gibt,
Und mache, dass die Pumpe piept,
  Unsre Pumpe, unsre Pumpe,
  Dass die Pumpe wieder piept!

Der Oberhofmechanikus,
Das war ein Erzpolitikus,
Der sah als ein erfahrner Mann
Den Schaden sich erst gründlich an,

citissime: schnellstens.

Und sprach darauf: Ihr Herrn, mit Gunst,
Da ist verloren alle Kunst:
Und ob es um mein Leben wär,
Die Pumpe da, auf Wort und Ehr,
Die piept auf Erden niemals mehr!
Drum, rat' ich, setzen wir als Knauf
Ein eignes Piepwerk oben drauf,
Das ächzt und stöhnt, das knirscht und pfeift,
Sobald den Schwengel man ergreift:
Der König ist mal drin verliebt,
Drum hurtig, dass die Pumpe piept! –
  Hurtig, hurtig, hurtig, hurtig,
  Dass die Pumpe wieder piept!

Gesagt getan! Mit goldnem Knauf
Flugs kommt ein Piepwerk oben drauf,
Das pfeift so sanft, das pfeift so lind,
Kann zetern wie ein Wiegenkind,
Kann knarren, kreischen, pusten, maun,
Kein Kater tut es besser, traun!
Frühmorgens, wenn es viere schlägt,
Der König horcht, vor Lust bewegt, –
Und dreht sich um, schläft wieder ein,
Schläft schnarchend in den Tag hinein,
Isst, trinkt, regiert in guter Ruh,
Beglückt sein Land, sich selbst dazu,
Ist allgepriesen und geliebt –
Und alles, weil die Pumpe piept,
  Unsre Pumpe, unsre Pumpe,
  Vivat*, unsre Pumpe piept!

vivat!: Er/sie lebe hoch!

◇◇◇

Ein Gaunerstückchen am Rande des Hofes. Welcher Schreck für den vornehmen Herrn, der sich an der Tafel des Königs mit erlesenen Leckerbissen voll gestopft hat, wenn ihm plötzlich ein verwegener Bursche im nächtlichen Park gegenübertritt: »Geld oder Leben!« Die Pistole, ein Fabrikat der berühmten Firma Kuchenreuter, verleiht seiner Forderung den nötigen Nachdruck … Eine Ballade, die nachgerade zu szenischer Darbietung verleitet, etwa als Schattenspiel.

◇◇◇

Adelbert von Chamisso

Böser Markt

Einer kam vom Königsmahle
In den Park, sich zu bewegen;
Aus dem Busch mit einem Male
Trat ein andrer ihm entgegen;
Zwischen Rock und Kamisole*
Griff der schnell, und die Pistole
Setzt' er jenem auf die Brust.

»Leise, leise!, muss ich bitten;
Was wir hier für Handel treiben,
Mag vom unberufnen Dritten
Füglich unbelauschet bleiben.
Wollt ihr Uhren nebst Gehenken
Wohl verkaufen?, nicht verschenken;
Nehmt drei Batzen Ihr dafür?«

»Mit Vergnügen!« – »Nimmer richtig
Ist die Dorfuhr noch gegangen;
Tut der Küster auch so wichtig,
Weiß er's doch nicht anzufangen.
Jeder weiß in unsern Tagen,
Was die Glocke hat geschlagen;
Gottlob! Nun erfahr' ich's auch.

Sagt mir ferner: Könnt Ihr missen,
Was da blinkt an Euren Fingern?
Meine Hausfrau, sollt Ihr wissen,
Ist gar arg nach solchen Dingern;
Solche Ringe, solche Sterne,
Wie Ihr da habt, kauf' ich gerne;
Nehmt drei Batzen Ihr dafür?«

»Mit Vergnügen!« – »Habt Ihr künftig
Mehr zu handeln, lasst mich holen;
Edel seid Ihr und vernünftig
Und ich lob' Euch unverhohlen.
Gleich mich dankbar Euch zu zeigen,
Lass' ich jede Rücksicht schweigen
Und verkauf' Euch, was Ihr wollt.

Seht den Ring da, den ich habe;
Nur von Messing, schlecht, unscheinsam,
Aber meiner Liebsten Gabe;
Ach, sie starb und ließ mich einsam!
Nicht um einen Goldeshaufen …!
Aber Ihr, wollt Ihr ihn kaufen,
Gebt mir zehn Dukaten nur!«

Kamisol: (lat. »camisia«) Hemd.

»Mit Vergnügen!« – »Ei!, was seh' ich?!
Schöner Beutel, goldgeschwollen!
Du gefällst mir, das gesteh' ich;
Die Pistole für den vollen!
Sie ist von dem besten Meister,
Kuchenreuter, glaub' ich, heißt er,
Nehmt sie für den Beutel hin!«

»Mit Vergnügen! Nun, Geselle,
Ist die Reih' an mich gekommen!
Her den Beutel auf der Stelle!
Her, was du mir abgenommen!
Gib mir das Geraubte wieder,
Gleich! Ich schieße sonst dich nieder
Wie man einen Hund erschießt!« –

»Schießt nur, schießt nur, wahrlich, Schaden
Wärt Ihr fähig anzurichten,
Wäre nur das Ding geladen.
Ihr gefallt mir so mitnichten.
Unfein dürft' ich wohl Euch schelten:
Abgeschlossne Händel gelten,
Merkt es Euch und – gute Nacht!«

Ihn verlachend unumwunden,
Langgebeint, mit leichten Sätzen,
War er in dem Busch verschwunden
Mit den eingetauschten Schätzen.
Jener, mit dem Kuchenreuter
In der Hand, sah nicht gescheuter
Aus, als augenblicks zuvor.

◇◇◇

Detlev von Liliencrons Ballade in U-Dur ist ein Meisterstück an Laut- und Wortmalerei. Das munkelt und dunkelt und funkelt nur so von dunkelfunkelnden Hu-Fu-Puh-Wörtern, die man auf der Zunge zergehen lassen muss. Gleichwohl handelt es sich um die uralte Geschichte vom Kampf zwischen Leben und Tod. Hoffen wir, dass Herr Kunz von Karfunkel mit seiner verrunzelten Kunkel – Pardon: mit seiner offenbar bereits etwas angejahrten Gemahlin – recht lang überdauern möge »in Stille und Sturm«.

◇◇◇

Detlev von Liliencron

Ballade in U-Dur

Es lebte Herr Kunz von Karfunkel
Mit seiner verrunzelten Kunkel
Auf seinem Schlosse Punkpunkel
In Stille und Sturm.
Seine Lebensgeschichte war dunkel,
Es murmelte manch Gemunkel
Um seinen Turm.

Täglich ließ er sich sehen
Beim Auf- und Niedergehen
In den herrlichen Ulmenalleen
Seines adligen Guts.
Zuweilen blieb er stehen
Und ließ die Federn wehen
Seines Freiherrnhuts.

Er war just hundert Jahre,
Hatte schneeschlohweiße Haare
Und kam mit sich ins Klare:
Ich sterbe nicht.
Weg mit der verfluchten Bahre
Und ähnlicher Leichenware!
Hol' sie die Gicht!

Werd' ich, neugiertrunken
Ins Gartengras hingesunken,
Entdeckt von dem alten Halunken,
Dann grunzt er plump:
Töw, Sumpfhuhn, ick will di glieks tunken*
In den Uhlenpfuhl zu den Unken,
Du schrumpliger Lump.

Einst lag ich im Verstecke
Im Park an der Rosenhecke,
Da kam auf der Ulmenstrecke
Etwas angemufft.
Ich bebe, ich erschrecke:
Ohne Sense kommt mit Geblecke
Der Tod, der Schuft.

Und von der andern Seite,
Mit dem Krückstock als Geleite,
In knurrigem Geschreite,
Kommt auch einer her.
Der sieht nicht in die Weite,
Der sieht nicht in die Breite,
Geht gedankenschwer.

Hallo, du kleine Mücke,
Meckert der Tod voll Tücke,
Hier ist eine Gräberlücke,
Hinunter ins Loch!
Erlaube, dass ich dich pflücke,
Sonst hau' ich dir auf die Perücke,
Oller Knasterknoch.

Der alte Herr, mit Grimassen,
Tut seinen Krückstock fest fassen:
Was hast du hier aufzupassen,
Du Uhu du!
Weg da aus meinen Gassen,
Sonst will ich dich abschrammen lassen
Zur Uriansruh'*!

Sein Krückstock saust behände
Auf die dürren, gierigen Hände,
Die Knöchel- und Knochenverbände:
Knicksknucksknacks.
Freund Hein schreit: Au, mach ein Ende!
Au, au, ich lauf' ins Gelände
Nach Haus schnurstracks.

Noch heut lebt Herr Kunz von Karfunkel
Mit seiner verrunzelten Kunkel
Auf seinem Schloss Punkpunkel
In Stille und Sturm.
Seine Lebensgeschichte ist dunkel,
Es murmelt und raunt manch Gemunkel
Um seinen Turm.

Töw, Sumpfhuhn …: Warte, Sumpfhuhn, ich will dich gleich eintauchen.
Uriansruh': Todesschlaf.

◇◇◇

Heiterkeit ist nicht unbedingt gleichbedeutend mit derbem Spaß, mit Spott, mit lautem Gelächter. Eine der schönsten heiteren Balladen, die ich kenne, ist Theodor Fontanes *Herr von Ribbeck auf Ribbeck im Havelland.* Sie ist mir von Kind auf lieb und vertraut. Doch erst jetzt, wo ich allmählich selbst in die Jahre komme, ist mir aufgegangen, dass sie auf ganz schlichte, ganz handfeste Weise eines der großen Themen der Menschheit abhandelt: das Thema von der Zuversicht über den eigenen Tod hinaus.

◇◇◇

Theodor Fontane

Herr von Ribbeck auf Ribbeck im Havelland

Herr von Ribbeck auf Ribbeck im Havelland,
Ein Birnbaum in seinem Garten stand,
Und kam die goldene Herbsteszeit
Und die Birnen leuchteten weit und breit,
Da stopfte, wenn's Mittag vom Turme scholl,
Der von Ribbeck sich beide Taschen voll,
Und kam in Pantinen ein Junge daher,
So rief er: »Junge, wiste 'ne Beer?«
Und kam ein Mädel, so rief er: »Lütt Dirn,
Kumm man röwer, ick hebb 'ne Birn.«

So ging es viel Jahre, bis lobesam
Der von Ribbeck auf Ribbeck zu sterben kam.
Er fühlte sein Ende. 's war Herbsteszeit,
Wieder lachten die Birnen weit und breit,
Da sagte von Ribbeck: »Ich scheide nun ab.
Legt mir eine Birne mit ins Grab.«
Und drei Tage drauf, aus dem Doppeldachhaus,
Trugen von Ribbeck sie hinaus,
Alle Bauern und Büdner* mit Feiergesicht
Sangen »Jesus meine Zuversicht«,
Und die Kinder klagten, das Herze schwer:
»He is dod nu. Wer giwt uns nu 'ne Beer?«

* Büdner: kleiner Bauer, Landarbeiter.

So klagten die Kinder. Das war nicht recht,
Ach, sie kannten den alten Ribbeck schlecht,
Der *neue* freilich, der knausert und spart,
Hält Park und Birnbaum strenge verwahrt.
Aber der *alte,* vorahnend schon
Und voll Misstrauen gegen den eigenen Sohn,
Der wusste genau, was damals er tat,
Als um eine Birn' ins Grab er bat,
Und im dritten Jahr, aus dem stillen Haus
Ein Birnbaumsprössling sprosst heraus.

Und die Jahre gehen wohl auf und ab,
Längst wölbt sich ein Birnbaum über dem Grab,
Und in der goldenen Herbsteszeit
Leuchtet's wieder weit und breit.
Und kommt ein Jung' übern Kirchhof her,
So flüstert's im Baume: »Wist 'ne Beer?«
Und kommt ein Mädel, so flüstert's: »Lütt Dirn,
Kumm man röwer, ick gew di 'ne Birn.«

So spendet Segen noch immer die Hand
Des von Ribbeck auf Ribbeck im Havelland.

◇◇◇

Kurt Tucholsky stellt sich die Frage, was wohl geschehen würde, wenn der alte Theodor Fontane dreißig Jahre nach seinem seligen Ende aus dem Jenseits zurückkehren könnte in die heimatliche Mark Brandenburg und nach Berlin – in das Berlin am Vorabend der großen Weltwirtschaftskrise von 1929. Indem er sich diese Wiederbegegnung in allen Einzelheiten ausmalt, kommt Tucholsky stellvertretend für Fontane zu dem Schluss: »Gott, ist die Gegend runtergekommen!« Oder sollte er bloß einer optischen Täuschung erlegen sein? Jener Täuschung, die unvermeidlich ist, wenn man aus der Kenntnis des Heute auf vergangene Zeiten zurückschließt?

◇◇◇

Heinrich Heine: *Donna Clara*

Kurt Tucholsky

Der alte Fontane

Damals, so in den achtziger Jahren,
Ist man noch nicht mit dem Auto gefahren;
Alles ging seinen ruhigen Schritt,
Und der alte Fontane ging ihn mit.
Ein stilles Antlitz hatten die Tage:
Frühmorgens bei Kroll, auf der Brunnenwaage,
Dann die Tiergartenpromenade
(»Kannten Sie Strousberg? Schade, schade!«),
Dann ins Geschäft oder ins Büro,
Und das ging alle Vormittage so.
Mittag zu Hause, friedliche Zeiten,
Die Kinder machen Schularbeiten,
Ein kleines Nickerchen mit der Zigarre,
Und dann wieder in die geschäftliche Karre.
Und war der Tag besonders schön,
Hieß es: »Ich habe den Kaiser gesehn!« –
Alles so sauber und preußisch und karg:
Der alte Fontane und seine Mark.
Aber Fontane und alle die Alten
Konnten sich auch nicht ewig halten.
Wollten noch so vieles erleben,
Mussten doch gen Walhalla* schweben.
Bis hin vor die Weltenesche* sie ziehn,
Da lagern sie sich um Vater Odin*.

Tick, tick,
Dreißig Jahre sind ein Augenblick.

Walhalla: mythologischer Aufenthaltsort der im Krieg Gefallenen.
Weltenesche: im Mythos immergrüne Esche als Ausgangs- und Mittelpunkt der Welt.
Odin: Wotan, Kriegsgott.

Und als nun Michaelis* den Abschied nahm,
Eine Sehnsucht über Fontane kam,
Und er sprach: »Herr, lass mich auf Urlaub gehn,
Ich möchte die Spree noch einmal sehn.
Die Spree, die Havel, die Nette, die Nuthe*,
Den Schlachtensee und die Räuberkuthe;
Ich kenne mich aus, und habe ich Glück,
Bis Donnerstag bin ich wieder zurück.«
Odin hat huldvoll sich verneigt –
Der Alte zur Erde niedersteigt.

Und zunächst in der Neumark, in der Nähe von Bentschen*,
Landet er. »Himmel, was sind das für Menschen!«
Und er spricht hinter Schwiebus* und hinter Zielenzig*:
»Dickköpfe, Hamster! Und so was nennt sich
Nun Märker – wir wollen westwärts ziehn!«
Und so westwärts kommt er nach Berlin.
Da ist ein Schleichen und Drehen und Schieben,
Wo ist das alte Berlin geblieben?
Einer drängt immer den andern weg:
»Ham Se nich greifbaren Schweinespeck?«
Und ein Dicker steht mitten auf dem Damm
Und philosophiert über Pökelkamm.

Sie treten sich an die Schienenbeine,
Die jüngeren Herren spielen ›Meine – Deine‹,
Sie verkaufen Frauen und Gold und Eier
Und alles um die paar lumpigen Dreier.
Golden leuchtet ein Kirchturmknopf – –

Und der Alte schüttelt schweigend den Kopf,
Freiwillig kürzt er den Urlaub ab,
In wilde Karriere fällt sein Rückzugstrab.
Sein Rückmarsch ist ein verzweifeltes Fliehn.
»Wie war es?«, fragt teilnahmsvoll Odin.
Und der alte Fontane stottert beklommen:
»Gott, ist die Gegend runtergekommen!«

Michaelis: Tag des Erzengels Michael am 29. September.
Spree, Havel, Nette, Nuthe: Flüsse und Seen in der Mark Brandenburg.
Bentschen, Schwiebus, Zielenzig: Orte in der Mark Brandenburg.

◇◇◇

Der Balladendichter Börries Freiherr von Münchhausen gilt als Meister des historischen Details, der sein Wissen nicht nur aus zeitgenössischen Chroniken, sondern auch aus Bildern, alten Holzschnitten, Zeichnungen und Stichen schöpft. Für die folgende Ballade allerdings ist er nicht auf solche Hilfsmittel angewiesen. *Lederhosen-Saga*, das lässt an altnordische Heldengeschichten denken. Und eine Heldengeschichte ist sie auch, die Geschichte der freiherrlich von Münchhausen'schen hirschledernen Reithose, die beim besten Willen nicht umzubringen ist, während sie sich von Generation zu Generation weiter vererbt.

◇◇◇

Börries Freiherr von Münchhausen

Lederhosen-Saga

Es war ein alter schwarzbrauner Hirsch,
Großvater schoss ihn auf der Pirsch,
Und weil seine Decke so derb und dick,
Stiftete er ein Familienstück.
Nachdem er lange nachgedacht,
Ward eine Hose daraus gemacht,
Denn Geschlechter kommen, Geschlechter vergehen,
Hirschlederne Reithosen bleiben bestehen.

Er trug sie dreiundzwanzig Jahr,
Eine wundervolle Hose es war!
Und als mein Vater sie kriegte zu Lehen,
Da hatte die Hose gelernt zu stehen!
Steif und mit durchgebeulten Knien
Stand sie abends vor dem Kamin,
Schweiß, Regen, Schnee – ja, mein Bester:
Eine lederne Hose wird immer fester!

Und als mein Vater an die sechzig kam,
Einen Umbau der Hose er vor sich nahm,
Das Leder freilich war unerschöpft,
Doch die Büffelhornknöpfe warn dünngeknöpft
Wie alte Groschen, wie Scheibchen nur, –
Er erwarb eine neue Garnitur.

Und dann allmählich machte das Reiten
Ihm nicht mehr den Spaß wie in früheren Zeiten,
Besonders der Trab in den hohen Kadenzen
Ist kein Vergnügen für Exzellenzen,
So fiel die Hose durch Dotation*
An mich in der dritten Generation.

Ein Reiterleben in Niedersachsen –
Die Gaben der Hose warn wieder gewachsen!
Sie saß jetzt zu Pferde wie aus Guss
Und hatte wunderbaren Schluss,
Und abends stand sie mit krummen Knien
Wie immer zum Trocknen am Kamin.

Aus Großvaters Tagen herüberklingt
Eine ferne Sage, die sagt und singt,
Die Hose hätte in jungen Tagen
Eine prachtvoll grüne Farbe getragen,
Mein Vater dagegen – weiß ich genau –
Nannte die Hose immer grau.

Seit neunzehnhundert ist sie zu schaun
Etwa wie guter Tabak: braun!
So entwickelt sie, fern jedem engen Geize
Immer neue ästhetische Reize,
Und wenn mein Ältester einst sie trägt,
Wer weiß, ob sie nicht ins Blaue schlägt!

Denn fern im Nebel der Zukunft schon
Seh ich die Hose an meinem Sohn.
Er wohnt in ihr, wie wir drin gewohnt,
Und es ist nicht nötig, dass er sie schont,
Ihr Leder ist gänzlich unerschöpft, –
Die Knöpfe nur sind wieder durchgeknöpft,
Und er stiftet, folgend der Väter Spur,
Eine neue Steinnussgarnitur.

Ja, Geschlechter kommen, Geschlechter gehen,
Hirschlederne Reithosen bleiben bestehen.

Dotation: Schenkung.

◇◇◇

Eine der liebenswürdigsten unter Goethes Balladen ist das *Hochzeitlied.* Der Stoff entstammt einer alten Chronik; der Dichter habe ihn, so berichtet er, lange mit sich herumgetragen und immer wieder bedacht. Schließlich hat er ihn zum Inhalt jenes Hochzeitliedes gemacht, das ein Sänger zum Besten gibt, um ein gräfliches Brautpaar zu feiern. Nach der Heimkehr von einem Kreuzzug in das verlassene Schloss der Familie, sei dereinst ein Vorfahr des Bräutigams zum heimlichen Zeugen einer Zwergenhochzeit geworden. Liebevoll wird der Aufzug des kleinen Volkes geschildert, wird die Hochzeit der Zwerge mit der des jungvermählten gräflichen Paares in artige Beziehung gebracht.
Schon beim stillen Lesen fällt auf, was sich noch verstärkt, wenn man die Verse auch nur halb laut vor sich hin liest: wie viel beschwingte Musik im Text des goethischen Hochzeitliedes enthalten ist. Kein Wunder, dass manch ein Komponist dazu verlockt wurde, gerade diese Ballade zu vertonen – darunter auch Carl Loewe, dessen musikalische Fassung wohl die bekannteste ist.

◇◇◇

Johann Wolfgang von Goethe

Hochzeitlied

Wir singen und sagen vom Grafen so gern,
Der hier in dem Schlosse gehauset,
Da, wo ihr den Enkel des seligen Herrn,
Den heute vermählten, beschmauset.
Nun hatte sich jener im heiligen Krieg
Zu Ehren gestritten durch mannigen Sieg,
Und als er zu Hause vom Rösslein stieg,
Da fand er sein Schlösselein oben;
Doch Diener und Habe zerstoben.

Da bist du nun, Gräflein, da bist du zu Haus,
Das Heimische findest du schlimmer!
Zum Fenster, da ziehen die Winde hinaus,
Sie kommen durch alle die Zimmer.
Was wäre zu tun in der herbstlichen Nacht?
So hab ich doch manche noch schlimmer vollbracht,
Der Morgen hat alles wohl besser gemacht.
Drum rasch bei der mondlichen Helle
Ins Bett, in das Stroh, ins Gestelle.

Und als er im willigen Schlummer so lag,
Bewegt es sich unter dem Bette.
Die Ratte, die raschle, so lange sie mag!
Ja, wenn sie ein Bröselein hätte!
Doch siehe! Da stehet ein winziger Wicht,
Ein Zwerglein so zierlich mit Ampelenlicht*,
Mit Rednergebärden und Sprechergewicht,
Zum Fuß des ermüdeten Grafen,
Der, schläft er nicht, möcht' er doch schlafen.

»Wir haben uns Feste hier oben erlaubt,
Seitdem du die Zimmer verlassen,
Und weil wir dich weit in der Ferne geglaubt,
So dachten wir eben zu prassen.
Und wenn du vergönnest, und wenn dir nicht graut,
So schmausen die Zwerge, behaglich und laut,
Zu Ehren der reichen, der niedlichen Braut.«
Der Graf im Behagen des Traumes:
»Bedienet euch immer des Raumes!«

Da kommen drei Reiter, sie reiten hervor,
Die unter dem Bette gehalten;
Dann folget ein singendes, klingendes Chor
Possierlicher, kleiner Gestalten;
Und Wagen auf Wagen mit allem Gerät,
Dass einem so Hören und Sehen vergeht,
Wie's nur in den Schlössern der Könige steht;
Zuletzt auf vergoldetem Wagen
Die Braut und die Gäste getragen.

So rennet nun alles in vollem Galopp
Und kürt sich im Saale sein Plätzchen;
Zum Drehen und Walzen und lustigen Hopp
Erkieset* sich jeder ein Schätzchen.

Ampel: schalenförmige, kleinere Hängelampe.
erkiesen: erwählen.

Da pfeift es und geigt es und klinget und klirrt,
Da ringelt's und schleift es und rauschet und wirrt,
Da pispert's* und knistert's und flüstert's und schwirrt;
Das Gräflein, es blicket hinüber,
Es dünkt ihn, als läg' er im Fieber.

Nun dappelt's und rappelt's und klappert's im Saal
Von Bänken und Stühlen und Tischen,
Da will nun ein jeder am festlichen Mahl
Sich neben dem Liebchen erfrischen;
Sie tragen die Würste, die Schinken so klein
Und Braten und Fisch und Geflügel herein;
Es kreiset beständig der köstliche Wein.
Das toset und koset so lange,
Verschwindet zuletzt im Gesange. –

Und sollen wir singen, was weiter geschehn,
So schweige das Toben und Tosen!
Denn was er, so artig, im Kleinen gesehn,
Erfuhr er, genoss er im Großen.
Trompeten und klingender, singender Schall,
Und Wagen und Reiter und bräutlicher Schwall,
Sie kommen und zeigen und neigen sich all',
Unzählige, selige Leute.
So ging es und geht es noch heute.

* pispern: wispern.

◇◇◇

Zwerge und Heinzelmännchen: Von jeher haftet dem kleinen Volk in der Vorstellungswelt der Menschen etwas Geheimnisvolles, häufig auch Drolliges an. Dabei sind die kleinen Burschen nicht nur überaus flinke und ausdauernde Arbeiter, sondern auch wahre Meister an Sachverstand und handwerklicher Geschicklichkeit. Wie an vielen anderen Orten, so haben sie dies »vordem« auch in Köln zu Nutz und Frommen der örtlichen Handwerksmeister und ihrer Gesellen unter Beweis gestellt. Bis zu jener verhängnisvollen Stunde, da die unbezähmbare Neugier einer Schneidersfrau sie für immer verscheucht hat.
August Kopisch stattet seine berühmt gewordene Geschichte mit vielen anschaulichen Details aus dem Handwerksleben früherer Zeiten aus. Die Strophen sind kunstvoll aufgebaut. Der jeweilige Binnenteil (der sich auch im Druckbild deutlich von den Rahmenteilen abhebt) schildert das emsige Wirken der Heinzelmännchen in raschem Rhythmus, der sich bis zur Atemlosigkeit steigert. Man hört und sieht förmlich, wie flink und geflissen das winzige Volk durcheinander wuselt.

◇◇◇

August Kopisch

Die Heinzelmännchen

Wie war zu Köln es doch vordem
Mit Heinzelmännchen so bequem!
Denn, war man faul … man legte sich
Hin auf die Bank und pflegte sich:
  Da kamen bei Nacht,
  Ehe man's gedacht,
  Die Männlein und schwärmten
  Und klappten und lärmten,
  Und rupften
  Und zupften,
  Und hüpften und trabten
  Und putzten und schabten …
Und eh ein Faulpelz noch erwacht …
War all sein Tagewerk … bereits gemacht!

Die Zimmerleute streckten sich
Hin auf die Spän' und reckten sich.
Indessen kam die Geisterschar
Und sah, was da zu zimmern war.
  Nahm Meißel und Beil
  Und die Säg' in Eil;
  Sie sägten und stachen
  Und hieben und brachen,
  Berappten*
  Und kappten,
  Visierten wie Falken
  Und setzten die Balken …
Eh sich's der Zimmermann versah …
Klapp, stand das ganze Haus … schon fertig da!

Beim Bäckermeister war nicht Not,
Die Heinzelmännchen backten Brot.
Die faulen Burschen legten sich,
Die Heinzelmännchen regten sich –
  Und ächzten daher
  Mit den Säcken schwer!
  Und kneteten tüchtig
  Und wogen es richtig,
  Und hoben
  Und schoben,
  Und fegten und backten
  Und klopften und hackten.
Die Burschen schnarchten noch im Chor:
Da rückte schon das Brot … das neue, vor!

Beim Fleischer ging es just so zu:
Gesell und Bursche lag in Ruh.
Indessen kamen die Männlein her
Und hackten das Schwein die Kreuz und Quer.
  Das ging so geschwind
  Wie die Mühl' im Wind!

berappen: rau verputzen.

Die klappten mit Beilen,
Die schnitzten an Speilen*,
Die spülten,
Die wühlten,
Und mengten und mischten
Und stopften und wischten.
Tat der Gesell die Augen auf …
Wapp!, hing die Wurst da schon im Ausverkauf!

Beim Schenken war es so: Es trank
Der Küfer*, bis er niedersank,
Am hohlen Fasse schlief er ein,
Die Männlein sorgten um den Wein,
Und schwefelten fein
Alle Fässer ein,
Und rollten und hoben
Mit Winden* und Kloben*,
Und schwenkten
Und senkten,
Und gossen und panschten
Und mengten und manschten.
Und eh der Küfer noch erwacht,
War schon der Wein geschönt und fein gemacht!

Einst hatt' ein Schneider große Pein:
Der Staatsrock sollte fertig sein;
Warf hin das Zeug und legte sich
Hin auf das Ohr und pflegte sich.
Da schlüpften sie frisch
In den Schneidertisch;
Da schnitten und rückten
Und nähten und stickten,
Und fassten
Und passten,

Speil: Span, Holzstäbchen.
Küfer: Kellermeister.
Winde: Gerät zum Heben von Lasten.
Kloben: Schraubstock.

Und strichen und guckten
Und zupften und zuckten,
Und eh mein Schneiderlein erwacht:
War Bürgermeisters Rock ... bereits gemacht!

Neugierig war des Schneiders Weib,
Und macht sich diesen Zeitvertreib:
Streut Erbsen hin die andre Nacht,
Die Heinzelmännchen kommen sacht:
Eins fähret nun aus,
Schlägt hin im Haus,
Die gleiten von Stufen
Und plumpen in Kufen,
Die fallen
Mit Schallen,
Die lärmen und schreien
Und vermaledeien!
Sie springt hinunter auf den Schall
Mit Licht: husch, husch, husch, husch! – verschwinden all!

O weh! Nun sind sie alle fort
Und keines ist mehr hier am Ort!
Man kann nicht mehr wie sonsten ruhn,
Man muss nun alles selber tun!
Ein jeder muss fein
Selbst fleißig sein,
Und kratzen und schaben
Und rennen und traben,
Und schniegeln
Und biegeln,
Und klopfen und hacken
Und kochen und backen.
Ach, dass es noch wie damals wär!
Doch kommt die schöne Zeit nicht wieder her!

◇◇◇

Kaum ein anderer Handwerksberuf ist zum Gegenstand so vieler spöttischer Lieder, Schwänke und Redensarten geworden wie der des Schneiders. Das mag an der Tatsache liegen, dass man zur Ausübung dieses Gewerbes keiner besonderen Körperkräfte bedurfte. Aber was einem an Größe und Körperkraft abgeht, das lässt sich durch Witz und Pfiffigkeit allemal wieder wettmachen. Und was ein rechter Schneidergeselle ist, der wird notfalls selbst mit dem Teufel und seiner ganzen höllischen Sippschaft fertig. Als Kinder haben wir das Volkslied von *Schneiders Höllenfahrt* nicht nur gesungen, wir haben es auch gespielt: Einer von uns war der Schneider, der durch entsprechende Gesten verdeutlicht hat, wie er die armen Teufel (nämlich uns Übrigen) nach allen Regeln der Schneiderkunst zur Verzweiflung bringt. – Ob Kindern von heute die Melodie des Liedes wohl noch geläufig ist?

◇◇◇

Volksballade

Schneiders Höllenfahrt

Es wollt ein Schneider wandern
Am Montag in der Fruh,
Begegnet ihm der Teufel,
Hat weder Strümpf noch Schuh.
»He he, du Schneiderg'sell!
Du musst mit mir in d'Höll,
Du musst uns Teufel kleiden,
Es gehe, wie es wöll!«

Sobald der Schneider in d'Höllen kam,
Nahm er sein'n Ellenstab,
Er schlug den Teufeln die Buckel voll,
Die Höll wohl auf und ab.
»He he, du Schneiderg'sell!
Musst wieder aus der Höll;
Wir brauchen nicht das Messen,
Es gehe, wie es wöll!«

Nachdem er all gemessen hat,
Nahm er sein lange Scher
Und stutzt den Teufeln d'Schwänzlein ab
Sie hüpften hin und her.
»He, he, du Schneiderg'sell,
Pack dich nur aus der Höll!
Wir brauchen nicht das Stutzen,
Es gehe, wie es wöll!«

Da zog er's Bügeleisen 'raus
Und warf's ins Höllenfeur,
Er streicht den Teufeln d'Falten aus,
Sie schrieen ungeheur:
»He he, du Schneiderg'sell,
Geh du nur aus der Höll!
Wir brauchen nicht das Bügeln,
Es gehe, wie es wöll!«

Er nahm den Pfriemen* aus dem Sack
Und stach sie in die Köpf,
Er sagt: »Halt't still, ich bin schon da,
So setzt man bei uns Knöpf,
»He he, du Schneiderg'sell,
Geh einmal aus der Höll!
Wir brauchen keine Knöpfe,
Es gehe, wie es wöll!«

Darauf nahm er Nadel und Fingerhut
Und fängt zu stechen an,
Er flickt den Teufeln d'Naslöcher zu,
So eng er immer kann.
»He, he, du Schneiderg'sell,
Pack dich doch aus der Höll!
Wir können nimmer riechen,
Es gehe, wie es wöll!«

Darauf fängt er zu schneidern an,
Das Ding hat ziemlich 'brennt,
Er hat den Teufeln mit Gewalt
Die Ohren abgetrennt,
»He, he, du Schneiderg'sell,
Marschier nur aus der Höll!
Sonst brauchen wir den Bader*,
Es gehe, wie es wöll!«

Nach diesem kam der Luzifer
Und sagt: »Es ist ein Graus,
Kein Teufel hat ein Schwänzerl mehr,
Jagt ihn zur Höll hinaus!«
»He he, du Schneiderg'sell,
Nun pack dich aus der Höll!
Wir brauchen keine Kleider,
Es gehe, wie es wöll!«

Nachdem er nun hat aufgepackt,
Da war ihm erst recht wohl,
Er hüpft und springet unverzagt,
Lacht sich den Buckel voll,
Ging eilends aus der Höll
Und blieb ein Schneiderg'sell:
Drum holt der Teufel kein'n Schneider mehr,
Er stehl, so viel er wöll.

Pfriem: Werkzeug zum Löcherstechen in Leder.
Bader: Barbier, Heilgehilfe.

◇◇◇

Früher mussten Handwerksburschen nach beendeter Lehrzeit auf Wanderschaft gehen, meist für drei Jahre, manchmal auch für länger. Sie sollten sich in der Welt umsehen und dabei auf handwerklichem Gebiet möglichst viel dazulernen. Bauernburschen hatten diese Gelegenheit nicht – es sei denn, sie durften »ihren Junker«, den adeligen Grundherrn, auf einer Reise begleiten. Waren sie glücklich ins heimatliche Dorf zurückgekehrt, gab es viel zu erzählen. Und manchmal auch aufzuschneiden, wofür der Knabe Fritz ein beredtes Beispiel abgibt.
Wie ihm von seinem Vater die Lust am Lügen auf listige Weise ausgetrieben wird: Dies hat der Fabeldichter Christian Fürchtegott Gellert zum Vorwurf für eine seiner Balladen genommen.

◇◇◇

Christian Fürchtegott Gellert

Der Bauer und sein Sohn

Ein guter, dummer Bauernknabe,
Den Junker Hans einst mit auf Reisen nahm,
Und der, trotz seinem Herrn, mit einer guten Gabe,
Recht dreist zu lügen, wiederkam,
Ging kurz nach der vollbrachten Reise
Mit seinem Vater über Land.
Fritz, der im Gehn recht Zeit zum Lügen fand,
Log auf die unverschämtste Weise.
Zu seinem Unglück kam ein großer Hund gerannt.
»Ja, Vater«, rief der unverschämte Knabe,
»Ihr mögt mir's glauben oder nicht,
So sag ich's Euch und jedem ins Gesicht,
Dass ich einst einen Hund bei – Haag gesehen habe,
Hart an dem Weg, wo man nach Frankreich fährt,
Der – ja, ich bin nicht ehrenwert,
Wenn er nicht größer war als Euer größtes Pferd.«

»Das«, sprach der Vater, »nimmt mich wunder;
Wiewohl ein jeder Ort lässt Wunderdinge sehn.

Wir, zum Exempel, gehn itzunder
Und werden keine Stunde gehn,
So wirst du eine Brücke sehn,
(Wir müssen selbst darüber gehn,)
Die hat dir manchen schon betrogen,
(Denn überhaupt soll's dort nicht gar zu richtig sein;)
Auf dieser Brücke liegt ein Stein,
An den stößt man, wenn man denselben Tag gelogen,
Und fällt und bricht sogleich das Bein.«

Der Bub erschrak, sobald er dies vernommen.
»Ach!«, sprach er, »lauft doch nicht so sehr!
Doch wieder auf den Hund zu kommen,
Wie groß, sagt' ich, dass er gewesen wär'?
Wie Euer größtes Pferd? Dazu will viel gehören.
Der Hund, itzt fällt mir's ein, war erst ein halbes Jahr;
Allein das wollt' ich wohl beschwören,
Dass er so groß als mancher Ochse war.«

Sie gingen noch ein gutes Stücke;
Doch Fritzen schlug das Herz. Wie konnt' es anders sein?
Denn niemand bricht doch gern ein Bein.
Er sah nunmehr die richterliche Brücke
Und fühlte schon den Beinbruch halb.
»Ja, Vater«, fing er an, »der Hund, von dem ich redte,
War groß, und wenn ich ihn auch was vergrößert hätte,
So war er doch viel größer als ein Kalb.«

Die Brücke kommt. Fritz! Fritz! Wie wird dir's gehen!
Der Vater geht voran; doch Fritz halt ihn geschwind.
»Ach, Vater«, spricht er, »seid kein Kind
Und glaubt, dass ich dergleichen Hund gesehen;
Denn kurz und gut, eh' wir darüber gehen:
Der Hund war nur so groß, wie alle Hunde sind.«

Du musst es nicht gleich übel nehmen,
Wenn hie und da ein Geck zu lügen sich erkühnt.
Lüg auch und mehr als er und such ihn zu beschämen,
So machst du dich um ihn und um die Welt verdient.

◇◇◇
Der Hamburgische Geschäftsmann und Dichter Friedrich von Hagedorn, ein Kind des frühen 18. Jahrhunderts, mag seine Gründe haben, wenn er der Überzeugung ist, Geld und Besitz seien durchaus zweifelhafte Güter. Johann, der muntre Seifensieder, ist mit seinem einfachen Seifensiederdasein jedenfalls bis zu dem Augenblick zufrieden, da ihm der reiche Nachbar die Freude am Leben buchstäblich abkauft. Ein schlechter Handel, wie sich alsbald herausstellt, ein Handel, den er nach Herrn von Hagedorns Meinung so schnell wie möglich wieder rückgängig machen muss.
◇◇◇

Friedrich von Hagedorn

Johann, der Seifensieder

Johann, der muntre Seifensieder,
Erlernte viele schöne Lieder
Und sang, mit unbesorgtem Sinn,
Vom Morgen bis zum Abend hin.
Sein Tagwerk konnt' ihm Nahrung bringen,
Und wenn er aß, so musst' er singen;
Und wenn er sang, so war's mit Lust,
Aus vollem Hals und freier Brust.
Beim Morgenbrot, beim Abendessen
Blieb Ton und Triller unvergessen;
Der schallte recht; und seine Kraft
Durchdrang die halbe Nachbarschaft.
Man horcht'; man fragt': Wer singt schon wieder?
Wer ist's? Der muntre Seifensieder.

Es wohnte diesem in der Nähe
Ein Sprössling eigennütz'ger Ehe,
Der, stolz und steif und bürgerlich,
Im Schmausen keinem Fürsten wich;
Ein Garkoch richtender Verwandten,
Der Schwäger, Vettern, Nichten, Tanten,
Der stets zu halben Nächten fraß
Und seiner Wechsel oft vergaß.

Detlev von Liliencron: *Ballade in U-Dur*

Kaum hatte mit den Morgenstunden
Sein erster Schlaf sich eingefunden,
So ließ ihm den Genuss der Ruh'
Der nahe Sänger nimmer zu.
»Zum Henker, lärmst du dort schon wieder,
Vermaledeiter Seifensieder?
Ach wäre doch, zu meinem Heil
Der Schlaf hier wie die Austern feil.«

Den Sänger, den er früh vernommen,
Lässt er an einem Morgen kommen
Und spricht: »Mein lustiger Johann!
Wie geht es Euch? Wie fangt Ihr's an?
Es rühmt ein jeder Eure Ware;
Sagt, wie viel bringt sie Euch im Jahre?«

»Im Jahre, Herr? Mir fällt nicht bei,
Wie groß im Jahr mein Vorteil sei.
So rechn' ich nicht! Ein Tag bescheret,
Was der, der auf ihn kommt, verzehret.
Dies folgt im Jahr (ich weiß die Zahl)
Dreihundertfünfundsechzigmal.«

»Ganz recht; doch könnt Ihr mir's nicht sagen,
Was pflegt ein Tag wohl einzutragen?«

»Mein Herr, Ihr forschet allzu sehr;
Der eine wenig, mancher mehr.
So wie's dann fällt; mich zwingt zur Klage
Nichts als die vielen Feiertage;
Und wer sie alle rot gefärbt,
Der hatte wohl wie Ihr geerbt,
Dem war die Arbeit sehr zuwider;
Der war gewiss kein Seifensieder.«

Dies schien den Reichen zu erfreun.
»Hans«, spricht er, »du sollst glücklich sein.

Itzt bist du nur ein schlechter Prahler.
Da hast du bare fünfzig Taler;
Nur unterlasse den Gesang.
Das Geld hat einen bessern Klang.«

Er dankt und schleicht mit scheuem Blicke,
Mit mehr als dieb'scher Furcht zurücke.
Er herzt den Beutel, den er hält,
Und zählt und wägt und schwenkt das Geld,
Das Geld, den Ursprung seiner Freude
Und seiner Augen neue Weide.

Es wird mit stummer Lust beschaut
Und einem Kasten anvertraut,
Den Band und starke Schlösser hüten,
Beim Einbruch Dieben Trotz zu bieten,
Den auch der karge Tor bei Nacht
Aus banger Vorsicht selbst bewacht.
Sobald sich nur der Haushund reget,
Sobald der Kater sich beweget,
Durchsucht er alles, bis er glaubt,
Dass ihn kein frecher Dieb beraubt.

Bis, oft gestoßen, oft geschmissen,
Sich endlich beide packen müssen:
Sein Mops, der keine Kunst vergaß
Und wedelnd bei dem Kessel saß:
Sein Hinz, der Liebling junger Katzen,
So glatt von Fell, so weich von Tatzen

Er lernt zuletzt, je mehr er spart,
Wie sehr sich Sorg und Reichtum paart,
Und manches Zärtlings dunkle Freuden
Ihn ewig von der Freiheit scheiden,
Die nur in reine Seelen strahlt,
Und deren Glück kein Gold bezahlt.

Dem Nachbar, den er stets gewecket,
Bis der das Geld ihm zugestecket,
Dem stellt er bald aus Lust zur Ruh
Den vollen Beutel wieder zu
Und spricht: »Herr, lehrt mich bessre Sachen,
Als statt des Singens Geld bewachen.
Nehmt immer Euren Bettel hin
Und lasst mir meinen frohen Sinn.
Fahrt fort, mich heimlich zu beneiden.
Ich tausche nicht mit Euren Freuden.
Der Himmel hat mich recht geliebt,
Der mir die Stimme wieder gibt.
Was ich gewesen, werd ich wieder:
Johann, der muntre Seifensieder.«

◇◇◇

Aus wessen Seifensiederei die Seife stammt, die in der nun folgenden Ballade eine Rolle spielt, weiß der Kuckuck. Fest steht lediglich, dass er gründlich eingeseift wird, der langbärtige Grobian, der sich nur widerwillig von seines Kinnes Zierde trennt. Vermutlich handelt es sich um einen reichen Studenten, der ausstudiert hat. Und nun, an der Schwelle zum bürgerlichen Leben, muss er sich »nach Philisterart« barbieren lassen, also nach Art der von ihm bis dahin verachteten Spießbürger.

Mit einem letzten grimmigen Scherz jagt er dem Meister Bartputzer Angst und Schrecken ein. Auch der Geselle weigert sich auf das bedrohliche Angebot einzugehen. Nur der Lehrjunge erweist sich als furchtloser Barbier, weil er sich seines Vorteils gewiss ist.

◇◇◇

Adelbert von Chamisso

Der rechte Barbier

»Und soll ich nach Philisterart
  Mir Kinn und Wange putzen,
So will ich meinen langen Bart
  Den letzten Tag noch nutzen.
Ja, ärgerlich, wie ich nun bin,
Vor meinem Groll, vor meinem Kinn
  Soll mancher noch erzittern!

Holla! Herr Wirt, mein Pferd! Macht fort!
  Ihm wird der Hafer frommen.
Habt Ihr Barbierer hier im Ort?
  Lasst gleich den rechten kommen.
Waldaus, waldein, verfluchtes Land!
Ich ritt die kreuz und quer und fand
  Doch nirgends noch den rechten.

Tritt her, Bartputzer, aufgeschaut!
  Du sollst den Bart mir kratzen;
Doch kitzlig sehr ist meine Haut,
  Ich biete hundert Batzen;
Nur, machst du nicht die Sache gut,
Und fließt ein einz'ges Tröpflein Blut –
  Fährt dir mein Dolch ins Herze.«

Das spitze, kalte Eisen sah
  Man auf dem Tische blitzen,
Und dem verwünschten Ding gar nah
  Auf seinem Schemel sitzen
Den grimm'gen, schwarz behaarten Mann
Im schwarzen kurzen Wams, woran
  Noch schwärzre Troddeln hingen.

Dem Meister wird's zu grausig fast,
  Er will die Messer wetzen,
Er sieht den Dolch, er sieht den Gast,
  Es packt ihn das Entsetzen;
Er zittert wie das Espenlaub,
Er macht sich plötzlich aus dem Staub
  Und sendet den Gesellen.

»Einhundert Batzen mein Gebot,
  Falls du die Kunst besitzest;
Doch, merk es dir, dich stech ich tot,
  So du die Haut mir ritzest.«
Und der Gesell: »Den Teufel auch!
Das ist des Landes nicht der Brauch.«
Er läuft und schickt den Jungen.

»Bist du der Rechte, kleiner Molch?
  Frisch auf! Fang an zu schaben;
Hier ist das Geld, hier ist der Dolch,
  Das beides ist zu haben!
Und schneidest, ritzest du mich bloß,
So geb ich dir den Gnadenstoß;
  Du wärest nicht der Erste.«

Der Junge denkt der Batzen, druckst
  Nicht lang und ruft verwegen:
»Nur still gesessen! Nicht gemuckst!
  Gott geb Euch seinen Segen!«
Er seift ihn ein ganz unverdutzt,
Er wetzt, er stutzt, er kratzt, er putzt:
  »Gottlob! Nun seid Ihr fertig.« –

»Nimm, kleiner Knirps, dein Geld nur hin;
  Du bist ein wahrer Teufel!
Kein andrer mochte den Gewinn,
  Du hegtest keinen Zweifel;
Es kam das Zittern dich nicht an,
Und wenn ein Tröpflein Blutes rann,
  So stach ich dich doch nieder.« –

»Ei!, guter Herr, so stand es nicht,
  Ich hielt Euch an der Kehle;
Verzucktet Ihr nur das Gesicht
  Und ging der Schnitt mir fehle,
So ließ ich Euch dazu nicht Zeit;
Entschlossen war ich und bereit,
  Die Kehl Euch abzuschneiden.« –

»So, so! Ein ganz verwünschter Spaß!«
  Dem Herrn ward's unbehäglich;
Er wurd auf einmal leichenblass
  Und zitterte nachträglich:
»So, so! Das hatt ich nicht bedacht,
Doch hat es Gott noch gut gemacht;
  Ich will's mir aber merken.«

◇◇◇

Bis weit ins 18. Jahrhundert hinein waren es hauptsächlich die Bader und Barbiere, denen es oblag, die leidende Menschheit auf mehr oder minder wirksame Art zu verarzten. Studierte Mediziner des 17. Jahrhunderts wie der aus Oberviechtach stammende Doktor Johannes Andreas Eisenbarth traten zuweilen auf Jahrmärkten auf, wo sie ihre Künste einem staunenden Publikum auf drastische Weise anpriesen – nicht selten innerhalb eines »Rahmenprogramms«, das von Gauklern, Musikanten und Spaßmachern bestritten wurde. Eine Gruppe von unbekannten Dichtern, wohl in studentischen Kreisen späterer Zeit zu suchen, hat sich den Spaß gemacht, das marktschreierische Auftreten des berühmt-berüchtigten Wanderarztes genüsslich zu verulken, getreu der Formel: »Operation gelungen – Patient tot.«

◇◇◇

Volksballade

Doktor Eisenbart

Ich bin der Doktor Eisenbart,
Kurier' die Leute nach meiner Art;
Kann machen, dass die Blinden gehn,
Und dass die Lahmen wieder sehn.

Zu Ulm kuriert' ich einen Mann,
Dass ihm das Blut vom Beine rann;
Er wollte gern gekuhpockt* sein,
Ich impft's ihm mit dem Bratspieß ein.

Des Küsters Sohn zu Dideldum,
Dem gab ich zehn Pfund Opium;
Drauf schlief er Jahre, Tag und Nacht
Und ist bis jetzt noch nicht erwacht.

Der Schulmeister zu Itzehoe
Litt dreißig Jahr' an Diarrhoe*;
Ich gab ihm Cremor tartri* ein,
Er ging zu seinen Vätern heim.

Dem guten Hauptmann von der Lust
Nahm ich drei Bomben aus der Brust;
Die Schmerzen waren ihm zu groß –
Nun ist er sie auf ewig los.

Zu Potsdam trepanierte* ich
Den Koch des großen Friederich;
Ich schlug ihn mit dem Beil vor'n Kopf,
Gestorben ist der arme Tropf.

Kuhpocken: zur Pockenschutzimpfung verwendet.
Diarrhoe: Durchfall.
Cremor tartri: Teufelssaft.
trepanieren: den Schädel mit einem Trepan (Gerät) aufbohren.

Es hatt' ein Weib in Langensalz
Ein' zentnerschweren Kropf am Hals;
Den schnürt' ich mit dem Hemmseil* zu,
Probatum est*! Sie hat nun Ruh.

Zu Wien kuriert' ich einen Mann,
Der hatte einen hohlen Zahn;
Ich schoss ihn raus mit der Pistol,
Ach Gott! Wie ist dem Mann so wohl!

Zu Leipzig nahm ich einem Weib
Zehn Fuder Steine aus dem Leib;
Der letzte war ihr Leichenstein,
Jetzt wird sie wohl kurieret sein.

Mein allergrößtes Meisterstück,
Das macht' ich einst zu Osnabrück;
Podagrisch* war ein alter Knab',
Ich schnitt ihm beide Beine ab.

Vertraut sich mir ein Patient,
So macht er erst sein Testament;
Ich schicke niemand aus der Welt,
Bevor er nicht sein Haus bestellt.

Sehr wohlfeil ist auch meine Kur,
Denn jeder braucht sie einmal nur;
Was mancher nicht im Jahr vermag,
Kuriere ich in einem Tag.

Das ist die Art, wie ich kurier',
Sie ist probat, ich bürg' dafür;
Dass jedes Mittel Wirkung tut,
Schwör' ich bei meinem Doktorhut.

◇◇◇

Zu den Heilkundigen wurden noch zu Beginn der Neuzeit auch die Scharfrichter, die Henker gezählt, und zwar nicht nur, weil man ihnen allerlei zauberische Praktiken zuschrieb: Sie waren es auch, die sich von Berufs wegen am besten auf Fragen der menschlichen Anatomie verstanden, insbesondere auf den Knochenbau.
Von einem wahren Künstler seines schaurigen Fachs, der sich seine beiden Mitbewerber um die vakant gewordene Stelle des städtischen »Blutmeisters« zu Straubing mit einem einzigen Streich vom Halse zu schaffen weiß, handelt die blutrünstige (aber eben deshalb wohl doch nicht ganz ernst zu nehmende) Ballade meines deutschböhmischen Landsmanns Hans Watzlik.

◇◇◇

Hemmseil: auch Hemmkette; früher zur Hemmung eines Fuhrwerks (Verminderung der Geschwindigkeit) um ein Wagenrad gelegt und mit dem Hemmschuh verbunden.
probatum est: ist erprobt (auf Rezepten zu finden).
Podagra: Fußgicht.

Hans Watzlik

Das Meisterstück

Stadt Straubing, eine Feste an der Donau fürwahr,
Stadt Straubing, gut bayrisch für immerdar!

Dort ist der alte Blutmeister gestorben,
Ist an der Pest oder den Blattern verdorben.

Stadt Straubing muss einen neuen Scharfrichter han,
Hat gleich ihrer drei zur Probe sich kommen lan.

Die drei, und sie steigen aufs Blutgerüst,
Woll'n zeigen, wer von ihnen der Tauglichste ist.
Sie soll'n kunstvoll richten mit Schwertgewalt
Drei Mörderbuben aus dem Bogener Wald.

Der Erste seinem armen Sünderling
Malt um den Hals einen haarfeinen Ring,
Darauf er hurtig sein Eisen zückt.
Der Hieb haarscharf durch den Ring ihm glückt.

Der andre hernach beinander dicht
Zwei Spinnfäden um Nacken und Gurgel flicht
Seinem Kerl, haut zu und – mit Vergunst! –
Trifft peinlich mitten durch das Gespunst.

Dem Dritten dann das Richtschwert sung,
Er hauet zu mit gleißendem Schwung,
Dreht zierlich um sich selber sich
Ohn' Mühsal und schier tänzerlich,
Köpft seinen Schelmen und mit selbem Streich
Auch seine zwei guten Zunftbrüder zugleich.

Der tat jetzt der hübschen Stadt Straubing belieben.
Ist ihr auch nichts anderes übrig geblieben.

◇◇◇

Das Gedicht vom braven Grenadier, der auf seinem Posten vergessen wird, stammt aus der von Walter Schmidkunz herausgegebenen Sammlung *Bauernballaden*, er verdankt es einem Münchner Volksliedersammler. Ob wir es hier tatsächlich mit einem Produkt der bajuwarischen Volksdichtung zu tun haben oder ob Sammler und Herausgeber zumindest tatkräftig an der Endfassung mitgewirkt haben – gleichviel: Wenn sie nicht echt ist, so ist sie doch gut erfunden und nachempfunden, die Historia von der treuen Schildwacht und ihrem verständnisvollen »Kummandanten«.

◇◇◇

Volksballade

Der brave Grenadier

Es stund einmal ein Grenadier
Auf einem Berg Schildwacht,
Da plötzlich musst sein Regiment
– Und zwar um Mitternacht –
Ganz eilig abmarschiern,
Da ließ man aus Versehn
Den braven, guten Grenadier
Auf seinem Posten stehn.

Der Grenadier geht auf und ab,
Schon schlägt die Uhr halb zwei,
Da denkt er sich in seinem Sinn:
Die Zeit ist längst vorbei,
Kein Teufl löst mich heut mehr ab
Von meinem Posten hier –
Ich lass den Posten Posten sein
Und geh in mein Quartier.

Und als der Grenadier heimkam,
Da heißt es: »Guter Freund!
Dein Regiment ist abmarschiert,
Es naht sich schon der Feind.«
Da sprach der brave Grenadier:
»Jetzt geh ich nimmer fort
Und bleibe halt als Desandeur
Bei euch an diesem Ort!«

Es stund kaum an ein volles Jahr,
Da kam sein Regiment
Von Paris zurück und durchmarschiert,
Da rief er: »Saprament,*
Da wird man mich erschießen wohl,
Als einen Desandeur*,
Und wenn mir jetzt nix Gscheidts einfallt,
Dann rettet mich nichts mehr.«

Da hing er seinen Sabel um,
Nahm das Gewehr zur Hand
Und stieg hinauf auf seinen Berg,
Wo er als Schildwach stand.
Ei, wie staunte da der Kummandant,
Als er beim Kommen sah,
Dass da ein Mann schon Schildwach stand,
Und sprach: »Was machst du da?«

Da sprach der brave Grenadier:
»Bin gar ein armer Narr,
Dass ich muss ewig Schildwach stehn,
Jetzt steh ich schon ein Jahr!
Das Regiment ist fortmarschiert
Und ich blieb aus Versehn
Von dieser Stund bis heutzutag
Da auf dem Posten stehn!«

Da hat der Kummandant gelacht
Über seinen Grenadier
Und hat ihm seine Strafe gschenkt,
Weil er so treu blieb hier.
Der Grenadier in seiner Freud,
Der rufet laut »Vivat!«
»Es lebe hoch der Kummandant,
Der mich befreiet hat!«

Saprament: Sakrament!
Desandeur: Deserteur.

◇◇◇

Treuer als ein königlich bayerischer Grenadier kann höchstens ein Pudel sein. Wenn er zudem noch Brutus heißt und wenn er an Tugend nicht einmal Nathan dem Weisen nachsteht, dem von Gotthold Ephraim Lessing hoch gepriesenen Friedensstifter zwischen den Religionen – dann kann man sich denken, was ein leidenschaftlicher Spötter vom Schlag Heinrich Heines aus diesen Vorgaben macht: eine Fabel von der Anfechtbarkeit jeglicher Hundetugend, von der Verführbarkeit selbst des eingefleischtesten Moralisten.

◇◇◇

Heinrich Heine

Der tugendhafte Hund

Ein Pudel, der mit gutem Fug
Den schönen Namen Brutus trug,
War viel berühmt im ganzen Land
Ob seiner Tugend und seinem Verstand.
Er war ein Muster der Sittlichkeit,
Der Langmut und Bescheidenheit.
Man hörte ihn loben, man hörte ihn preisen,
Als einen vierfüßigen Nathan den Weisen.

Er war ein wahres Hundejuwel!
So ehrlich und treu! Eine schöne Seel'!
Auch schenkte sein Herr in allen Stücken
Ihm volles Vertrauen, er konnte ihn schicken
Sogar zum Fleischer. Der edle Hund
Trug dann einen Hängekorb im Mund,
Worin der Metzger das schöngehackte
Rindfleisch, Schaffleisch, auch Schweinefleisch packte –
Wie lieblich und lockend das Fett gerochen,
Der Brutus berührte keinen Knochen,
Und ruhig und sicher, mit stoischer Würde,
Trug er nach Hause die kostbare Bürde.

Doch unter den Hunden wird gefunden
Auch eine Menge von Lumpenhunden –
Wie unter uns – gemeine Köter,
Tagdiebe, Neidharde, Schwerenöter,
Die ohne Sinn für sittliche Freuden
Im Sinnenrausch ihr Leben vergeuden!
Verschworen hatten sich solche Racker
Gegen den Brutus, der treu und wacker
Mit seinem Korb im Maule nicht
Gewichen von dem Pfad der Pflicht. –

Und eines Tages, als er kam
Vom Fleischer und seinen Rückweg nahm
Nach Hause, da ward er plötzlich von allen
Verschworenen Bestien überfallen;
Da ward ihm der Korb mit dem Fleisch entrissen,
Da fielen zu Boden die leckersten Bissen,
Und fraßbegierig über die Beute
Warf sich die ganze hungrige Meute –
Brutus sah anfangs dem Schauspiele zu,
Mit philosophischer Seelenruh',
Doch als er sah, dass solchermaßen
Sämtliche Hunde schmausten und fraßen,
Da nahm er auch an der Mahlzeit teil
Und speiste selbst eine Schöpsenkeul*. –

Moral.
Auch du, mein Brutus, auch du, du frisst?
So ruft wehmütig der Moralist.
Ja, böses Beispiel kann verführen,
Und ach!, gleich allen Säugetieren,
Nicht ganz und gar vollkommen ist
Der tugendhafte Hund – er frisst!

* Schöps: Hammel.

◇◇◇

Auch eine Gespensterballade soll in dieser Abteilung nicht fehlen. Der Schweizer Dichter Carl Spitteler, Nobelpreisträger des Jahres 1919, lässt ein mit sieben unversorgten Kindern gesegnetes Brückengespenst darüber Klage führen, wie schwer man es in seiner Situation heutzutage habe. Die moderne Technik unseres aufgeklärten Jahrhunderts macht alle Möglichkeiten zu Schanden, die einem rechtschaffenen Gespenst vormals in so reichem Maß zur Verfügung standen. Wenn man das so hört, kann man wirklich nur voller Mitleid in die Seufzer des heimat- und arbeitslos gewordenen Gespenstes mit einstimmen.

◇◇◇

Carl Spitteler

Das Brückengespenst

Am Kreuzweg seufzt ein Brückengeist,
Umringt von sieben Kleinen,
Mit Wanderpack und Bettelsack,
Und alle Kleinen weinen.
»Was fehlt dir, Vater? Fasse Mut,
Erzähle mir die Märe,
Was dir geschah, und ob ich dir
Vielleicht behilflich wäre.«

Der Alte ächzt und wischte sich
Die tränenfeuchten Lider,
Hernach mit kummervollem Blick
Gab er die Antwort wieder:
»Ich lebt als ehrliches Gespenst
Im trauten Uferloche
Friedlich am heimatlichen Fluss
Unter dem Brückenjoche.
Ach! War das eine schöne Zeit!
Die Brücke war in Stücken,
Zwei Balken fehlten, einer wich,
Die andern hatten Lücken,
Der Mittelpfosten schaukelte
Und tanzte zum Vergnügen;
Kurz, selbst der strengsten Forderung
Konnte der Bau genügen.
Und da einmal Gespensterpflicht
Erfordert, wen zu necken,
So wählten wir die Profession,
Die Pferde zu erschrecken.
'S ist eine angestammte Kunst
Vom Urgroßvater ferne,
Und wenn wir drinnen Meister sind,
Das macht: Wir tuns halt gerne.
Zwar so ein Gaul am Wägelein
Und solche kleine Dinge –
Bewahr! Dergleichen lockt uns nicht,
Das war uns zu geringe.
Dagegen eine Jagdpartie,
Ein Picknick meinetwegen
Auf heißen Rasserossen! Hah!
Da lohnte sichs hingegen!
Man ließ das Trüpplein ungestört
Tripp trapp im muntern Schritte

Mit Scherz und Sang tralli tralla
Bis auf die Brückenmitte.
Dann, auf mein Zeichen, ging es los:
Verborgen im Gebälke,
Eröffneten zugleich den Krieg
Die sieben süßen Schälke.
Der Leopold, der Barnabas,
Der Klaus, der Sakranitsche
Klatschten den Pferden um die Knie
Mit Latten und mit Pritsche.
Der Wenzel zerrte sie am Schweif,
Der Philipp, nach den Regeln,
Wippt ihnen Balken an den Bauch,
Die kitzelten mit Nägeln,
›Ich komme auch!‹, rief Fridolin,
›Wart doch! Nicht solche Eile!‹
Nahm hurtig einen Span und stieß
Und stach die Hinterteile.
War das ein Wirrwarr und Geschrei!
Das hättst du sehen sollen!
Vor Angst und Aufruhr wusste keins,
Ob vor- ob rückwärtswollen.
Und war nun alles unterobs,
Dann fuhr ich wie der Teufel
Haushoch hervor mit »Holdridu« –
Da schwand der letzte Zweifel.
Links, rechts hinunter in den Fluss,
Plumps über das Geländer.
Und lustig schwammen Sonnenschirm
Und Strohhüt und Gewänder.

Ach Gott! Was schwatz ich unnütz da!
Das sind vergangne Zeiten!
Es geht jetzt alles mit Benzin,
Vorüber ist das Reiten.

Ein Maultier von Gemeinderat
– Man sollt ihn »Unrat« heißen –
Ließ all die schöne Herrlichkeit
Vandalisch niederreißen.
Statt des elastischen Gebälks
Glotzt eine starre Mauer.
Ach was! Was weiß von Pietät
Und Heimatschutz ein Bauer!
Der kennt nur seinen Marktverkehr
Und seine Dorfintressen.
Ich aber irre seither nun
Verstoßen und vergessen
Mit meinen Kindern durch die Welt,
Ob ich vielleicht am Ende
Für sie – ich denk ja nicht an mich –
Arbeit und Stellung fände.

Ansprüche, große, mach ich nicht,
Seis eine hohle Eiche,
Kirchhof, ein verwunschnes Schloss,
Es ist mir ganz das Gleiche.
Ich selber würde unterdes
Etwa bei Spiritisten*
Als Klopfgeist oder Gabriel
Zunächst mein Leben fristen.
's ist furchtbar schwierig heutzutag
Für körperlose Seelen!
Drum falls du jemals etwas weißt,
So möcht ich mich empfehlen.«

Spiritist: Anhänger des Spiritismus (Glaube an Geister).

◇◇◇

Als wir die Herausgabe dieser Sammlung planten, haben wir uns auch darüber Gedanken gemacht, ob wir »frommen Balladen«, die auf Legenden zurückgehen, eine eigene Abteilung einräumen sollten. Dies haben wir dann aus Platzgründen leider unterlassen müssen. Deshalb sollen wenigstens hier, bei den Schmunzelballaden, zwei heitere Legenden ihren Platz finden.
Aus der berühmten Chronik der schwäbischen Herren von Zimmern stammt die Geschichte vom Narren, der bei der heiligen Messe als Ministrant einspringen muss und statt der Altarglocken seine Schellenkappe schüttelt. Was seinerzeit wohl mehr als Erlustigung für den gräflichen Herrn und seine Begleitung gemeint war: Bei Gottfried Keller wird es zum rührenden Versuch eines Kindes, das fehlende Geläut bei der heiligen Handlung um jeden Preis zu ersetzen. Überzeugender ließe sich vom Dichter jeder Verdacht eines Frevels kaum zurückweisen als mit dem Bild des Herrn, der lächelnd »durch die Wandlung geht«.

◇◇◇

Gottfried Keller

Der Narr des Grafen von Zimmern

Was rollt so zierlich, klingt so lieb
Treppauf und ab im Schloss?
Das ist des Grafen Zeitvertrieb
Und stündlicher Genoss:
Sein Narr, annoch ein halbes Kind
Und rosiges Gesellchen,
So leicht und luftig wie der Wind,
Und trägt den Kopf voll Schellchen.

Noch ohne Arg, wie ohne Bart,
An Possen reich genug,
Ist doch der Fant von guter Art
Und in der Torheit klug;
Und was vergecken und verdrehn
Die zappeligen Hände,
Gerät ihm oft wie aus Versehn
Zuletzt zum guten Ende.

Der Graf mit seinem Hofgesind
Weilt in der Burgkapell',
Da ist, wie schon das Amt beginnt,
Kein Ministrant zur Stell'.
Rasch nimmt der Pfaff den Narrn beim Ohr
Und zieht ihn zum Altare;
Der Knabe sieht sich fleißig vor,
Dass er nach Bräuchen fahre.

Und gut, als wär' er's längst gewohnt,
Bedient er den Kaplan;
Doch wann's die Müh' am besten lohnt,
Bricht oft der Unstern an;
Denn als die heil'ge Hostia
Vom Priester wird erhoben,
O Schreck!, so ist kein Glöcklein da,
Den süßen Gott zu loben!

Ein Weilchen bleibt es totenstill,
Erbleichend lauscht der Graf,
Der gleich ein Unheil ahnen will,
Das ihn vom Himmel traf.
Doch schon hat sich der Narr bedacht,
Den Handel zu versöhnen;
Die Kappe schüttelt er mit Macht,
Dass alle Glöcklein tönen!

Da strahlt von dem Ciborium*
Ein goldnes Leuchten aus;
Es glänzt und duftet um und um
Im kleinen Gotteshaus,
Wie wenn des Himmels Majestät
In frischen Veilchen läge:
Der Herr, der durch die Wandlung geht, –
Er lächelt auf dem Wege!

Ciborium: Gefäß, in dem die Hostie aufbewahrt wird.

◇◇◇

Goethes wohl bekannte Legende vom Hufeisen, eine der zahlreichen Variationen auf das schwankhafte Thema vom heiligen Petrus, der sich immer dann, wenn er sich für ganz besonders klug hält, von seinem Herrn und Meister eines Besseren belehren lassen muss. Der freie Knittelvers, dessen sich Goethe hier nicht ohne Ironie bedient, gibt dem Dichter die Möglichkeit, einen besonders geruhsamen und beschaulichen Ton anzuschlagen, wie er einer solch einfältigen Geschichte zukommt – und wie nur ein großer Dichter ihn durchzuhalten vermag, ohne dabei ins Betuliche oder gar ins Läppische abzugleiten.

◇◇◇

Johann Wolfgang von Goethe

Legende

Als noch, verkannt und sehr gering,
Unser Herr auf der Erde ging,
Und viele Jünger sich zu ihm fanden,
Die sehr selten sein Wort verstanden,
Liebt er sich gar über die Maßen,
Seinen Hof zu halten auf der Straßen,
Weil unter des Himmels Angesicht
Man immer besser und freier spricht.
Er ließ sie da die höchsten Lehren
Aus seinem heiligen Munde hören;
Besonders durch Gleichnis und Exempel
Macht' er einen jeden Markt zum Tempel.

So schlendert er in Geistes Ruh
Mit ihnen einst einem Städtchen zu,
Sah etwas blinken auf der Straß,
Das ein zerbrochen Hufeisen was.
Er sagte zu Sankt Peter drauf:
»Heb doch einmal das Eisen auf!«
Sankt Peter war nicht aufgeräumt,
Er hatte so eben im Gehen geträumt,
So was vom Regiment der Welt,
Was einem jeden wohlgefällt:
Denn im Kopf hat das keine Schranken,
Das waren so seine liebsten Gedanken.

Heinrich Heine: *Der tugendhafte Hund*

Nun war der Fund ihm viel zu klein,
Hätte müssen Kron und Zepter sein;
Aber wie sollt er seinen Rücken
Nach einem halben Hufeisen bücken?
Er also sich zur Seite kehrt
Und tut, als hätt er's nicht gehört.

Der Herr nach seiner Langmut, drauf
Hebt selber das Hufeisen auf,
Und tut auch weiter nicht dergleichen.
Als sie nun bald die Stadt erreichen,
Geht er vor eines Schmiedes Tür,
Nimmt von dem Mann drei Pfennig dafür.
Und als sie über den Markt nun gehen,
Sieht er daselbst schöne Kirschen stehen,
Kauft ihrer so wenig oder so viel,
Als man für einen Dreier geben will,
Die er sodann nach seiner Art
Ruhig im Ärmel aufbewahrt.

Nun ging's zum andern Tor hinaus,
Durch Wies und Felder ohne Haus,
Auch war der Weg von Bäumen bloß;
Die Sonne schien, die Hitz war groß,
Sodass man viel an solcher Stätt
Für einen Trunk Wasser gegeben hätt.
Der Herr geht immer voraus vor allen,
Lässt unversehens eine Kirsche fallen.
Sankt Peter war gleich dahinter her,
Als wenn es ein goldner Apfel wär;
Das Beerlein schmeckte seinem Gaum.
Der Herr nach einem kleinen Raum
Ein ander Kirschlein zur Erde schickt,
Wonach Sankt Peter schnell sich bückt.
So lässt der Herr ihn seinen Rücken
Gar vielmal nach den Kirschen bücken.
Das dauert eine ganze Zeit.
Dann sprach der Herr mit Heiterkeit:

»Tätst du zur rechten Zeit dich regen,
Hättst du's bequemer haben mögen.
Wer geringe Ding wenig acht't,
Sich um geringere Mühe macht.«

◇◇◇

Eine der am weitesten verbreiteten Balladen Goethes. Sie erinnert von ferne an die Legende vom Prager Golem. Wer sich auf magische Praktiken einlässt, hüte sich vor den Folgen! Bemerkenswert ist auch der Aufbau. Dem anfänglichen Achtzeiler folgen sechs kurze Zeilen, eindringlich beschwörend – aber eben doch von einem Stümper gesprochen. »Die ich rief, die Geister/Werd' ich nun nicht los.« Wer denkt dabei nicht an gewisse Politiker?

◇◇◇

Johann Wolfgang von Goethe

Der Zauberlehrling

Hat der alte Hexenmeister
Sich doch einmal wegbegeben!
Und nun sollen seine Geister
Auch nach meinem Willen leben!
Seine Wort' und Werke
Merkt' ich und den Brauch,
Und mit Geistesstärke
Tu' ich Wunder auch.

Walle! Walle
Manche Strecke,
Dass, zum Zwecke,
Wasser fließe
Und mit reichem, vollem Schwalle
Zu dem Bade sich ergieße.

Und nun komm, du alter Besen!
Nimm die schlechten Lumpenhüllen!
Bist schon lange Knecht gewesen;
Nun erfülle meinen Willen!
Auf zwei Beinen stehe,
Oben sei ein Kopf,
Eile nun und gehe
Mit dem Wassertopf!

Walle! Walle
Manche Strecke,
Dass, zum Zwecke,
Wasser fließe
Und mit reichem, vollem Schwalle
Zu dem Bade sich ergieße.

Seht, er läuft zum Ufer nieder;
Wahrlich! Ist schon an dem Flusse,
Und mit Blitzesschnelle wieder
Ist er hier mit raschem Gusse.
Schon zum zweiten Male!
Wie das Becken schwillt!
Wie sich jede Schale
Voll mit Wasser füllt!

Stehe! Stehe!
Denn wir haben
Deiner Gaben
Vollgemessen! –
Ach, ich merk' es! Wehe! Wehe!
Hab' ich doch das Wort vergessen!

Ach, das Wort, worauf am Ende
Er das wird, was er gewesen.
Ach, er läuft und bringt behände!
Wärst du doch der alte Besen!
Immer neue Güsse
Bringt er schnell herein,
Ach! Und hundert Flüsse
Stürzen auf mich ein.

Nein, nicht länger
Kann ich's lassen;
Will ihn fassen.
Das ist Tücke!
Ach! Nun wird mir immer bänger!
Welche Miene! Welche Blicke!

O, du Ausgeburt der Hölle!
Soll das ganze Haus ersaufen?
Seh' ich über jede Schwelle
Doch schon Wasserströme laufen.
Ein verruchter Besen,
Der nicht hören will!
Stock, der du gewesen,
Steh doch wieder still!

Willst's am Ende
Gar nicht lassen?
Will dich fassen,
Will dich halten,
Und das alte Holz behände
Mit dem scharfen Beile spalten.

Seht, da kommt er schleppend wieder!
Wie ich mich nun auf dich werfe,
Gleich, o Kobold, liegst du nieder;
Krachend trifft die glatte Schärfe!
Wahrlich, brav getroffen!
Seht, er ist entzwei!
Und nun kann ich hoffen,
Und ich atme frei!

Wehe! Wehe!
Beide Teile
Stehn in Eile
Schon als Knechte
Völlig fertig in die Höhe!
Helft mir, ach!, ihr hohen Mächte!

Und sie laufen! Nass und nässer
Wird's im Saal und auf den Stufen.
Welch entsetzliches Gewässer!
Herr und Meister! Hör' mich rufen! –
Ach, da kommt der Meister!
Herr, die Not ist groß!
Die ich rief, die Geister,
Werd' ich nun nicht los.

»In die Ecke,
Besen! Besen!
Seid's gewesen!
Denn als Geister
Ruft euch nur, zu diesem Zwecke,
Erst hervor der alte Meister.«

◇◇◇

Die Fabel spricht für sich selbst. Ein Hase, der seinen Jäger erschießt. Das Thema hat seine Vorbilder. Man denke nur, beispielsweise, an den Struwwelpeter. Und, von fern her, an Roland, den Schildknappen.

◇◇◇

Robert Reinick

Der größte Hase

Es wollt' ein Has' auf die Wanderschaft gehn,
Um in der Welt sich umzusehn. –
Nun wisst ihr doch: Das höchste Gut
Ist für den Wandrer Herz und Mut.
Doch wisst ihr auch: Ein Hasenherz
Schlägt etwas mehr nach unterwärts.
Als drum das Häslein Abschied nahm,
Vor Angst es fast in Tränen schwamm.

Jedoch er ging. – Kaum aus dem Wald
Getreten, macht er etwas Halt,
Wischt sich den Schweiß, der arme Mann,
Und blickt voll Sorgen himmelan. –
Was sieht er dort? Welch Schreckensbild!
Ein Adler schwingt sich, grimmig wild,
Auf einen Geier; welch ein Kampf!
Nichts fehlt dazu als Pulverdampf.

Bald war es mit dem Geier aus;
Der Adler frisst ihn auf – o Graus!
Nur Klau'n und Schnabel wirft er fort
Und fliegt, gesättigt, auf und fort. –
Dem Hasen aber wächst der Sinn,
Er schleicht sich leis' zur Stelle hin:
Des Geiers Klau'n und Schnabel, schau,
Steckt er in seine Tasche schlau.

Wer weiß, wozu man's brauchen kann,
Denkt er, und wandert weiter dann.
Er ist kaum hundert Schritt davon,
Da packt ein neuer Schreck ihn schon:
Ein Fuchsfell lag in einem Loch,
Frisch abgezogen, blutig noch,
Dabei der tote Körper dort,
Sonst war kein Mensch zu schau'n am Ort.

Der Hase sieht's; erst zittert er,
Dann schleicht er ganz behutsam her
Und nimmt das Fell, der schlaue Mann!
Wer weiß, wozu er's brauchen kann.
Drauf setzt er sich ins Kohlfeld hin
Und denkt: Hier ist es gut darin!
Zwei Heldentaten tat ich schon,
Dafür gebührt mir nun der Lohn. –

Acht Tage gingen drüber her,
Ans Reisen denkt er gar nicht mehr;
Er frisst sich voll und fett und dick,
Und alles das zu seinem Glück. –
's ist wunderbar, wie's ihm ergeht!
An einem schönen Abend spät
Hüpft er so recht gemütlich fort,
Macht Männchen hier und Männchen dort.

Auf einmal: Paff! Dicht unterm Fuß!
Ein Ruck, ein Knall, ein Dampf, ein Schuss,
Vor Schrecken fliegt er in die Luft
Und wieder nieder, dass es pufft.
Sieh da! Ein Jäger tot im Gras,
Und der ihn schoss, o Wunder das!,
Er selbst. – Er glaubt es selber schwer,
Und doch ging's ganz natürlich her.

Der Jäger schlief zuvor im Gras;
Ohn' ihn zu sehen, kam der Has',
Berührt im Gras der Flinte Hahn:
So fand den Tod der Jägersmann.
Das bringt mein Häslein obenauf,
Schnell packt das Jagdgewehr er auf;
Im Fuchspelz dann, wie Herkules*,
Kehrt rasch er heim und freut sich des.

Da lügt er Lüg' auf Lügen vor,
Zeigt jedem seine Beute vor,
Und jeder glaubt's und jeder spricht:
»Einen größern Hasen gibt es nicht!
Ein Has', der einen Geier schlägt,
Vor dem der Fuchs die Haut ablegt,
Ein Has', der einen Jäger fällt,
Der ist der größte Has' der Welt!«

Im Fuchspelz …: etwas schiefe Anspielung auf den griechischen Helden Herkules im Löwenfell.

◇◇◇

Als Kinder haben wir diese Ballade auswendig lernen müssen, wir haben es gern getan. Nicht zuletzt solcher lustigen Verse wegen, in denen sich »gedacht sich« auf »sechzehnhundertachtzig« reimt. Also summa summarum, um mit August Kopisch zu sprechen: »Es lebe der kleine Liewenberg!«

◇◇◇

August Kopisch

Der Schneiderjunge von Krippstedt

In Krippstedt wies ein Schneiderjunge
Dem Bürgermeister einst die Zunge:
Es war im Jahr Eintausendsiebenhundert,
Der Bürgermeister sehr sich wundert
Und find't es wider den Respekt,
Weshalb er in den Turm ihn steckt.
Es war nach der Nachmittagpredigt,
Die Kirche noch nicht ganz erledigt,
Am heil'gen Trinitatis Tag,
Da geschah auf einmal ein großer Schlag!
Es schlug, mit Gedonner, im Wettersturm
Der Blitz in denselben Sankt Niklasturm.
Der Schreck durchfährt die ganze Stadt,
Die kaum sich vom Brand erhoben hat.
Was innen ist im Gotteshaus,
Das dringt mit aller Gewalt heraus:
Was außen ist, das will hinein! –
Da sieht man auf einmal Flammenschein
Von außen an des Turmes Spitze:
Da rief man »Feuer! Wasser! Wo ist die Spritze?«
Die Spritze, ja, die ist dicht dabei;
Doch Kasten und Röhren sind entzwei!
Wie saure Milch läuft alles zusammen:
Man schreit und blickt auf die Feuerflammen.
Dazwischen – es war ein böser Tag –
Hallt mancher Donner- und Wetterschlag! –

Nun sammelt sich der Magistrat,
Und jeder weiß etwas und keiner weiß Rat!
Der Bürgermeister, ein weiser Mann,
Sieht sich das Ding bedenklich an
Und spricht: »Hört mich, wir zwingen's nicht!
Der Turm brennt nieder wie ein Licht,
Es kommt, wer hätte das gedacht sich,
Wie Anno sechzehnhundertachtzig!
Erst brennt der Turm, die Kirche, die Stadt sodann;
Drum ist mein Rat: Rett' jeder, was er kann!« –
Da laufen die Bürger; mit aller Kraft
Ein jeder das Seine zusammenrafft.
Das ist ein Gerenne, wie fliegen die Zöpfe,
Wie stoßen zusammen die Puderköpfe!
Auf einmal – was krabbelt dort aus dem Loch
Am Turm? – Der Junge! – Nein! – Und doch!
Er ist's, er klettert zu Turmes Spitze –
Der Schlingel! Er nimmt vom Kopf die Mütze,
Er schlägt auf das Feuer und – dass dich der Daus! –
Er löscht es mit seiner Mütze aus!
Er tupft am ganzen Turm umher,
Man sieht nicht eine Flamme mehr!
Und während alle jubelnd schrein,
Schlüpft er von neuem ins Loch hinein.
Er scheut des Magistrates Wesen
Und sitzt, als wär gar nichts gewesen.
Das mehrt den Jubel; die Bürger alle
Rufen ihm Vivat!, mit großem Schalle;
Der Bürgermeister aber spricht,
Indem sein großer Zorn sich bricht:
»Holt ihn heraus, ich erzeig' ihm Ehr,
Und tu' für ihn zeitlebens mehr!« –
»Da kommt er ganz rußig, der Knirps, der Zwerg!
Hoch lebe der kleine Liewenberg!« –
Der Bürgermeister sprach: »Komm, Junge!
Streck noch einmal heraus die Zunge!
Ich leg' dir lauter Dukaten drauf!
So, sperr den Mund recht angelweit auf!

Nur immer mehr herausgereckt!
Wir haben alle vor dir Respekt!
Und morgen wird, dass nichts manquiert*,
Die große Spritze hier probiert
Und was entzwei ist, repariert!«

◇◇◇

Diese Ballade kennen wir aus der Kinderzeit, illustriert vom Kasperlgrafen Franz Pocci. Dass die Verse ein bisschen holprig sind, was verschlägt's? Was mir besonders gefällt, sind die Schlusszeilen der jeweiligen Strophen: ungereimt, lapidar und einprägsam.

◇◇◇

Karl Seyferth

Die Hussiten zogen vor Naumburg

Die Hussiten zogen vor Naumburg
Über Jena her und Kamburg;
Auf der ganzen Vogelwies'
Sah man nichts als Schwert und Spieß,
An die hunderttausend.

Als sie nun vor Naumburg lagen,
Kam darein ein Schrei'n und Klagen;
Hunger quälte, Durst tat weh,
Und ein einzig Lot* Kaffee
Kam auf sechzehn Pfenn'ge.

Als die Not nun stieg zum Gipfel,
Fasst' die Hoffnung man beim Zipfel,
Und ein Meister von der Schul'
Sann auf Rettung und verful
Endlich auf die Kinder.

»Kinder«, sprach er, »ihr seid Kinder,
Unschuldsvoll und keine Sünder!
Ich führ' zum Prokop* euch hin,
Der wird nicht so grausam sin,
Euch zu massakrieren.«

Dem Prokopen tät es scheinen,
Kirschen kauft' er für die Kleinen,
Zog darauf sein langes Schwert,
Kommandierte: ›Rechtsum kehrt!‹
Hinterwärts von Naumburg!

Und zu Ehren des Mirakel
Ist alljährlich ein Spektakel,
Das Naumburger Kirschenfest,
Wo mans Geld in Zelten lässt.
Freiheit und Viktoria!

manquieren: fehlen.
Lot: alte Gewichtseinheit, etwa 1/30 Pfund.
Prokop: berühmter Anführer der Hussiten.

◇◇◇

Die alte Leier! Peter will in die weite Welt hinaus, ohne es recht zu wollen. Wie gut, dass er es versteht, eine halbwegs plausible Ausrede zu finden.

◇◇◇

Christian August Gottlob Eberhard

Der Peter in der Fremde

Der Peter will nicht länger bleiben;
Er will durchaus fort in die Welt.
Dies Wagestück zu hintertreiben,
Der Mutter immer schwerer fällt.
»Was«, spricht sie, »willst du draußen machen?
Du kennst ja fremde Menschen nicht!
Dir nimmt vielleicht all deine Sachen
Der erste beste Bösewicht!«

Der Peter lacht nur ihrer Sorgen,
Wenn er die Mutter weinen sieht,
Und wiederholt an jedem Morgen
Sein längst gesungnes Reiselied.
Er meint, die Fremde nur macht Leute,
Nicht in der Nähe wohnt das Glück.
Drum sucht er's gleich recht in der Weite;
Doch kehrt er mit der Zeit zurück.

Zu Hilfe ruft man alle Basen;
Jedwede gibt dazu ihr Wort;
Doch Peter lässt nicht mit sich spaßen,
Der Tollkopf will nun einmal fort.
Da sprach die Mutter voller Kummer:
»So sieh doch nur den Vater an!
Der reiste nie und ist nicht dummer
Als mancher weit gereiste Mann.«

Doch Peter lässt sich nicht bewegen,
Sodass der Vater endlich spricht:
»Nun gut! Ich wünsch' dir Glück und Segen!
Fort sollst du! Doch nun zögr' auch nicht!«

Nun geht es an ein Emballieren
Vom Fuß hinauf bis an den Kopf;
Man wickelt, dass auch nichts kann frieren,
Das dicke Band um seinen Zopf.

Und endlich ist der Tag gekommen;
Gleich nach dem Essen geht er heut;
Voraus ist Abschied schon genommen,
Und alles schwimmt in Traurigkeit.
Die Eltern das Geleit ihm geben,
Bis auf das nächste Dorf hinaus;
Und weil da ist ein Wirtshaus eben:
Hält man noch einen Abschiedsschmaus.

Ein Fläschchen Wein wird vorgenommen;
Doch still wird Peter, mäuschenstill.
Man trinkt auf glücklich Wiederkommen;
Und Peter seufzt: »Wie Gott es will!«
Er muss die Augen manchmal reiben,
Nimmt Abschied noch einmal recht schön,
Und sagt, man soll nur sitzen bleiben,
Denn weiter lässt er keinen gehn.

Und endlich wankt er fort, der Peter,
Ob's gleich beinah ihn hätt' gereut;
Nach jeden hundert Schritten steht er
Und denkt: Wie ist die Welt so weit!
Das Wetter will ihn auch nicht freuen:
Es geht der Wind so rau und kalt;
Er glaubt, es kann noch heute schneien;
Und schneit's nicht heut: So schneit's doch bald.

Jetzt schaut er bang zurück, jetzt geht er
Und sinnt, wie weit er heut wohl reist;
Jetzt kommt ein Kreuzweg – ach!, da steht er!
Und niemand, der zurecht ihn weist!
»Ach!«, klagt er, »so was zu erleben,
Gedacht' ich nicht! Dass Gott erbarm!
Hätt' ich der Mutter nachgegeben:
So säß ich jetzt noch weich und warm.

Wie konnt' ich so mein Glück verscherzen!
Ich war doch wirklich toll und dumm! –
Wie würde mich die Mutter herzen,
Kehrt' ich an diesem Kreuzweg um!« –
Und rasch beschließt er sich zu drehen,
Wie wenn man was vergessen hat;
Und rennt – ich hätt' es mögen sehen –
Zurück zur lieben Vaterstadt.

Die Eltern saßen unterdessen
Im Wirtshaus noch in guter Ruh',
Bekämpften ihren Gram durch Essen,
Und tranken tief betrübt dazu.
Der Peter ließ sie gern beim Schmause;
Ihn reizte nur der Heimat Glück,
Drum rannt' er spornenstreichs nach Hause,
Auf einem Seitenweg zurück.

Und froh, dass in der Näh' und Ferne
Sein Fuß sich nicht verirret hat,
Gelangt er vor dem Abendsterne
Inkognito noch in die Stadt.
Doch ist er kaum daheim gekommen:
So schallt Gelächter durch das Haus!
Das hätt' er übel fast genommen,
Allein, er machte sich nichts draus.

Man spaßt: »Du musst mit Meilenschuhen
Gewandert sein! Drum setz' dich auch
Nun hintern Ofen, um zu ruhen,
Und pfleg' am Brotschrank deinen Bauch!« –
Er tut's. – Dann treten seine Alten
Zur Stubentür betrübt herein.
Die Mutter seufzt mit Händefalten:
»Ach Gott! Wo mag mein Peter sein?«

Da kriecht der Peter vor und schmunzelt:
»Was schreit ihr denn? Hier bin ich ja!«
Die Mutter jauchzt, der Vater runzelt
Die Stirn und spricht: »Schon wieder da?

Nun, wie ich's dachte, ist's geschehen!«
Die Mutter war nun ganz verwirrt!
»Ich hab's dem Kerl heut angesehen,
Wie weit die Reise gehen wird.«

Die Mutter betete, durchdrungen
Von frommem Dank: »'s ist besser so!
Nun hab' ich wieder meinen Jungen
Gesund daheim, des bin ich froh!«
Doch Peter sagte ganz beklommen:
»Hätt' ich nur nicht geglaubt, es schneit',
Und wär' der Kreuzweg nicht gekommen: –
Ich wäre jetzt wer weiß wie weit!«

◇◇◇

Ballade oder nicht, jedoch kreuzlustig und überraschend. Ein Werwolf verlangt nach den Regeln der Grammatik gebeugt zu werden. Der weiland Dorfschulmeister, vielmehr dessen Geist, unternimmt es, den Werwolf zufrieden zu stellen, wenngleich es ihm nicht gelingt. Ach Morgenstern, ach Morgenstern – wir lesen deinen (Un)Sinn gern!

◇◇◇

Christian Morgenstern

Der Werwolf

Ein Werwolf eines Nachts entwich
Von Weib und Kind und sich begab
An eines Dorfschullehrers Grab
Und bat ihn: »Bitte, beuge mich!«

Der Dorfschulmeister stieg hinauf
Auf seines Blechschilds Messingknauf
Und sprach zum Wolf, der seine Pfoten
Geduldig kreuzte vor dem Toten:

»Der Werwolf«, sprach der gute Mann,
»Des Weswolfs, Genitiv sodann,
Dem Wemwolf, Dativ, wie mans nennt,
Den Wenwolf, – damit hats ein End.«

Dem Werwolf schmeichelten die Fälle,
Er rollte seine Augenbälle.
»Indessen«, bat er, »füge doch
Zur Einzahl auch die Mehrzahl noch!«

Der Dorfschulmeister aber musste
Gestehn, dass er von ihr nichts wusste.
Zwar Wölfe gäbs in großer Schar,
Doch »Wer« gäbs nur im Singular.

Der Wolf erhob sich tränenblind –
Er hatte ja doch Weib und Kind!!
Doch da er kein Gelehrter eben,
So schied er dankend und ergeben.

◇◇◇

Man muss sich ihn vorstellen, den Freiherrn von Münchhausen, wie er im Spätherbst am Fenster seines Gutshofs in Windischleuba sitzt und hinausblickt auf den Hofplatz. Was ist da nicht alles zu sehen, was ist da nicht alles zu hören! Der Dichter berichtet davon in freien Strophen, wobei er da und dort Mundartliches anklingen lässt. Die Kartoffelschale schnackt auf Platt, das Gurkenblatt lässt sich im Dialekt der schlesischen Lausitz hören. Ich empfehle: laut lesen oder vorlesen – vielleicht sogar mit verteilten Rollen.

◇◇◇

Börries Freiherr von Münchhausen

Hofball

Novembertag und windiges Wetter,
Im Scheunenhofe tanzen die Blätter,
Und zwischen Kuh- und Pferdestall
Ist Hofkonzert und großer Ball.

Der Wind trompetet um die Ecken,
Milchkannendeckel schlagen die Becken,
Die Leitungsdrähte harfen und schleifen,
Wenn die Hände des Sturms in die Saiten greifen,

Die Wetterfahne geigt schrill und froh,
Ein Kalb bläst unentwegt die Hoboe,
Die Stalltür trommelt dazu,
Und das Bombardon übernahm eine Kuh.

Und zu Trompeten, Trommeln und Geigen
Dreht sich und wirbelt in fröhlichem Reigen
Alles, was Herbst geweht von den Zweigen,
Alles, was vordem grünte im Land
Und nun auf dem Pflaster des Hofes sich fand.
Und während im Kehricht sie tanzen und springen,
Hör ich sie singen!

Ein *Strohhalm* wispert lispelnd und fein:
»Unsereiner ist nie allein!
Zehntausend feine Schwestern wir waren
In roggenblonden strähnigen Haaren,
Alle aus einem derben Gebund,
Alle geborene ›von Ziegelgrund‹! –
Die Erste dreht sich im Wagenrade,
Die Zweite steckt in Eisschokolade,
Die Dritte fiept, wie der Hase klagt,
Die Vierte sielt sich im Strohsack der Magd,
Die Fünfte reist in der Heidsieck-Kiste,
Die Sechste rekelt sich auf dem Miste,
Die Siebente ward ins Strohseil gebunden,
Die Achte hilft das Fischfass verspunden,
Die Neunte verflackert im Kamin – ja
Und die Zehnte steckt in einer Virginia.

Alle Schwestern haben was zu tun,
Und keine hat Zeit, sich auszuruhn!«

Vom *Ahorn*, der drüben im Parke ragt,
Stelzt ein Blatt auf fünf Speichen und sagt:
»*Wir* hatten alle nichts zu tun,
Als schön zu sein und auszuruhn!

In unserem Schatten man gerne saß,
Wenn der Gärtner den Platz schön sauber rechte,
Und als ein Dichter dort Verse las,
Lachten darüber noch lange die Spechte.

Robert Reinick: *Der größte Hase*

Der Springbrunn machte sich was zu tun,
Doch stieg er nur auf, um wieder zu sinken.
Bisweilen in Seide und in Kattun
Saßen sie dort beim Kaffeetrinken.

Ein Fräulein vom sentimentalen Fach
Malte mich drüben am Teich von der Insel,
Sie seufzte: ›Die herbstliche Färbung – ach …!‹,
Und schob ins Kadmiumgelb den Pinsel –
Wir hatten alle nicht viel zu tun,
Nur schön zu sein und auszuruhn!«

Die Ringelschale von einer *Kartoffel*
Humpelt und pumpelt im Holzpantoffel:
»Dat is mek aewerst doch to dull,
Dat eck partu mit danzen schull,
Dat geit mi bannig gegen Strich,
Eck hevt nich lehrt und lehrt ok nich,
Ochottechott!

Wenn eck min vullen Buk noch harr,
Eck sprüng hie nich as wie en Narr,
Dat geit na baben un geit dal,
Mi is ganz swindlich un fatal,
Ochottechott!«

Ein *Schlehenblatt*, hereingeweht
Vom Felde draußen, sang indiskret:

»Ich komme ferne vom stillen Hag,
Wo der Sprosser rief,
Wo am Juniabend der Kirschpflücker lag
Und den Rausch verschlief.

Wo im Herbste die Jagd vorübergesaust
Mit Hund und Pferd,
Wo dem Leutnant so vor dem Graben gegraust,
Dass er umgekehrt.

Und als er ihn sprang, da sprang er ihn so: –«
Und die Schlehe sprang
Und fiel in die Entenpfütze – o
Der Länge lang!

Das dürre Blatt der *Buche* rauscht,
Als ob sein seiden Röcklein bauscht,
Wenn es im Reihn die Hände tauscht:

»Durch tiefen Wald die Eule strich,
Der Nebel aus den Wiesen schlich,
Der Mond hing hoch am Himmelssaal
Und lag im Teiche noch einmal,
Die Nacht war still und kalt –
Wie sehn ich mich nach meinem Wald!

Der Mittag flimmert heiß und schwer
Auf weitem grünen Blättermeer,
Und neben mir der Pirol saß
Und sang so süß ohn Unterlass,
Als ob es mir nur galt –
Wie sehn ich mich nach meinem Wald!«

Das *Gurkenblatt* daneben schrie:
»Das is ju Karmse* heite frih!
Mr sahks n ganzen Jahre an.
Es *gorkte* schien – un Majoran
Un Gimmel, Dill un Dhymian,
Die wuchsen, wie mr schpricht, wie Gras –
Nee, werklich nee: Das gibt mr Schbaß!

Un wenn der Harbst nach Sachsen kimmt,
Un's Karmsebier n Anfang nimmt,
Da schlacht mei Vader n Buck,
Da fiedelt mei Vader, da danzt meine Mudder,
Da wackelt meine Mudder ehr Ruck!!«

Karmse: Kirchweih.

So tanzten und so sprangen sie,
So schwatzten und so sangen sie,
Da fing es in den Wirbel-Reihn
Auf einmal leise an zu schnein,
Wie weiße Daunen, weich und fein.

Die dicke Wolken-Kinderfrau,
Die Schürze blau, die Haare grau,
Die schüttelt die Betten aus
Und deckte auf den Saus und Braus
Und auf des Hofballs ganze Pracht
Die weiße Decke zur Gutnacht –
Gut Nacht!

◇◇◇

Noch vor hundert Jahren zogen Bänkelsänger mit Leierkasten und Bildtafel von Jahrmarkt zu Jahrmarkt. Ihre Lieder waren, bei Licht besehen, schlichte Balladen, oftmals von unfreiwilliger Komik – wie etwa im folgenden Beispiel.

◇◇◇

Bänkellied

Im wilden Westen
oder
Der Überfall auf die Pacificbahn

Angefüllt mit Passagieren
Braust der Zug dem Westen zu;
In des Urwaldes Revieren
Stöhnt das Dampfross ohne Ruh'.
Alle treibt des Goldes Drang
Des Gebirges Schlucht entlang.

Doch im Dickicht lauern Horden
Einer wüsten Räuberschar;
Stets bereit zu Raub und Morden,
Halten an den Zug sie gar.
Mit Pistolen und Stilett*
Steigen sie aufs Wagenbrett.

Stilett: Dolch mit kurzer, schmaler, dreikantiger Klinge.

Und ein Räuber lechzt nach Beute,
Einen Pflanzer er beraubt,
Doch es find't die wilde Meute
Widerstand, wo sie's nicht glaubt,
Denn ein Deutscher, voller Mut,
Wagt um Liebe Gut und Blut.

Er beschützt die, die ihm teuer,
Jenen Pflanzer und sein Kind.
Er entlarvt ein Ungeheuer,
Einen Mörder, bös gesinnt.
In der allergrößten Not
Hilfe naht, gesandt von Gott.

Maud nun pflegte jenen Kühnen,
Seine Wunden wunderbar,
Die zuerst wohl tödlich schienen,
Heilen schnell in Florida.
Bald reicht Maud dem Mann die Hand,
Der in Not treu zu ihr stand.

◇◇◇

Der Sturz in die Wolfsgrube: eine Geschichte, wie man sie sich in den deutschen Mittelgebirgen allenthalben erzählt hat. Häufig ist es ein Schneiderlein, mitunter ein nicht mehr ganz nüchterner Musikant, dem das Missgeschick widerfährt. Mit sichtlichem Behagen erzählt August Kopisch *seine* Version der Geschichte, in deren Verlauf er verblüffende Reime findet, etwa »Schrecks« auf »perplex«, etwa »hält's« auf »Pelz«.

◇◇◇

August Kopisch

Wie Frau Abel sich ein Ei holte

Nicht nur in allen Stücken genau,
Frau Abel war eine geizige Frau,
Sie knappste ab, wo sie nur wusste,
Und gab nichts her, wenn sie nicht musste,
Sie strich das Brot mit trocknem Messer,
Sprach: So gestrichen, schmeckt es besser,
Man denkt an Butter und behält
Dafür das schöne Buttergeld.

Sie spitzte, als ging ihr ein Ei verloren,
Nach jedem Hühnergegacker die Ohren,
Und war bei den Gänsen so gewandt,
Sie legten ihr Ei ihr in die Hand,
Nun gab es damals Wölf' im Land,
Da grub man tiefe Gruben im Sand,
Worüber man irgendein Tier festband,
Das lockte den Wolf, und er fiel vom Rand
In die Kluft, wo er keinen Ausweg fand,
Weil fest verbohlt war jede Wand.
Damit sich nun viele Wölfe fingen,
Musst' jedermann ein Tierlein bringen.
So kam an Frau Abel auch die Reih,
Die bracht' eine alte Gans herbei,
Und jammerte sehr: Sie hat noch ein Ei!
Was half's, der Abend war gekommen,
Die Gans ward so zur Grube genommen
Und dort auf der Wippe festgebunden.
Nun war es schon finster seit mehreren Stunden
Da leidet's Frau Abel nicht länger im Haus,
Sie rennt um das Ei zum Walde hinaus,
Und tappt nach der Grub' und der Gans im Schnee,
Versieht's und tritt auf die Wippe, o weh!
Sie fällt in die tiefe Grube hinab,
Und meint, das sei nunmehr ihr Grab.
Durch alle Gebeine schellt's und gellt's,
Doch mindert den Schlag der dicke Pelz.
Sie rappelt am Ende sich auf. O Graus!
Sie kann aus der tiefen Kluft nicht heraus.
Da sitzt sie, erhebt ein Zetergeschrei,
Die Gans vor Schreck lässt fallen ihr Ei,
Das fällt zum Glück der Frau in den Schoß
Und tröstet sie sehr; das Ei war groß.
Sie denkt, Geduld, der Morgen wird kommen.
Da wird meine Stimme noch wohl vernommen,
Der Wolf wird, merkt er mich, wohl erschrecken.
So duckt sie sich hin in eine der Ecken,
Und hält ihr Ei und streichelt ihr Ei.
Indes schleicht Isegrim herbei,

Frau Abel merkt es nicht; so leise
Kommt er daher, nach Wolfes Weise.
Der Hunger macht ihn völlig dumm,
Er will zur Gans, die Wippe kippt um –
Schurr!, purzelt er in die Grube hinunter;
Da aber schrie Frau Abel munter!
Ich glaube nicht, dass solch ein Geschrei
Jemals in Wäldern erschollen sei.
Doch immer sorgte sie um ihr Ei.
Der gefallene Wolf, noch voll des Schrecks,
Wird von dem Geschrille ganz perplex;
Er schnobbert, ob er kein Tor entdecke,
Und kauert dann gramvoll in einer Ecke.
In der andern saß Frau Abel noch immer,
Hielt fest das Ei, mit lautem Gewimmer.
Doch endlich fehlt ihr die Kraft zum Geschrill,
Da zog sie sich zusammen still.
Als nun der lichte Morgen erschien,
Sah sie der Wolf und sie sah ihn.
Sie dachte: Will das Tier mich fressen?
Er dachte: Das ist ein schlechtes Essen,
Sah lieber zur Gans hinauf mit Sehnen,
Frau Abel auch mit bittern Tränen.
Hätt' das gewährt noch einige Stunden,
Vielleicht hätt' sich der Wolf überwunden
Und selbst Frau Abel schmackhaft funden.
Doch ließ man ihm dazu nicht Zeit.
Die Not war groß, die Hülfe nicht weit:
Frau Abels Knechte kommen daher,
Sie dachten schon, wo sie wär' ungefähr,
Und sprachen: Die ist gegangen ums Ei!
Nun, als sie sie sahen nahe bei,
Hielt sie's auch richtig in ihrem Schoß
Und sah nach dem Wolf, die Gefahr war groß.
Sie riefen sie nicht, sie flüsterten bloß:
Frau Abel, macht still eure Pelze los
Und nehmt diese Schlinge hier unter die Arme,
So hoffen wir noch, dass Gott sich erbarme.

Frau Abel muss sich still befleißen
Zu tun, was ihr die Knechte heißen.
Jetzt hat sie richtig das Seil um den Leib,
So ziehn sie auf das zitternde Weib,
Wie den Fisch am Angel, zum Glücke hält's.
Nun springt der Wolf und fasst den Pelz.
Die Knechte aber ziehn mit Macht
Sie aus den Fellen und jeder lacht;
Sie aber, so heraufgebracht
Ruft seelenvergnügt: Ich hab mein Ei,
Es ist noch ganz und nirgend entzwei!

Moritz von Strachwitz

Wie ein fahrender Hornist sich ein Land erblies

Ein Spielemann aus Welschland* kam,
Der blies das Horn so süß,
Dass er 'nem jeden, der's vernahm,
Das Herz aus dem Leibe blies.
Vor Kaiser Karl und seinem Gesind,
Da ließ er sein Horn erschallen;
Er blies so laut, er blies so lind,
Das tät dem Kaiser gefallen:

»Mein Spielemann, mein Spielemann,
Dein Horn hat hellen Ton,
Und was das Horn erreichen kann,
Das sei des Hornes Lohn.

Welschland: romanisches Land (Frankreich, Italien, Spanien).

Auf hohem Berg, in weiter Au,
Da sollst du's blasen am Rheine,
So weit man's hört im ganzen Gau*,
Sei alles Land das deine!«

Der Spielmann auf dem Berge stand,
Ringsum viel Rebenhügel
Und blaues Gebirg und grünes Land
Und blitzender Ströme Spiegel.
Er setzte das Horn wohl an den Mund,
Sich selber auf den Rasen,
Weit in die Rund, aus Herzensgrund,
Da tät er blasen und blasen.

Es war zuerst ein schwimmender Hall
Und dann ein hallend Geschmetter,
Der Westwind schwieg und der Wasserfall,
Es schwieg das Rauschen der Blätter.
Die Bergeskuppen, die Schlösser drauf,
Die neigen sich horchend hinüber,
Den Flug, den hielten die Adler auf
Und schwammen lautlos darüber.

Und lustiger blies der Spielemann,
Er blies zum wirbelnden Tanze,
Die Eichen fassten einander an
Und walzten am Bergeskranze.
Die Schnitter warfen die Sensen fort,
Die Dirnen mussten sie schwingen;
Der alte Rhein im felsigen Bord,
Wie ein Knäblein wollt er springen.

Der Spielmann nahm das Horn vom Mund,
War freudig aus der Maßen,
Durch Dorf und Weiler in der Rund,
Da schritt er seine Straßen.

Gau: Bezirk, Landschaft.

»Hast du das Horn gehört?«, fragt er,
Tät sich ein Bauer zeigen,
Und scholl ein »Ja« zur Antwort her,
Rief er: »Du bist mein eigen!«

Ich wollt, ich wär ein Spielemann
Mit solcher Klanggewalt,
Dass alles käm in meinen Bann,
So weit mein Lied erschallt.
Nicht Land und Leut, nicht Burg und Wald,
Die sollten vor mir sich neigen;
Ich wollte nur, wo es widerhallt,
Wär jedes Herz mein eigen.

◇◇◇

Franz Pocci erzählt die weit verbreitete Geschichte vom Saufbold, der sich vorübergehend in die Rolle des Fürsten versetzt sieht – ein komischer Rollenwechsel, wie er ihn auch seinen Kasperl Larifari erleben lässt, in einem seiner berühmten Marionettenstücke. Auch auf Gerhart Hauptmann sei verwiesen, der den Stoff im Lustspiel von »Schluck und Jau« verwendet hat.

◇◇◇

Franz Pocci

Der Schneider von Burgund

Der beste Wein für Kinder, der weiße ist's fürwahr,
Der aus der Felsenquelle so lustig fließt und klar.
Er fließt durch grüne Auen; ihn trinken Hirsch und Reh
Und Lerch und Nachtigallen; er macht den Kopf nicht weh.

Und ist er gut für Kinder, der klare weiße Wein:
Mich dünkt, er muss nicht minder auch gut für Große sein;
Schon mancher hat's erfahren, wie seine Feindschaft tut;
Er musst es teuer büßen mit Ehre, Gut und Blut. –

In Brabant* war ein Schneider, den Namen weiß ich nicht;
Doch eines kann ich sagen: Den weißen liebt er nicht;
Er war dem roten holder und liebte ihn so sehr,
Er trank so viel vom roten, dass ihm der Kopf ward schwer.

Da wankt er durch die Straßen, der bösen Kinder Spiel,
Bis mitten auf dem Markte der Schneider niederfiel.
So lag er ohne Sinnen berauschet auf dem Grund;
Da kam des Wegs Herr Philipp, der Herzog von Burgund.

Der lenkte durch die Menge zum Schneider hin sein Ross
Und hieß ihn mit sich bringen vom Markte auf das Schloss.

Dort sprach Herr Philipp lachend; denn fröhlich war sein Herz:
»Der muss uns heut bereiten zur Strafe einen Scherz.«

Er ließ den Schneider schmücken mit reichem Goldgewand
Und mit dem Herzogshute und manchem Ordensband.
Und als er drauf erwachte, da rief ein jeder Mund:
»Heil dir, o hoher Philipp, du Herzog von Burgund!« –

Der Schneider rieb die Augen und traute nicht dem Ohr;
Er horchte stets und horchte: Sie riefen wie zuvor.
Er sah voll froher Zweifel so Gold als Edelstein,
Den Hut mit reichen Perlen, den Stuhl von Elfenbein.

Er hört sich Herzog grüßen und sieht den Saal voll Licht;
Und was er sieht und höret, missfällt ihm eben nicht.
Der Titel und die Ehren, die leuchten ihm bald ein;
Er denkt: Wie kann ich zweifeln? Ich muss der Herzog sein.

Und schüchtern erst, dann kühner, erlässt er sein Gebot,
Verspricht erst seine Gnade, dann mit dem Zorn er droht.
Die Diener müssen laufen und springen hin und her;
Bald wird der Schneider strenger, als ob's der Herzog wär.

Brabant: Provinz in Belgien.

Zuletzt dann ruft er zornig: »Wie mögt so träg ihr sein?
Ihr lasst mich ja verdürsten; bringt mir von meinem Wein!
Doch bringt mir ja vom roten, bei meinem Herzogshut!
Der schlechte Wein, der weiße, bekam mir niemals gut.«

Den großen goldnen Becher, den trinkt er aus zum Grund;
Drob neuer Schlaf ergreifet den Herzog von Burgund;
Wohl schlief er ein im Schlosse als Herzog von Burgund,
Doch wacht er auf als Schneider auf harten Marktes Grund.

Er ruft nach seinen Dienern; mit seinem Zorn er droht:
»Dem Herzog bringt vom roten! Der weiße ist sein Tod!«
Da fühlt er statt der Seide den kühlen Pflasterstein
Und neben sich den Brunnen mit klarem weißen Wein.

Der Herzog trank im Durste von dem verhassten Wein!
Da fiel ihm nüchtern wieder der arme Schneider ein.

Er wollte nun sich schleichen ganz säuberlich nach Haus;
Doch rings an allen Ecken, da lachten sie ihn aus.

Und wo er kam geschlichen, da rief der Spötter Mund:
»Heil dir, o hoher Philipp, du Schneider von Burgund!«
Den Spott musst er erfahren bis zu dem Tode sein:
Wie schlimm es sei, zu hassen den klaren weißen Wein.

◇◇◇

Werner Bergengruen, der weltfromme Dichter aus dem Baltikum – weltfromm mit der Betonung auf fromm. Aus der schlichten Begebenheit, dass ein Hündchen sich auf der Suche nach seiner kleinen Herrin während des Gottesdienstes in die dörfliche Kirche verirrt, entwickelt er eine Versammlung allen Getiers der heiligen Geschichten – bis hin zu dem abschließenden Jubelruf der Orgel: »Lobt ihn, alle Kreatur!« Was für eine schöne, was für eine wahrhaft fromme Ballade, die wohl auf eine Begebenheit in der eigenen Familie zurückgeht.

◇◇◇

Werner Bergengruen

Der Hund in der Kirche

Wie gedacht ich jenes Tags der Worte,
Die das Weib aus Kanaan gesprochen:
»Fressen doch die Hündlein von den Brocken,
Die von ihrer Herren Tische fallen!«

In der dörflich bunten, halb gefüllten,
In der sommerlich geschmückten Kirche
Betete der Priester am Altare:
»Dieses reine, unbefleckte Opfer,
Milder Vater, wollest du gesegnen!«

Durch die Stille, die der Bitte folgte,
Klang ein dünnes, trippelndes Bewegen
Von der Tür, im Rücken der Gemeinde,
Zaghaft erst, verlegen, dann geschwinder.
Viele Augen wandten sich zur Seite.
Manche Fromme runzelte die Stirne,
Gern bereit, ein Ärgernis zu nehmen.

Auf den schwarz und weiß geschachten Fliesen
Kam ein kleiner Hund auf kurzen Beinen
Flink den Mittelgang entlanggelaufen,
Ohne Abkunft, bäuerlicher Artung,
Missgefärbt und haarig wie ein Wollknäul,
Aber drollig, jung und voller Neugier.

Tief am Boden lag die schwarze Nase,
Witternd, schnuppernd suchte er die Richtung.
Er verhielt, er hob die rechte Pfote
Eingewinkelt an, er hob die Ohren
Und mit freudigem Kläffen schoss er schräge
Ganz nach vorne zu den linken Bänken,
Wo gedrängt die kleinen Mädchen knieten.
Ihrer eine, sonntäglich gekleidet,
Siebenjährig, schlank und schmalgesichtig,
Ward von jäher Röte überflutet,
Und behänd den dunkelbraunen Scheitel
Neigte tief sie über ihr Gebetbuch.

Doch nun stießen sie die Nachbarinnen
Kichernd an, voll Eifer und nicht ohne
Eine kleine heilige Schadenfreude.

Selig, dass die Herrin er gefunden,
Mit dem Stummelschwänzchen munter wedelnd,
Suchte durch Gewirr der Kinderfüße
Sich der Hund zu ihr hindurchzuzwängen.

Kein Verleugnen half mehr, und die Kleine,
Zitternd fast und nicht mehr fern den Tränen,
Schnellte auf und schob sich widerwillig
Durch die Reihe, schon den Hund im Arme,
Knickste in des Hochaltares Richtung
Und begann geschwind zur Tür zu flüchten
Auf den schwarz und weiß geschachten Fliesen.

Und ein Sonnenstrahl fiel durch das bunte
Fenster und beglänzte ihre Haare
Und das rote, glühende Gesichtchen.

Doch noch war der Ausgang nicht gewonnen,
Als das Glöckchen hell zur Wandlung schellte.
Alle knieten. Und das Kind hielt inne,
Wandte sich und mit gesenktem Scheitel
Ging es hurtig in die Kniee nieder.

Sorglich mit der Linken hielt die Kleine
Eng den Hund gepresst an ihre Brüstchen
Und bekreuzte gläubig mit der Rechten
Sich und ihn.

Da lächelte am Pfeiler
Fromm der Löwe Hieronymi.

Das Getier der heiligen Geschichten,
Dieses schneller, jenes erst mit Zögern,
Schwer verstehend, wie es manches Art ist,
Tats ihm nach auf Bildern und Altären
Überall. Es hoben an zu lächeln
Ochs und Esel und der Fisch des Jonas,
Lucä Stier und des Johannes Adler,
Hund und Hirsch des heiligen Hubertus,
Martins Pferd und des Georgius Streithengst,
Lamm und Taube, endlich die gekrümmte
Schlange unterm Fuß der Gottesmutter.

Aus der Orgel aber stieg verstohlen
Silberhell ein winziges Gelächter,
Tropfte, perlte, wenigen vernehmlich.
Doch dann schwoll sie auf und rief mit Jauchzen:
»Lobt Ihn, alle Kreatur!«

◇◇◇

Eine höchst vergnügliche Geschichte wird hier erzählt. Der Dichter belauscht einen Schwarm von fröhlichen Wichteln bei ihrem Gelage im Gnomenwirtshaus. Was für putzige Namen, was für erlesene Gerichte! Dies alles zergeht einem förmlich auf der Zunge. Wie wäre es, wenn geschätzter Leser es unternähme, weitere Wichtelnamen zu erfinden, die Speisekarte um ein paar weitere Leckerbissen zu bereichern?

◇◇◇

Heinrich Seidel

Das Gnomenwirtshaus

Tief im Wald, in einer Wildnis
Moosbewachsner Felsenblöcke
Liegt versteckt und nur erreichbar
Auf geheim verborgnen Pfaden
Kühl im Grund ein Gnomenwirtshaus.
Knusperknäuschen heißt der Gastwirt:
Wohl versteht im ganzen Lande
Keiner solches Bier zu brauen
Aus geheimen Waldeskräutern,
Klar wie Gold und sanft wie Baumöl.
Britzebrodel heißt der Mundkoch,
Der da in der Felsenhöhle
Bei des Feuers Flackerscheine
Kocht die köstlichen Gerichte.
Wohl bekannt ist dieses Wirtshaus,
Und des Abends, wenn die Sonne
Sinkt im Westen in die Wipfel,
Kommen rings von allen Seiten
Muntre Gäste hergezogen:
Hackebock, der große Jäger,
Der den Wirt versorgt mit Wildbret,
Kleine Vögel bringt er, Meisen,
Die er listig fing in Sprenkeln,
Und er schleppt manch fette Waldmaus,
Oder oftmals kleine junge
Ringelnattern, die so köstlich
Schmecken, eingekocht in Sauer.

Goldmund kommt, der große Sänger.
Simserich, der Harfenspieler,
Durst'ge Musikantenseelen,
Trippelfix, der flinke Tänzer,
Knickebolz, der wunderkünstlich
Dinge schnitzt aus Holz und Knochen,
Schiffchentritt, der flinke Weber,
Pinkepank, der Schmiedemeister,
Und wie sie noch alle heißen.
Und sie grüßen sich und schwatzen,
Reihn sich um die Felsentische,
Trinken aus den winz'gen Bechern
Kräuterbier in vollen Zügen
Und verzehren mit Behagen,
Was mit Kunst der Koch bereitet.
Dieser isst gebacknes Heupferd –
Köstlich schmeckt es, wenn die Beine
Sind recht knusperig gebraten –
Jener schmaust gespickte Waldmaus
Mit Kompott aus Rosenblättern,
Und ein andrer schmatzt behaglich
Sauerkleesalat mit Eidechs.

Nach dem Essen wird gesungen
Und ein wenig musizieret.
Hackebock erzählt Geschichten,
Fürchterliche Jagdgeschichten,
Die er oft schon vorgetragen,
Wie er einst das wütig wilde,
Riesenstarke, große Eichhorn
Nach verwegnem Kampf erlegt hat,
Wie er einst die meterlange,
Fabelhafte Ringelnatter
Hat lebendig eingefangen.
Also sitzen sie und schwatzen,
Bis die Nacht sich rings verbreitet.
Einer nach dem andern zündet
Sein Laternchen, wandert heimwärts
Durch die wüste Felsenwildnis.
Knusperknäuschen schließt sein Wirtshaus
Und der Koch verlöscht sein Feuer.
Bald nur blinken noch hernieder
In die schweigend schwarze Wildnis
Still des Himmels goldne Sterne.

August Kopisch: *Wie Frau Abel sich ein Ei holte*

Verzeichnis der Autoren und Balladen

Avenarius, Ferdinand
geb. 20.12.1856 Berlin
gest. 20.9.1923 Kampen (Sylt)
Der goldene Tod

Baumbach, Rudolf
geb. 28.9.1840 Kranichfeld (Thüringen)
gest. 21.9.1905 Meiningen
Aus der guten alten Zeit

Bergengruen, Werner
geb. 16.9.1892 Riga
gest. 4.9.1964 Baden-Baden
Der Hund in der Kirche

Bischoff, Friedrich
geb. 26.1.1896 Neumarkt (Schlesien)
gest. 21.5.1976 Großweier bei Achern
Andreasnacht
Tschinka Milla

Brecht, Bertolt
geb. 10.2.1898 Augsburg
gest. 14.8.1956 Berlin
Kinderkreuzzug

Brentano, Clemens
geb. 8.9.1778 Ehrenbreitstein
gest. 28.7.1842 Aschaffenburg
Die Gottesmauer
Lore Lay

Bürger, Gottfried August
geb. 31.12.1747 Molmerswende (Harz)
gest. 8.6.1794 Göttingen
Das Lied vom braven Mann
Der Kaiser und der Abt
Lenore

Chamisso, Adelbert von
geb. 30.1.1781 Schloss Boncourt (Frankreich)
gest. 21.8.1838 Berlin
Böser Markt
Das Riesenspielzeug
Der rechte Barbier
Die Sonne bringt es an den Tag
Die Weiber von Winsperg
Rede des alten Kriegers Bunte-Schlange im Rate der Creek-Indianer

Claudius, Matthias
geb. 15.8.1740 Reinfeld
gest. 21.1.1815 Hamburg
Die Geschichte von Goliath und David, in Reime bracht

Dehmel, Richard
geb. 18.11.1863 Wendisch Hermsdorf
gest. 8.2.1920 Blankenese (Hamburg)
Anno Domini 1812

Droste-Hülshoff, Annette von
geb. 10.1.1797 Schloss Hülshoff bei Münster
gest. 24.5.1848 Meersburg am Bodensee
Der Knabe im Moor
Der Schlosself
Die Vergeltung

Eberhard, Christian August Gottlob
geb. 12.1.1769 Belzig/Potsdam
gest. 13.5.1845 Dresden
Der Peter in der Fremde

Ebert, Karl Egon Ritter von
geb. 5.6.1801 Prag
gest. 24.10.1882 ebd.
Frau Hitt

Eichendorff, Josef Freiherr von
geb. 10.3.1788 Schloss Lubowitz (Oberschlesien)
gest. 26.11.1857 Neisse
Kaiser Albrechts Tod
Waldgespräch

Ernst, Otto
geb. 7.10.1862 Ottensen (Hamburg)
gest. 5.3.1926 Groß Flottbek (Hamburg)
Nis Randers

Falke, Gustav
geb. 11.1.1853 Lübeck
gest. 8.2.1916 Großborstel (Hamburg)
Was war es?

Fontane, Theodor
geb. 30.12.1819 Neuruppin
gest. 20.9.1898 Berlin
Archibald Douglas
Das Trauerspiel von Afghanistan
Der 6. November 1632
Die Brück' am Tay
Fritz Katzfuß
Herr von Ribbeck auf Ribbeck im Havelland
John Maynard
Schloss Eger
Swend Gabelbart
Thomas der Reimer

Freiligrath, Ferdinand
geb. 17.6.1810 Detmold
gest. 18.3.1876 Bad Cannstatt (Stuttgart)
Aus dem schlesischen Gebirge
Die Auswanderer
Prinz Eugen, der edle Ritter

Geibel, Emanuel
geb. 17.10.1815 Lübeck
gest. 6.4.1884 ebd.
Der Tod des Tiberius
Eine Seeräubergeschichte
Von des Kaisers Bart

Gellert, Christian Fürchtegott
geb. 4.7.1715 Hainichen (Sachsen)
gest. 13.12.1769 Leipzig
Der Bauer und sein Sohn

Ginzkey, Franz Karl
geb. 8.9.1871 Pola (Istrien)
gest. 11.4.1963 Wien
Ballade vom gastlichen See

Görres, Guido
geb. 26.5.1805 Koblenz
gest. 14.7.1852 München
Die Fuggerei

Goethe, Johann Wolfgang von
geb. 18.8.1749 Frankfurt
gest. 22.3.1832 Weimar
Ballade
Der Fischer
Der getreue Eckart
Der Sänger
Der Totentanz
Der Zauberlehrling
Erlkönig
Hochzeitlied
Johanna Sebus
Legende
Wirkung in die Ferne

Grün, Anastasius
geb. 11.4.1806 Laibach/Krain
gest. 12.9.1876 Graz
Botenart

Hagedorn, Friedrich von
geb. 23.4.1708 Hamburg
gest. 28.10.1754 ebd.
Johann, der Seifensieder

Hebbel, Friedrich
geb. 18.3.1813 Wesselburen (Dithmarschen)
gest. 12.12.1863 Wien
Aus der Kindheit
Der Heideknabe
Der Zauberhain

Heine, Heinrich
geb. 13.12.1797 Düsseldorf
gest. 17.2.1856 Paris
Begegnung
Belsatzar
Das Sklavenschiff
Der tugendhafte Hund
Die Grenadiere
Die Wallfahrt nach Kevlaar
Donna Clara
Lorelei

Herder, Johann Gottfried
geb. 25.8.1744 Mohrungen (Ostpreußen)
gest. 18.12.1803 Weimar
Das Mädchen am Ufer
Erlkönigs Tochter

Holz, Arno
geb. 26.4.1863 Rastenburg (Ostpreußen)
gest. 26.10.1929 Berlin
Een Boot is noch buten!

Huchel, Peter
geb. 3.4.1903 Berlin-Lichterfelde
gest. 30.4.1981 Freiburg
Dezember 1942
Münze aus Bir El Abbas

Kästner, Erich
geb. 23.1.1899 Dresden
gest. 29.7.1974 München
Verzweiflung Nr. 1

Kaiser, Georg
geb. 25.11.1878 Magdeburg
gest. 4.6.1945 Ascona (Schweiz)
Ballade von Cäsars Ende

Kaschnitz, Marie Luise
geb. 31.1.1901 Karlsruhe
gest. 10.10.1974 Rom
Die Katze

Keller, Gottfried
geb. 19.7.1819 Zürich
gest. 15.7.1890 ebd.
Der Narr des Grafen von Zimmern

Kerner, Justinus
geb. 18.9.1786 Ludwigsburg
gest. 21.2.1862 Weinsberg
Der Geiger zu Gmünd
Kaiser Rudolfs Ritt zum Grabe

Kind, Johann Friedrich
geb. 4.3.1768 Leipzig
gest. 25.6.1843 Dresden
Gespenster in der Scheuer

Kinkel, Gottfried
geb. 11.8.1815 Oberkassel bei Bonn
gest. 13.1.1882 Zürich
Scipio

Königswinter, Wolfgang Müller von
geb. 5.3.1816
gest. 29.6.1875
Der Mönch von Heisterbach

Kopisch, August
geb. 26.5.1799 Breslau
gest. 3.2.1853 Berlin
Der Schneiderjunge von Krippstedt
Die Heinzelmännchen
Schlitzörchen
Wie Frau Abel sich ein Ei holte

Körner, Theodor
geb. 23.9.1791 Dresden
gest. 26.8.1813 Gadebusch
Der Teufel in Salamanka

Kraus, Karl
geb. 28.4.1874 Jičín (Böhmen)
gest. 12.6.1936 Wien
Der Bauer, der Hund und der Soldat

Kurz, Hermann
geb. 30.11.1813 Reutlingen
gest. 10.10.1873 Tübingen
Ostern 1525

Leip, Hans
geb. 22.9.1893 Hamburg
gest. 6.6.1983 Fruthwilen (Thurgau)
Lied im Schutt

Lenau, Nikolaus
geb. 13.8.1802 Csatad (Ungarn)
gest. 22.8.1850 Oberdöbling bei Wien
Der Raubschütz

Liliencron, Detlev Freiherr von
geb. 3.6.1844 Kiel
gest. 22.7.1909 Alt-Rahlstadt bei Hamburg
Ballade in U-Dur
Der Golem
Pidder Lüng
Trutz, Blanke Hans
Wer weiß wo

Lingg, Hermann
geb. 22.1.1820 Lindau
gest. 18.6.1905 München
Der schwarze Tod

Meyer, Conrad Ferdinand
geb. 11.10.1825 Zürich
gest. 28.11.1898 Kilchberg
Alte Schweizer
Der gleitende Purpur
Die Füße im Feuer
Mit zwei Worten

Miegel, Agnes
geb. 9.3.1879 Königsberg
gest. 26.10.1964 Bad Salzuflen
Die Frauen von Nidden
Die Mär vom Ritter Manuel
Die Nibelungen
Schöne Agnete

Morgenstern, Christian
geb. 6.5.1871 München
gest. 31.3.1914 Meran
Der Werwolf

Mörike, Eduard
geb. 8.9.1804 Ludwigsburg
gest. 4.6.1875 Stuttgart
Der Feuerreiter
Die Geister am Mummelsee
Schön-Rohtraut
Zwei Liebchen

Müller, Wilhelm
geb. 7.10.1794 Dessau
gest. 30.9.1827 ebd.
Der Glockenguss zu Breslau

Münchhausen, Börries Freiherr von
geb. 20.3.1874 Hildesheim
gest. 16.3.1945 bei Altenburg
Die Trommel des Žiška
Hofball
Hunnenzug
Lederhosen-Saga

Platen, August Graf von
geb. 24.10.1796 Ansbach
gest. 5.12.1835 Syrakus
Das Grab im Busento
Der Pilgrim vor St. Just

Pocci, Franz Graf von
geb. 7.3.1807 München
gest. 7.5.1876 ebd.
Der Schneider von Burgund

Prutz, Robert Eduard
geb. 30.5.1816 Stettin
gest. 21.6.1872 ebd.
Von der Pumpe, die nicht mehr hat piepen wollen

Reinick, Robert
geb. 22.2.1805 Danzig
gest. 7.2.1852 Dresden
Der größte Hase

Rückert, Friedrich
geb. 16.5.1788 Schweinfurt
gest. 31.1.1866 Neusess bei Coburg
Barbarossa
Der Krämer von Ispahan

Scheffel, Joseph Victor von
geb. 16.2.1826 Karlsruhe
gest. 9.4.1886 ebd.
Altassyrische Ballade
Der Ichthyosaurus
Die Teutoburger Schlacht

Scherenberg, Christian Friedrich
geb. 5.5.1798 Stettin
gest. 9.9.1881 Zehlendorf (Berlin)
Die Exekution

Schiller, Friedrich von
geb. 10.11.1759 Marbach
gest. 9.5.1805 Weimar
Der Alpenjäger
Der Graf von Habsburg
Der Handschuh
Der Kampf mit dem Drachen
Der Ring des Polykrates
Der Taucher
Die Bürgschaft
Die Kraniche des Ibykus

Schwab, Gustav
geb. 19.6.1792 Stuttgart
gest. 4.11.1850 ebd.
Das Gewitter
Das Mahl zu Heidelberg
Der Reiter und der Bodensee

Seidel, Heinrich
geb. 25.6.1842 Perlin (Schwerin)
gest. 7.11.1906 Berlin
Das Gnomenwirtshaus

Seume, Johann Gottfried
geb. 29.1.1763 Poserna
gest. 13.6.1810 Teplitz
Der Wilde

Seyferth, Karl
geb. 17.1.1630 Halle
gest. 16.7.1681 Gröbzig/Anhalt
Die Hussiten zogen vor Naumburg

Spitteler, Carl
geb. 24.4.1845 Liestal (Schweiz)
gest. 19.12.1924 Luzern
Das Brückengespenst

Storm, Theodor
geb. 14.8.1817 Husum
gest. 4.7.1888 Hademarschen
In Bulemanns Haus
Tannkönig

Strachwitz, Moritz von
geb. 13.3.1822 Peterwitz (Schlesien)
gest. 11.12.1847 Wien
Wie ein fahrender Hornist sich ein Land erblies

Verzeichnis der Titel und Anfänge der Balladen

Quellennachweis

Werner Bergengruen:
Der Hund in der Kirche
aus: Werner Bergengruen: Gestern fuhr ich Fische fangen ... Hundert Gedichte.
Hrsg. von N. Luise Hackelsberger
© Arche Verlag AG, Raabe + Vitali, Zürich, 1992

Bertolt Brecht:
Kinderkreuzzug
aus: Bertolt Brecht: Gesammelte Werke
© Suhrkamp Verlag, Frankfurt am Main, 1967

Peter Huchel:
Dezember 1942
Münze aus Bir El Abbas
aus: Peter Huchel: Chausseen, Chausseen
© S. Fischer Verlag GmbH, Frankfurt am Main, 1963

Georg Kaiser:
Ballade von Cäsars Ende
aus: Georg Kaiser: Werke
© Econ Ullstein List Verlag GmbH & Co KG

Marie Luise Kaschnitz:
Die Katze
aus: Marie Luise Kaschnitz: Gedichte (vergriffen)
© Claassen Verlag

Erich Kästner:
Verzweiflung Nr. 1
aus: Erich Kästner: Ein Mann gibt Auskunft
© Atrium Verlag, Zürich, und Thomas Kästner

Karl Kraus:
Der Bauer, der Hund und der Soldat
aus: Karl Kraus: Gedichte
© Suhrkamp Verlag, Frankfurt am Main, 1989

Börries Freiherr von Münchhausen:
Die Trommel des Žiška
Hofball
Hunnenzug
Lederhosen-Saga
aus: Börries Freiherr von Münchhausen: Das Balladenbuch
© Deutsche Verlags-Anstalt GmbH, Stuttgart, 1956

Kurt Tucholsky:
Der alte Fontane
aus: Kurt Tucholsky: Gesammelte Werke
© Rowohlt Verlag GmbH, Reinbek, 1960

Hans Watzlik:
Andreasnacht
Das Meisterstück
Der Tänzer
© Morsak-Verlag, Grafenau

Josef Weinheber:
Ballade vom kleinen Mann
aus: „Wien Wörtlich“, Otto Verlag, Salzburg
© Josef Weinheber Gesellschaft

Paul Zech:
Die Ballade von den Kesselheizern
© Dr. Bert Kasties, Paul Zech-Rechtsnachfolger

Abdruck mit freundlicher Genehmigung der Autoren und Verlage.

Leider ist es trotz gewissenhafter Suche in einigen Fällen nicht möglich gewesen, die Rechteinhaber der Balladen zu ermitteln. Diese bitten wir, sich mit dem Verlag in Verbindung zu setzen.

Preußler, Otfried;
Pleticha, Heinrich (Hrsg.):
Das große Balladenbuch
ISBN 3 522 17266 3

Einband- und Innenillustrationen: Friedrich Hechelmann
Einbandtypografie: Michael Kimmerle
Schrift: Adobe Garamond
Satz: KCS GmbH, Buchholz/Hamburg
Reproduktion: Medienfabrik, Möglingen
Druck und Bindung: Friedrich Pustet, Regensburg

8 7 6 5 4* 05 06 07 08

Thienemann im Internet: www.thienemann.de